ペリーより62年も前に

詳説 ケンドリックはなぜ日本に来たのか

佐山和夫

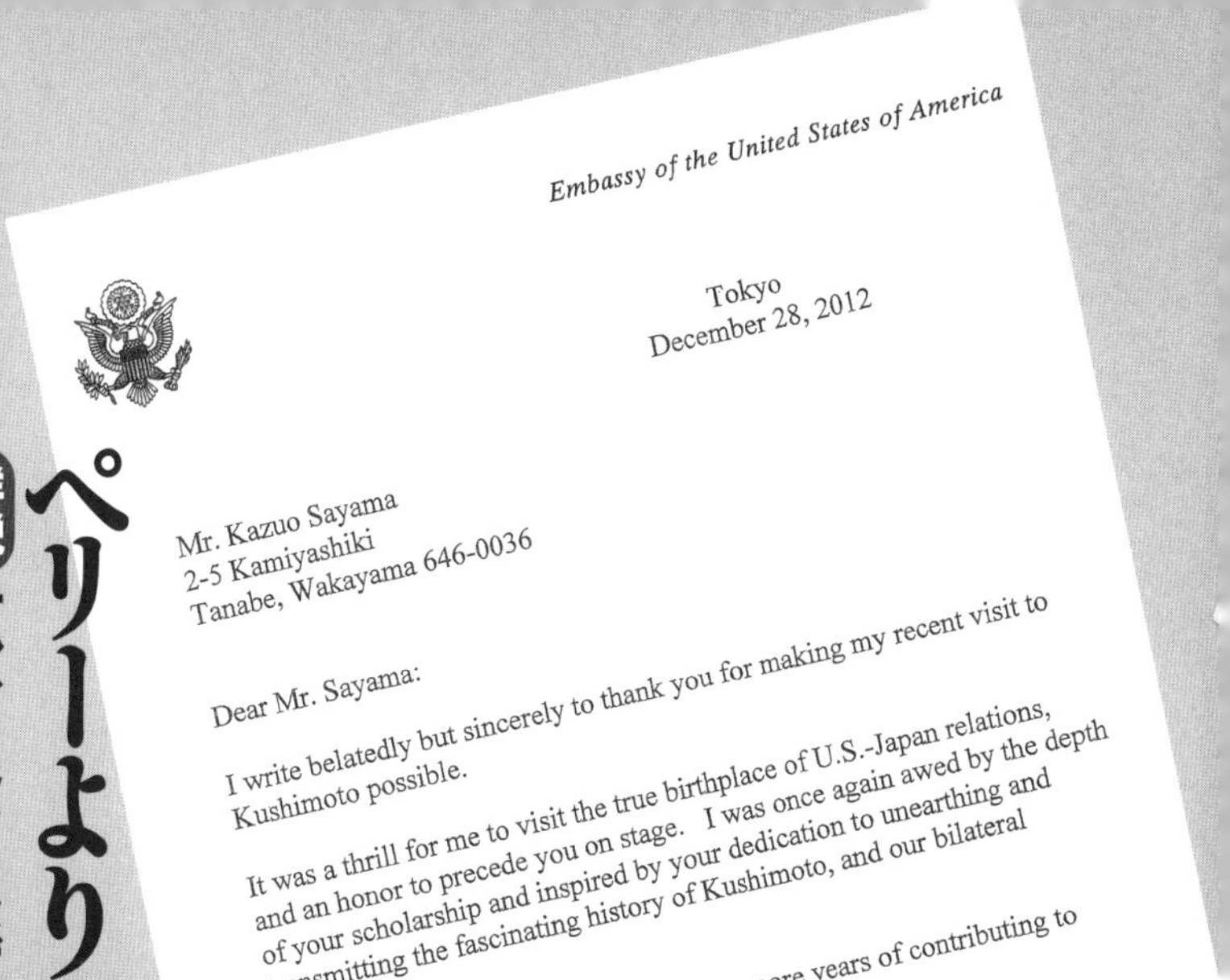

Embassy of the United States of America

Tokyo
December 28, 2012

Mr. Kazuo Sayama
2-5 Kamiyashiki
Tanabe, Wakayama 646-0036

Dear Mr. Sayama:

I write belatedly but sincerely to thank you for making my recent visit to Kushimoto possible.

It was a thrill for me to visit the true birthplace of U.S.-Japan relations, and an honor to precede you on stage. I was once again awed by the depth of your scholarship and inspired by your dedication to unearthing and transmitting the fascinating history of Kushimoto, and our bilateral relationship.

I wish you a happy new year, and many more years of contributing to international understanding and friendship.

Very truly yours,

Mark Davidson
Minister Counselor of Embassy
Public Affairs

彩流社

ペリーより62年も前に……………目次

はしがきに代えて
――駐日アメリカ大使キャロライン・ケネディ様への手紙

謹啓、

はじめてお便りさせていただきます。

私は日本の本州最南端、紀伊半島の海辺に住む物書きです。ただいまは、日米交流の始まりについて書いています。

アメリカ人が歴史上初めて日本に来て、土地の人々と接触したのが、ここ南紀州の海辺の村だったことは、貴方様もすでにご存じのことでしょう。いまでいえば、和歌山県の串本大嶋。樫野というところでした。

時は一七九一年(寛政三年)の春。ペリー艦隊来航の実に六十二年も前のことであります。

アメリカ船の名は「レイディ・ワシントン号」。

船長は、貴方が幼時を過ごされたところと同じマサチューセッツ州ケープコッド出身のジョン・ケンドリックでした。彼は、貴方の故郷のハイアニスの隣り村、ハウウィッチ生まれの人だったことなど——これは、いうまでもなかったでしょう。

この本はそのケンドリック船長についての私の三冊目のものです。

最初私は、これが出版されましたら、それにお便りを添えて、貴方様に送らせていただくつもりでした。ジョン・ケンドリックたちの航海がどんなものだったかだけでなく、建国間もないアメリカが日本寄港にどんなに期待したか、またどんなに公正で友好的に接しようとしていたかを見ていただきたいと思ったからです。もちろん、そのときの地元民のおおらかな対応も、是非知っていただきたきことであります。

しかし、手紙と一緒にお送りするのなら、いっそそれを本の中に入れてしまうほうが分かりやすいのではないかと思うようになり、結局はそうさせていただくことにしました。失礼の段、なにとぞ、お許しください。


実をいいますと、当時の日本は鎖国の時代であって、残念ながら当地の記録でも、濃くあったはずの親交の状況などは詳しくは書き残されていません。公式の書類では、むしろ、ほとんど何も書かれていないというべき始末で、寄航そのものも「漂着」の扱いを受けているのみです。そのためにこそ、日本の歴史のうえでこれが大きく語られることはなかったのですが、幸い、アメリカには多くの記録が残されていました。マサチューセッツ歴史協会、オレゴン歴史協会、それにもちろんケープコッドにも、多くの情報があります。

出航前からの日本への期待を示す書類、また「日本の南の海岸で、地元民から最大限のもてなしを受けた」という関係者の記録を見るにつけ、私はアメリカと日本との交流の深さや長さを思わずにはいられませんでした。ケンドリック以後、ペリー来航までのあいだには二十隻を超えるアメリカ船の寄港の歴史があります。

アメリカと日本との交流は、普通一般に語られているよりははるかに古く、且つ長く、そして友好的でありました。これは、どれほど大きく強調されても、され過ぎるということはありません。太平洋を中においた隣人同士となるとなおさらです。

どうか、この本をお読みいただき、ケンドリックがどうしてその時期に日本に来たのか、その背景に何があったのかをより詳しく知っていただき、そこに貫かれていたアメリカの瑞々しい志と、交流への意志といったものに触れていただければ幸いです。そして、さらに関心を深められて、ケンドリック来航の地を訪れられ、一九七五年に

再建されたケンドリック号

建てられた「日米修好記念館」をもご訪問されることになれば、どんなにうれしいことでしょう。

アメリカ人として最初だったケンドリックの日本来航が、決して「漂着」などではなかったことは、いまとなってはもはや明らかです。そのときには、地元の者たちが「レイディ・ワシントン号」に乗り移って、互いに贈り物を交換したりして、互いに和やかに時を過ごしたのは本当でしょう。

二百二十五年前と変わらぬ平和な海と、温かくおおらかな人心が、いまもここにはあります。このあと続く本文は、貴方への長い長い招待状と受け取っていただいて結構です。是非、一度、お越しください。お待ち申しております。

敬具、
佐山和夫

二〇一四年秋

第一章　ケープコッド

ケープコッド

二〇一三年八月二十日、私は初めてアメリカ東部マサチューセッツ州のハウィッチという町を訪れた。古都ボストンから車で一時間半ばかり。大西洋に向かって、ちょうど人が左腕で力こぶを作ったような形で出っ張っているケープコッド半島の肘の辺りである。日本にやってきた最初のアメリカ人船長ジョン・ケンドリックの生まれたところというのが、そこだった。

途中のプリマスやウエアハムの町へは何度か来たことがあった。いうまでもなく、プリマスは一六二〇年にイギリスからの移民船「メイフラワー号」が着いたところで、いわばアメリカ開祖の地。いまでも当時の生活をそのままに見せてくれる歴史村があり、日によっては、野球のルーツのゲームが行われていたりする。何度行っても見飽きないところだ。

そしてウエアハムはというと、これは私たちにとって、もっと意味の深い町だ。ジョン・ケンドリック記念館があるところだからだ。独立戦争での武勲による褒賞金で買ったといわれる家で、彼が東洋への旅に出るまで住んだものが、いまはそうなっている。

私がそれらの町へは幾度となく行きながら、ハウィッチの町を後回しにしていた理由は、そこを軽視していたからではなく、そこまで連れていってくれる交通の便がなかったからと、いまではそこにはケンドリック家の人は誰も住んではいないと聞いたからにほかならない。かつては半島の先まであった鉄道はとっくに使用が止まっていて、ボストンからのバスもその手前のハイアニスまでだ。

そんな不便なハウィッチだが、二〇一三年になってからは、私はどうしてもそこへ行かねばならないという気がしてきた。行きやすいとか、行きにくいとかの問題ではなくなってきたからである。

そのワケにはいろいろあった。

一つは、ジョン・ケンドリック船長のことを深く知るには、やはり彼の生まれ故郷を見なければならないと思い始めたこと。彼の記念館となっているウエアハムの家は、成人するまでの彼とは無縁のものなのである。たしかに、彼が日本までやって来ることになった門出は、この建物からなされてはいるが、実家の事情やそれまでの彼について知るには、やはり生まれ故郷のハウィッチを訪れる必要がありそうだった。

郷土史家のスコット・リドレー氏がその村に今も住んでおられると聞いたことも理由に入る。ケンドリックに関する著書も持つお方だ。土地の人でなければ知り得ないことも多いだろう。そう思うと、どうしてもっと早くそこへ行かなかったのか悔やまれたりもした。

こうした理由に加えて、もう一つ、二〇一三年になって、さらにケープコッド半島への関心を引くことが降って湧いた。ハウィッチのすぐ隣町のハイアニスで幼児期を過ごされたケネディ家のお嬢さんが、新しい駐日大使に決定したからである。いうまでもなく、あのジョン・F・ケネディ大統領の長女キャロラインさんだ。

ケープコッド自体、決して大きな半島ではない。その中程のこの二つの町はまさに至近の距離。隣町といっていいっこうに差し支えない。

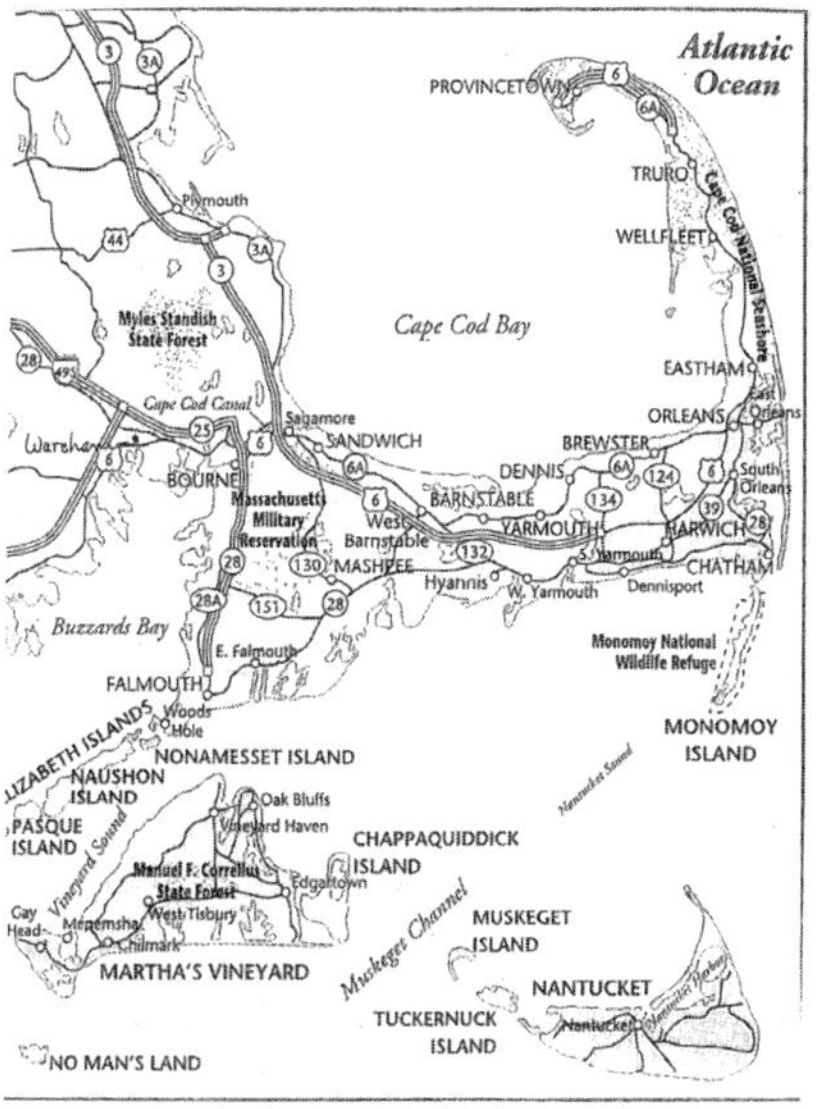

ケープコッド半島。中央にハイアニス、右にハウィッチ

これは私たち日本人にとって、大いに注目すべきことと思えた。なぜなら、一七九一年、アメリカから日本へ初めて来た船長の故郷と同じところから、今度は駐日大使が来られるというのだから。よくよくのご縁というべきではないか。女性の駐日米大使は初めてのことだが、そういえば、ケンドリックの船も「レイディ・ワシントン号」(ワシントン夫人号)という女性名のものだった。

ケネディ一家は、長男のJ・F・Kが大統

領になるまで、そのハイアニスで暮らしていた。父親のジョセフ・ケネディが持っていた広大な海辺の土地に、一族がそれぞれの家を置いて住んでいたのである。そのJ・F・Kを父にして、母ジャックリーンさん、それに弟のジョン・F・ケネディ・ジュニアさんたちと一緒に、そこで楽しそうに生活していた幼児のころのキャロラインさんの写真を、私たちは新聞や雑誌でよく見たものであった。

いまは一族の建物は教員養成の施設として寄付されていて、どなたも住んではおられない。一族の名残りとしては、町の中央部に「J・F・Kミージアム」を残すばかりだが、私がそこを訪れたときにも、キャロラインさんの駐日大使決定のニュースが訪問者たちの話題になっていた。

ハウィッチ

ハイアニスからハウィッチまでは、タクシーに乗ってしまえば、さして時間の掛かる距離ではなかった。その村では、私は先ず歴史協会を訪れた。史家リドレー氏に会うまでに、土地の歴史についての予備知識を入れておこうと思ったからだ。

協会は、村の中央にあって、かつては私立学校の建物だったというギリシャ神殿風の立派な建築を使っている。周囲の緑地帯の一角には独立戦争時代の弾薬庫があった。決して大きなものではないが、古い石造りのそれは、この村にあってイギリス軍と戦った彼らの歴史を生々しく伝えている。ジョン・ケンドリックの実家も一帯では最も古い家柄の一つだから、その戦争に深く係わっていたことが予想された。

デイジーレイ・モービッドさんという若い女性の理事長さんが古地図を前に、その土地の歴史について熱心に説明してくれた。

「ほら、ここに一本の道があるでしょう。そう。『ケンドリック・ロード』という文字も見えますね。そうなんですよ。ジョン・ケンドリック船長の父の実家がそこにあったのですね。彼は少年期をここで過ごしたのです。ええ、その道はそのまま今もありますよ」

ジョン・ケンドリックの祖先は、もとからそこに住んでいた先住民から土地を買い入れたらしい。一八五八年の地図には、存在していた家屋の位置が●印で示され、持ち主の名まで記されている。よくよく見ると、J・ケンドリックやI・ケンドリック、それにS・ケンドリック、E・ケンドリック、もう一人のJ・ケンドリック、T・ケンドリック、P・ケンドリック等、一帯に一族がやや固まったかたちで生活していたことがわかる。そのほとんどが、大西洋が陸地に食い込んだプレザント湾に沿った場所にある。海との縁の深い生活だったことが、これからもわかる。

右に示した名前のうち、S・ケンドリックというのがジョン・ケンドリック船長の父親ソロモン・ケンドリックのことだと思われる。残念ながら、その建物は今ではなくなっているらしいが、親族の一人のものは、まだあるという。

モービッド理事長は本棚から『ハウィッチの歴史　一六二〇～一八〇〇』という本を取り出すと、ケンドリックの名が出てくる部分を開いて、こう続けた。

「日本へ行ったジョン・ケンドリックは、この一帯の土地を守るのに、若い頃からいろいろと活躍したようです。当時は若者たちによる自警団があって、それが町を守っていたのですね。そう、自分たちの町を守るのは自分たち以外にないというわけですね。一七六一年に最初のものが組織されたのですが、その十二人の中に、ホラこのとおり、彼の名前があります。ジョン・ケンドリックは一七四〇年の生まれですから二十一歳ですね。

七月八日に彼らは開拓地の西の境界線へと出掛けています。隊長はジェイベス・スノウ。つまり、ジョン・ケンドリックの祖母の親類に当たる人です。それまで出ていた常駐の守備隊に代わるものとして彼らは行ったようですが、その後はあちらこちらと防衛のために場所を移したようですね」

彼の後半生にの影響を考えたはずのことが、ここには多くありそうだった。

必要なものをコピーしてもらったりしているところで、「ちょうどよかった」という理事長の言葉を私は聞いた。郷土史家スコット・リドレー氏がわざわざ来てくれたらしい。

歴史協会へ先に行くことは伝えてあったが、ここからは自力で彼の家に向かうつもりだった。時を見て、彼の方から来ていただいたとは、恐縮しないわけにはいかなかった。

東ハウィッチの道、海、家

いま聞いたばかりの「ケンドリック・ロード」やケンドリック家のあった一帯を、郷土史家のスコット・リドレー氏が車で案内してくれることになった。

彼はのっけから、とても重大な話を始めた。

「実は、『ケンドリック・ロード』のある一帯、つまり彼らの一族がかつて所有していたところを、昔のままに保存しようという動きがありまして、もうかなり進んでいるのですよ。歴史的に見ても自然保護の観点からも大切なこの場所の四九エーカーを買い戻そうということで、ここ十年ほど資金を集めてきました。それがもう三分の二まで集まっているのです。息子のトーマスがその寄付集めにとても活躍していましてね。ええ、いずれ全部が昔のままになるでしょう」とのこと。

なるほど、「ケンドリック・ロード」というのは大通りの方からいくと、海寄りにそれた道で、周囲は森。ほとんどが原始のままといいえそうな雰囲気がある。舗装していない剥き出しの路面には、ところどころ水たまりも見え、路肩にかけては雑草生い茂るままといった感じ。そのまま海辺の沼地へと続くが、その静けさを割いてときどき野性動物の鳴き声が響く。

ケンドリック・ロード

内陸に食い込んでいる海は、湖のように静かで不気味なくらいだ。ジョン・ケンドリックが子供の頃に操船術を学んだという入り江も油を浮かしたように滑らか。観光化された他のヨットハーバーとはまさに対照的だった。
「ジョナサン・ケンドリックの家」というのが残されていた。もとからあったものではなくて、建て替えられたものと見えるが、

東ハウィッチ

造りはもとのままのようだ。中央の暖炉の周りに五つの部屋を配した素朴な設計だ。二階の窓は屋根裏部屋のものだろうから、生活するスペースは一階に限られていただろう。

系図を見ると、このジョナサン・ケンドリックは、ジョン・ケンドリックの父ソロモンの弟の息子。つまり、ジョン・ケンドリックとは従兄弟になるが、同じ一七四〇年の生まれで、のちに船長になっていることから、少し注目しておかねばならない人だ。なぜなら、Captain J.Kendrick とあっても、ジョン・ケンドリックだとばかりはいかないからだ。おまけに、この人もまたアメリカ独立戦争に出ていて、ニューベッドフォードやファルマスの警備で活躍している。

同年生まれの従兄弟同士となると、張り合う気持ちになるのはよくあること。ひょっとしたら、日本まで来たジョン・ケンドリックが若い時代から獅子奮迅の活躍をした裏には、この従兄弟への対抗心もいくらかはあったかもしれない。

系図を見ていて驚かされるのは、一族に船乗りが多いのは当然として、ほかには医師になった者が何人かいることだ。ジョン・ケンドリックの父の弟の一人も医師をしていて、近隣からも患者を迎えたといわれる。その息子も医師だったし、他村に行って開業した者もいる。ケンドリック家とは医師の家系だと当時は一般には思われていたのではないか。船長といい、医業といい、高度に知性の要る仕事であることから、ケンドリックの家系は非常に知的な一族だったとはいえると思う。

「メイフラワー号」で来ていた祖先

リドレー氏は彼自身の家へも案内してくれた。それからの話は、森の中の静かな邸宅で聞くことになった。奥さんは子供たちに航海法を教える仕事をしているらしい。海のこと、航海のことに一家が詳しいのは当然なのだ。

それに、ここはまさにケンドリック家の人々が集まって生活していた村なのだから、普通の本には書いていない秘話も多く伝えられていそうだった。私はこれまでケンドリックの生まれについては、あまり詳しくは記してこなかった。というのも、それについては諸説がさまざまにあり、正確なところについての確信が得られなかったからである。その点、地元で研究をされているリドレー氏の話というのが、もっとも信頼できると思われる。地元だからといって、特に身びいきすることのない誠実な人柄からも、それは十分にいえる。

やはり、彼の話には重要なところが山とあった。ケンドリックの出自に始まり、血気盛んな時期の活動のいろいろ、さらには長じての政府要人との接触など、彼のその後の大航海を理解するうえで必要なことばかりだ。そのすべてをここに記すことは不可能だが要約ならできるかもしれない。

日本へ最初にやって来ることになるジョン・ケンドリックは、一七四〇年、東ハウィッチのソロモン・ケンドリックとエリザベス・アトキンズとのあいだで生まれた。七人の子供たちの三番目だった。捕鯨船の船長でもあった父はこの村に大きな農場を持っていた。その農園に続く土地は先住民たちのものだった。パメット族、ノーセット族、モノモイック族、サクアタケット族たちである。息子のジョン・ケンドリックはそういった先住民たちと多くの接触を持ちながら、若い時期を過ごしたのである。祖父エドワードがそこに広大な土地を買い入れていたというのも、これらの先住民からだったに違いない。

ジョン・ケンドリックが、幼い頃からさまざまな先住民たちと生活圏を同じくする環境に育っていたということは、その後、アメリカ大陸北西海岸へ行ったときの先住民との交渉などで、彼の行動に大きな影響を与えたに違いなかった。種族は違っても共通するところが山とあったろうからだ。それには父方の祖先のみが貢献しているのではなかった。母方の血縁からも先住民との接触の深さが読める。

一六二〇年にイギリスから「メイフラワー号」でやって来て、アメリカで最初の本格的植民地を作った人たちのことは有名だが、その中にケンドリックの母方の祖先がいたのだ。「メイフラワー号」でやって来たのは、イギリスでの宗教的弾圧を逃れて新天地を求めた清教徒たちばかりではなかった。なかには宗教的な理由よりもむしろ、大陸での一攫千金を求めていた人たちだっていた。ケンドリックの祖先はそれに入っていた。

このまったく意図の異なる二派の人々――「清教徒組」と「一攫千金組」は、新天地に至って互いの意図の違いを乗り越えて協力し合ったことが、アメリカの民主主義（アメリカン・デモクラシー）の始まりとされている。その誓約書は船がケープコッドに着く前に、すでに「メイフラワー号」の中で完成されていた。特定の家族に付随して乗って来ていた「召使」たちにも、署名をさせているところから見ても、彼らのそのときの平等への誓いは本物だった。

先住民と縁の深い一家

ケンドリック船長の母方の五代前の先祖スティーブン・ホプキンズは、まさにそのアメリカン・デモクラシーの原点にいたわけである。彼らはケープコッド半島の根っこにあるプリマスに、植民地を作って定住した。

彼は一人でアメリカに渡って来たのではなかった。妻エリザベスと三人の子供に加え、航海途中で生まれた赤ん坊オセアヌスを連れていた。家族といっしょに来たのである。そして、一行のなかでも壮年のやり手として、この地の先住民との交渉を任された人物が、ほかならぬこのスティーブン・ホプキンズだった。

ジョン・ケンドリックが、イギリスからアメリカに来た最初の家族の末裔であっただけでなく、先住民との最初の接触を任された男の子孫だったとなると、その歴史的な意味合いは一層深くなる。

彼らは先住民からさまざまなことを学んだが、それは農作に関してだけではなかった。漁の仕方、捕鯨船の作り方から、操船法、そして肝心の捕鯨のやり方にも及んでいる。それらの土台となっていた互いの付き合い方は、きっとその家系に家伝として残されていて、ケンドリックに影響したことが予想される。

メイフラワー号のプリマスへの到着は、秋が相当に進んでからのことだったから、厳しい自然環境のもとで亡くなる渡航者が相次いだ。最初の冬の間だけで、一行の半数が死んだが、ホプキンズ家に犠牲者はなかった。その一年後に、生き残った渡航者たちが、生活の術を教えてくれた先住民を招いて感謝の会を開いたのが、今の「感謝祭」(Thanksgiving Day)の始まりである。その先頭に立って世話をしたのが、ケンドリックの祖先スティーブン・ホプキンズとその妻子だった。そのあとも先住民たちは、しばしばホプキンズ家に来て泊まったりしている。

もしもそのとき、イギリスから来た人たちが先住民との接触に成功しなくて、彼らとのあいだに悶着を起こしていたら、渡航者たちの命運はそこで尽きていただろう。アメリカの歴史は初めからまったく違ったものとなっていたはずで、それを思うとケンドリックの祖先の存在の意味するところの大きさを痛感せざるを得ない(なお、スティーブン・ホプキンズはシェイクスピアに名作「テンペスト」を書かせるきっかけとなった難破事件の当事者の一人であったし、その作品の登場人物のモデルにもなっている。また、ベースボールのルーツであるゲームを、最初にアメリカへもたらした一人でもあった。詳しくは拙著『野球とシェイクスピアと』論創社刊をご覧いただきたい)。

アメリカに作ったイギリス人たちの最初の植民地で、代表として先住民と交渉したホプキンズの話は、ケンドリック家に長く家伝として伝わっていたことであろう。言語も慣習も生活法もまったく違った者同士が、どのように意思を伝え合い、協力を得て共存したか。そのノウハウは、一家のアメリカでの生活の知恵として、代々伝えられてきたに違いなかった。それが見事に生かされたのが、五代後のジョン・ケンドリックの人生においてであって、それこそがこのあと語る主題の一つでもある。

ボストン・ティー・パーティ

十四歳になるころには、ジョン・ケンドリックはもうすっかり一人前の船乗りになっていた。生活基盤を近くのマーサズ・ビンヤード島に移し、エドガータウンに住んだ。二十歳のときには「ベンジャミン・バングズ」という鯨捕りの一団に加わって、遠くカナダ川(現在のセント・ローレンス川)の辺りにまで出ていった。一団には四人の先住民もいて、彼らと協力し合った。

一七五四年から六〇年まで、彼は「フレンチ・アンド・インディアン戦争」に赴き、叔父の一人であったジェイベス・スノウ指揮の戦艦に乗って戦った。「フレンチ・アンド・インディアン戦争」というのは、フランス軍とアメリカ先住民とが組んで連合軍を作り、イギリス軍と戦った戦争である。アメリカの国土がその戦場であった。

私がリドレー氏から聞いたことのなかで最も興味を引かれたのは、あの歴史に有名な「ボストン・ティー・パーティ」に、ジョン・ケンドリックも加わっていたという話だ。

「ボストン・ティー・パーティ」というのは、一七七三年十二月十六日、アメリカに対するイギリス政府の過酷な課税に抗議して、二隻のイギリス船に積まれた茶箱三四二個を、先住民に扮した若者たちがボストン港の海に投げ捨てた有名な事件である。アメリカ独立運動への跳躍台になったといわれるこの一件に、ケンドリックも加わっていたとなると、これは大ごとだ。

私としては、その襲撃に彼が加わっていたのかどうかがわからなくて、いろいろと調べたものであった。最初に調査したところでは、判明している襲撃者の名簿リストに彼の名はなかった。彼の性格、それにそのときの状況からして、彼が加わっていなかったとは考えにくいとも思ったのだが、私一人では決断できる話ではない。襲撃者たちは全員が偽装のうえに偽名まで使っていたのだから、余計にその究明はむずかしいと思われた。しかし、地元に伝わる話として、彼が加わっていたというのなら、これもそう信じるしかないと思う。それはそれで十分に納得のいくことなのだ。リドレー氏はいう。

「ジョン・ケンドリックはそれまでもイギリス製品のボイコット運動にも係わっていたし、ボストン税関の焼き払い事件にも係わっていたといわれます。それだけではありません。彼はイギリス船に乗り込むアメリカ人船員を逮捕して強制退去させよという運動にも参加しています。イギリスへの抵抗運動には、必ず顔を出しているのですよ。『ボストン・ティー・パーティ』に彼が加わっていなければ、その方がよほどおかしいですよ」

そうなのだ。ジョン・ケンドリックがかなりのヤンチャ者だったことは間違いないらしい。生まれ故郷の言い伝えからして、はっきりそういえそうだ。

ここで一つ私見を述べさせてもらいたい。「ボストン・ティー・パーティ」という言葉についてだ。これはよく「ボストン茶会事件」と訳されるのだが、茶会など一度も開かれていない。ここでいう「パーティ」とは、登山隊などの場合に使われる「隊」の意味ではないのか。つまり「ボストン・ティー・パーティ」とは、「ボストン茶隊事件」もしくは、「ボストン茶投げ隊事件」といった方がいいのではないか。茶会を表す言葉に「ティー・パーティ」というのがあるから、最初の翻訳者はそれに安易に飛びついたのだろう。それはともかく、ジョン・ケンドリックがこれに加わっていたというのが地元の言い伝えなら、私はそれを尊重したい。

ケンドリックの活動では、独立戦争(一七七五〜八三年)でのことが有名で、一七七七年に艦長として乗り込んだ「ファニー号」では、搭載した十八門の大砲にものをいわせて、彼は縦横に活躍した。一七七八年には大砲十六門搭載の「カウント・デスティング号」、一七八〇年には「マリアンヌ号」にも乗って走り回った。

いまもウエアハムの町に「ケンドリック記念館」となって残されている彼の家が褒賞金で手に入れたものだと書いたが、それは彼が「ファニー号」に乗っていたときに、イギリス軍所属のジャマイカ船二隻を拿捕したことによって、フランスから贈られたものだった。イギリスの戦闘力が増大することを恐れていたフランスの喜びはそれほど大きかったわけだが、ケンドリックたちの功績をフランス政府に伝えたのが、「アメリカ建国の父」として有名なベンジャミン・フランクリンだったというのも聞き捨てならない話だ。ケンドリックは他のもう一人の船長と賞金四十万リーブルを山分けして受け取り、実際には家だけではなく、その前の海までの庭、波止場及び近隣の土地までを手にしていたほか、その町で初めての幼児教育の学校設立のために献金もしている。

もっとも、そうした成功ばかりではなく、一七七九年十一月には英国船「ブルータス」「リトル・ブルータス」によって捕らわれの身となったが、捕虜交換によってボストンに戻り、以後は大西洋での鯨捕りにいそしんだ。

戦闘において、勝利ばかりではなく失敗をも味わっていたことは、彼の勇猛さに慎重さの裏付けをも与えていたはずだった。アメリカからの東洋への最初の交易船の船長として彼が選ばれた理由に、そうした実戦での経験が船主たちに高く評価されたことがあったとなると、その評価をした方の見識の高さもまた見事だったということになる。

第二章　ボストンの港町

ボストンの港町で

そうだった。ケンドリックの話といっても、彼は広東貿易の船のために指名を受けた雇われの身であった。その構想や計画といった肝心の話は、やはりその株主、つまり彼を雇った側のことから語るのが順序というものかもしれない。

照準を合わせるべき時は一七八五年。独立戦争が終わってから、ようやく十年が経とうかといった時期。初代大統領にはジョージ・ワシントン将軍がなることに決まってはいるが、まだまだ彼が就任する四年も前であって、合衆国憲法が生まれるのにも三年を残すときである。

アメリカ東海岸の港町、ボストンの波止場からわずか一ブロックのところのノーススクエアにある一軒の豪邸で、夜な夜な二人の男が熱い議論を戦わせていた。本来はここから始まる話であった。二人の男たちのうちの片方がこの家の主人で、医師のトマス・ブルフィンチ。あとの一人はジョセフ・バレルといって、当時ボストン一の金持ちといわれていた大実業家だった。連邦主義者としても著名だったが、アメリカの海外貿易に殊に強い関心を持っていたことで知られる。

海鳥の鳴き声、船員たちの声。それに加えて異国の風を運ぶ巨大な船の出入りが伝わるその家で、彼らが毎夜会っては相談していたことは何だったのか。

それはアメリカの将来についてだった。

アメリカはやっと独立の宣言はしたものの、まだ国の将来への確かな手応えを持ち得てはいない。この国を存続させていくには、特に貿易が必要なことは分かっているが、それはどのようにすればいいものなのか。それがまだよくは分からないのだ。

アメリカが独立したということは、どういうことなのか。

それは、もはやイギリスの庇護を受けられないという意味であって、当然、自分の足で歩くしかないのだが、それが容易なことではないことが、ようやく彼らにも実感されていた。戦争には勝利したが、国家は莫大な借金を作っていた。

彼らのその新しい国を興すには、まずは海外貿易を振興させる必要があった。東洋まで乗り出し、広東での交易の道筋を見つけることが肝心だった。茶、陶器、絹製品、香辛料、薬料……ほしいものはいくらでもある。ただし、中国で港を開いているのは広東だけだった。

「広東貿易といっても、そのルートはどうして確保するのか?」

「こちらからの交易の主商品として何があるか?」

「船はどうする?」「船員は?」「船長は?」

問題は次から次へと湧いてくる。話が途切れることはなかった。

しかし、話は堂々巡りになることが多かった。

もしもこのとき、この家の息子チャールズ・ブルフィンチが彼らの相談に加わっていなかったら、事はそう早くは進まなかったかもしれない。ペリー提督の来日より六十二年も前の一七九一年に、アメリカ船が突如、紀州串本の大嶋にやって来るということもなかったろうし、彼らが日本との通商を開きたいと考えていることに日本人はまったく気づかずにいただろう。

普通なら年若きチャールズ・ブルフィンチが、大実業家のジョセフ・バレルとここで広東貿易のことを語り合うなど、あり得ないはずだった。チャールズは一七八一年にハーバード大学を出たあと、イギリスやフランスへ行って建築学を学んで来たばかりの男だったからだ。実際、彼はこのあと大きな公共物の建築に携わり、ボストンのファヌル・ホール、同じくボストンのマサチューセッツ州議会堂、首都ワシントンの国会議事堂などを設計して高い信用を得ることになる男だ。

しかし、父親のトマス・ブルフィンチは息子に早くから実務的な知識を植え付けたかったようで、ヨーロッパから帰ったばかりの時点で、近所に住む友人で実業家のバレルの会計事務所に息子の身を預けていたのだ。今そのバレルがブルフィンチの家で東洋貿易について相談をしているのだから、息子のチャールズがそこに居合わせる幸運が生じたのだ。

このときの彼に話をしぼれば、一時期のことにせよ、彼が建築のことより実業の話に首を突っ込んでくれていたことが、のちに極めて大きな結果を歴史上に生むことになる。

チャールズ・ブルフィンチ

とはいっても、このときのチャールズ・ブルフィンチ自身が、その場で自分の意見として広東貿易の方法を伝えたり、日本への最初の渡航を発案したりしたのではなかった。それには、もう一人の男がいなければならなかった。

一七八〇年代半ば、この若きチャールズ・ブルフィンチがまだパリに遊学中だった頃の話だ。ときには絢爛たる上流社会の社交の世界に顔を出したりしていたらしい。ちょうど大使としてフランスに駐在していたトマス・ジェファソン（後に第三代アメリカ大統領になる）と知り合ったり、フランス革命に指導的な役割を果たしたラファイエット侯爵とも親しくなった。常に世界的な話題が渦巻くそんな社交場に、時には途方もない若者が紛れ込むこともあって、チャールズ・ブルフィンチはここで一人のアメリカ人青年と出会った。

その青年というのが、ジョン・レッドヤードという男だった。アメリカ人ながら、イギリスの探検家キャプテン・クックの第三回目の航海に加わっていた男だった。彼はそのときの見聞をチャールズたちに話し、

「私はアメリカ北西海岸のヌートカへ行ってラッコの毛皮を獲り、それをもって中国へ渡って商売をするのだ。それが成功すれば、大きな利益をもたらすことは確か。そのスポンサーを私は今探

しているのだ」というのであった。

若きチャールズ・ブルフィンチは、このレッドヤードの話を、そのときにはただの「冒険譚」の一つと見て、あまり興味を持たなかったという。当時、彼はまだ二十三歳、建築に興味を覚え始めたときだったからだ。

しかし、ボストンに帰ってきて、父たちの相談の中心が広東貿易であり、最大の問題がアメリカから持ち込む貿易のための商品を何にするかだと知ったとき、真先に思い出したのが、レッドヤードのこの話だった。

アメリカは東洋貿易については、とても不利な条件にあった。海上に多くの植民地を持つイギリスやスペインのように、自国領に立ち寄って積み荷をより商品価値の高いものに交換していくという芸当ができない。まだ海軍力は軽微で、まったく押しが効かない。そのうえ交易用の商品にも事欠く始末では、何とも情けない話にもなろうというものだった。

途中で植民地に立ち寄って、持てる商品をより高価なものに換えたりすることができないとなると、彼らは初めから余程いい物を持って出ねばならないが、そもそも、そんなものがアメリカに多くあるわけがなかった。銅が少々と野生の人参がいくらかあるくらいなのだ。

だからこそ、「大陸の北西海岸へ行き、ラッコの毛皮を集め、広東に持ち込めば、いい商売になる」というレッドヤードの話を、チャールズ・ブルフィンチは持ち出したのだ。

「船は二隻でいくこと。できれば、北西海岸の先住民と仲良くなって、そこの土地を買い入れ、ラッコの革のなめし工場なども建てて恒久的に利用すればいいのではないか」とまで述べた。「実際に、キャプテン・クックと共に大陸北西海岸へ行って見てきた男に会って話を聞いたのだから、間違いないのだ」と。

ジョン・レッドヤード

どうしてレッドヤードがそんなことにかかわったのかが、すでに一つの歴史だった。

一七五一年十一月(日付は不詳)、コネチカット州グロートンの生まれ。父は西インド貿易船の船長だった。頑健な体躯と勤勉な精神を持ったいい男だったが、カリブ海でマラリアにかかって三十五歳で急死した。その後、母が再婚したため、ジョン・レッドヤードは弟ウィリアムと共にコネチカット州の州都ハートフォードに住む祖父の許に引き取られた。

十九歳になったとき、祖父は自分の親友だったウィーロック博士が創立したダートマス大学へ彼を進学させた。ダートマス大学といえば、ニューハンプシャー州ハノーバーにあって、今ではアイビー・リーグの一つに数えられる名門校だが、当時はまだ創立して三年目だった。もともとは「アメリカ先住民への指導と教育のため」とする英国王ジョージ三世の勅令によってできた学校だった。のちには白人も入れたのは、彼らに先住民を教化する任務を期待したからだった。ところが、彼がダートマス大学に在学していた期間はわずかに四カ月と極めて短い。

その後、ジョン・レッドヤードは突然海に出る決心をし、地中海に向かった。一時は英国海軍にも入るが、一七七六年、彼はキャプテン・クックの最後の航海の船に乗り込む。

一七七六年六月からの航海での四年間に彼らが訪れたのはケープホープ、南米大陸のプリンス・エドワーズ諸島、タスマニア、ニュージーランド、今のクック諸島、トンガ、タヒチ、ハワイ諸島等々。そしてさらにアメリカ大陸の北西海岸へも行ったわけで、ジョン・レッドヤードはそこに行き着いた最初のアメリカ人といわれることになる。

その航海の途中、彼らが現在のカナダ・バンクーバー島へ行ったときのことだ。

当時はそこが巨大な島だとは知られていなくて、陸地の一部とされていたが、その太平洋岸にヌートカという良い入り江があった。そこの先住民は友好的で、イギリス人たちの必要をすぐに知って、身につけるものを次々に持ち運んできた。軽くて、丈夫で、暖かい動物の毛皮が豊富にあることがわかった。狐、黒テン、野うさぎ、絹猿、アーミン、いたち、熊、狼、鹿、ムース、犬、かわうそ、ビーバー、ラッコ、穴熊……毛皮にはいろんな種類があり、質的にも多くの差異があることがわかった。なかでも、もっとも重宝なのがラッコだった。

ジョン・レッドヤード

彼の記録にこうある。
「ここにいる間に、私たちは千五百枚のビーバーや他の動物の毛皮を買っていた。それは他への転用を考えていたからではなくて、単に自分たちの衣服に供しようと思っていたのだ。しかし、のちにわかったことだが、六ペンスの価値もなかったラッコの皮が中国では百ドルでも売れた。私たちはヌートカにあったビーバーの毛皮の四分の一も買い占めてはいなかったし、他の毛皮にしても同じだった。もしも、それらが中国でそんなに高く売れることがわかっていたなら、私たちはすべてを買い入れていただろう」

アメリカに帰った彼が、この計画への出資者を懸命に探し始めたのは、それだけその将来性に確信を持っていたからであろう。このアイディアに興味を示してくれそうな資本家や銀行を、彼は訪ねて歩いた。ニューヨークに期待をかけたが、容易には信じてくれる人はいなかった。

「何？　広東貿易のために北西海岸へ行くって？」

「ラッコなど動物の毛皮を集めて、それをもって行くっていうのか？」

レッドヤードの計画は、冷笑で迎えられるのがせいぜいだった。

エンプレス・オブ・チャイナ号

彼は次にフィラデルフィアへと狙いを変えた。港には仕事にあぶれたアメリカ船員がうろうろしている。各地に向かう貿易船がたくさん停泊しているというのに、アメリカ船はほとんどない。どうして、みんなそんなに消極的なのか。北西海岸へ行ってからの東洋貿易は、あんなに大きな成功が見込めるものだというのに……ジョン・レッドヤードは歯ぎしりする思いだった。

しかし、レッドヤードは結局、アメリカ人のなかには出資者を見つけることができなかった。ヨーロッパでも駄目だった。あとはロシアの船で行くしかない。

銀行で三ギニーを借り出した彼は、一七八六年十二月にロンドンを発ち、ノルウェー、スウェーデン、ラップランドを通過して、サンクト・ペテルブルグまで行った。一日に平均二十マイル。ロシアの広大な大地の半分以上も歩いてイルクーツクも過ぎ、ヤクーツクまで到達した。しかし、かつてキャプテン・クックの航海を共にした仲間のジョセフ・ビリングズがイルクーツクにおいて別の探検を計画していることを知り、彼はイルクーツクまで逆戻りした。そこで待ち受けていたのが、女帝エカテリーナ一世が出した逮捕状。一七八八年二月にレナ川でロシア軍に逮捕され、ポーランド国境まで送り返された。最後は哀れな死に方をする。

彼レッドヤードなくして、あの年代での「レイディ・ワシントン号」の航海はなかったかもしれない。私はジョン・ケンドリックをアメリカと日本との交流の最初の人として歴史上に引き上げることに努めているが、日本との関係では絶対に出てこないこのジョン・レッドヤードの功績をまったく無視するわけにもいかず、簡単ながら紹介した次第。ケンドリック以前にも、その先駆者がいたことは知っていてほしい。

ジョン・レッドヤードは、ラッコ貿易の道をアメリカに伝えた功績だけでなく、ベンジャミン・フランクリン、トマス・ジェファソン、ジョン・アダムズ、それにジョージ・ワシントンといったアメリカ建国の父たちとケンドリックを結んだもとにもなっていた。彼ら大物たちも、その当時においてケンドリックの名を知っていただけでなく、国家的見地からその航海を支援し、成功に大きな期待を寄せていたのだ。「コロンビア号」と「レイディ・ワシントン号」を一介の毛皮商船と見ることは、初めから大きな間違いであることがわかるだろう。

キャプテン・クックの本

若きチャールズ・ブルフィンチが驚いたことに、このレッドヤードがしようとしていたことを聞くと、の実業家ジョセフ・バレルは、すぐにそれに反応した。というのも、バレル自身もジョン・レッドヤードのことをすでに聞き及んでいたからだ。にわかには信じなかったらしいが、ブルフィンチの息子から確かな話と聞いては、すぐにこれを信じた。

そうなると話は早い。実はそのバレルは、さすがに実業の世界の人であって、来るべき東洋貿易の日のためにと、役立ちそうな物品をすでに確保し続けていたのだが、それからはその準備にも拍車がかかった。

一七八四年、やはりボストンから広東へ「エンプレス・オブ・チャイナ号」が「試験的に」送り出された。それは広東でのアメリカ人の通商に目安を付けるためのもので、もちろん北西海岸へは行かない。直接広東を目指した。これがもたらした情報は、悲観的なものばかりではなかったこともあって、三人の話はさらに熱を帯びてきた。この船に商品見本として乗せられていたのも、やはり野性人参なのであった。

もしも、ボストンからの貿易船が北西海岸に出掛けていって、ラッコの毛皮など高価な商品をもって広東に届ければ、もっと大きな利益を生むに違いない――。

彼らの事業欲に火がついた。アメリカは貿易での成功をもっとも必要としている国であった。もしも、これに成功するなら、こんないいことはないのだ。

折りも折り、キャプテン・クックによる三回目の航海についての本がイギリスで出版された。ブルフィンチ親子も、ジョセフ・バレルも、これに飛びついたのはいうまでもない。

立派な革張りの本であった。情報源として、これほど重要なものはなかった。

英国の探検家キャプテン・クック(本名ジェームズ・クック)といえば、一七六八年に第一回目の太平洋探検で、ニュージーランド及び当時は未知のオーストラリア東岸を発見。それぞれの英国領有を宣言して七一年に帰国した。第二回の航海(一七七二～七四年)では、古来信じられていた南方大陸を求めて南緯七一度まで南下。その大陸が幻であることを証明したほか、ニューカレドニア島などを発見。

そして、第三回の航海(一七七六～七九年)というのが、ジョン・レッドヤードが加わっていたときのもの。イギリスは太平洋方面にさらに大きな関心を抱き始めていて、北米大陸の北側を通って太平洋に出るルート(北西航路)の発見を目指した。これは果たされなかったが、その探検は太平洋の地理を明らかにするうえで大きく寄与するものであった。

その体験をまとめた本は、まさに北西海岸への航海や東洋への旅を具体的に語っていた。ボストン商人が、これに飛びついたのは当然であった。

たしかにそれには、北西海岸で先住民から得たラッコの皮が、広東において驚くほどの高値で売れることが書かれていた。

「やはり、チャールズ・ブルフィンチのいったとおりだ。あのレッドヤードがいっていたことは正しかった！」

ジョセフ・バレルには、もう迷いはなかった。

彼らはキャプテン・クックの言葉を読み、いまさらながらレッドヤードの説に従うことを決めた。その本にはクック船長のあとを継いだジェイムズ・キング船長の証言まであった。彼もまた毛皮貿易を強く提唱しているのであった。

出資者を募る

若きチャールズ・ブルフィンチの話から、東洋貿易に一つの光明を見出したジョセフ・バレルたちは、すぐに立ち上がった。事は小さな商売話ではない。バレルが中心になるとしても、なお何人かの協力者が要る。早速、その人選に入った。

ジョン・レッドヤードのことを紹介したチャールズ・ブルフィンチは、もちろん出資を申し出た。父親のトマス・ブルフィンチは自宅を彼らの集会所として開放するなど、あらゆる面での支援を約束した。

　ボストンの大商人サミュエル・ブラウンが加わることになった。隣町ケンブリッジの船長クロウェル・ハッチと、セーラムの海運界の大立者ジョン・ダービーも名乗り出てくれた。後者は著名なイライアス・ハスケット・ダービーの息子だった。いまもセーラムの港へ行けば、名門ダービー家の建物がそのまま残されているし、その前には、海に向かって伸びている「ダービー埠頭」までがある。のちの話になるが、一八〇一年(享和元年)になって長崎に入港したアメリカ船「マーガレット号」の船長サミュエル・ダービーは、このジョン・ダービーの従弟だった。日本との関係は決して浅くはない一家だということができる。

　これらの五人に加えて、さらにニューヨークからジョン・マーデン・ピンタードが加わった。当時二十八歳。祖父から受け継いだ遺産を何かに効果的に投入したいと考えていた。

　一株三千五百ドルの十四株を、これら六人で分け持つことになった。ジョセフ・バレルが四株、他の五人はそれぞれ二株ずつ分担した。

　次に問題となったのは、船をどうするかだった。

　一隻では駄目だというのが海運界の常識だ。二世紀前のトマス・モアの言葉にも「賢明な商人は、すべての荷を一つの船には乗せないものだ」とあった。しかし、そうはいっても、急に二隻を確保するとなると、話は簡単にはいかない。独立戦争の前には、造船のために多くの人が集まっていたし、外国船もあちこちから集まっていたものだった。戦争の熱気が去ったあと、残された船はあるにはあっても、どれほど信頼に足るかが問題だった。

今度の旅が、とても長いものになりそうだというだけではなかった。アメリカ大陸の北西海岸へ行くには、荒波の逆巻くケープホーンを回らねばならない。難所中の難所といわれるそこを通過しないでは、太平洋側へは出られないのである。その荒波に耐えられる船であることが、まず要求された。

最終的にバレルたちによって用意されたのが、二二〇トンの「コロンビア号」(The Columbia)と、九十トンの「レイディ・ワシントン号」(The Lady Washington)の二隻の木造帆船だった。

私は今ここで「コロンビア号」とは書いたが、正確には「コロンビア・レディビバ号」(The Columbia Rediviva)であった。「レディビバ」とは「再生」を意味するラテン語である。

「コロンビア」という語は、いうまでもなくコロンブスから来ていて、もともとはアメリカ合衆国の国名にと予定されていたものだった。そういえば、United States of America(アメリカ大陸にある連合国家)とは、あくまでも一つの説明であって、その連体を何と呼ぶかという国名が、もう一つ必要なはずであった。その国名として、当初は「コロンビア」の語が用意されていたのだ。だから船名「コロンビア・レディビバ号」とは、まさに独立国家として「再出発するアメリカ」「再生アメリカ」を意味していたといっていい。肝心の「コロンビア」という国名が、先に別の国に取られてしまって彼らが使うわけにはいかなくなったものの、元の意味からすれば、そういうことなのだった。

「コロンビア号」と「ワシントン夫人号」

コロンビア号がどこから来たものだったかについては諸説ある。

マサチューセッツ州プリマスで建造された新しい船だったとする説があるが、そうではなく、あのボストン・ティー・パーティの一件に使われた「ビーバー号」と同じく、シチュエイトの港で一七七三年に建造されたもので、独立戦争にも出ていた船だともいわれる。いや、それよりも実はもっと古いものだったという話さえなくはない。バレルたちの注文に応じて「再生」されたのであって、だからこそ「レディビバ」と名付けられているのだというのである。

そうなると、この船名は二重の意味を含んだものだったということにもなる。

真実のところはわからないが、新造船ではなかったというのは信じてよさそうだ。というのは、その後の航海において、この船はよく故障を起こしているからだ。大きさをいえば、甲板の最も長いところでも八三フィート少し(約二五メートル)。マストは三本、甲板は上下に二枚あった。搭載された大砲が十門、それに旋回砲もいくつかあった。

現在、この船をどうしても見たいという人には、アメリカ・カリフォルニア州アナハイムのディズニー・ランドに行かれることをお勧めする。そのレプリカ船が連日、多くの観光客を乗せて、園内の湖をゆっくりと航行している。世界一周を果した最初のアメリカ船としての人気は大変なもので、そういえば宇宙開発に力を入れたアメリカが、スペース・シャトルの第一号機に「コロンビア号」の名を与えたわけもここにあった。

一方の「レイディ・ワンントン号」の方は、九〇トンのスループ型（一本マスト）帆船であった。この船についても出所は曖昧で、ケンドリックたちの航海に備えて、彼の家のあるウエアハムで新たに造られたのだという説があるし、もっと古く一七七六年に、ボストンで造られたものだったともいわれる。独立戦争時には華々しく戦い、イギリス船四隻の拿捕に活躍したという説もある。

こちらは「コロンビア・レディビバ号」よりさらに小さく、甲板の最も長いところでも、十八メートルしかない。それでいて出航時に搭載されていた大砲や旋回砲は、むしろこちらの方が多かったとされるのだが本当だろうか。だとすると、大砲が十門以上。ぶどう弾を発射する旋回砲は、たしかに六門あった。

寛政三年、これが紀州串本に来航したときには、二本マストに変えられていた。その事情については、のちに述べることにする。

ハズウェルの日誌の表紙。出航時のコロンビア号（左）と、レイディ・ワシントン（右）。最初は１本マストだったワシントン号

「レイディ・ワンントン号」とは、いうまでもなく「ワシントン夫人号」。初代大統領となるジョージ・ワシントンの夫人マーサさんを指すものにほかならなかった。彼は二十七歳で結婚したが、夫人となったマーサは富豪として知られる未亡人だった。その結婚によって、ジョージ・ワシントンは莫大な不動産を手に入れ、

マーサ夫人は初代「ファースト・レイディ」の名を得たのだった。

軍艦を兼ねた商船

繰り返していうが、ジョージ・ワシントンは、この時点ではまだアメリカの大統領ではなかった。このことをよく分かっていない人は、「ケンドリックが日本へ来たとき、なぜ大統領の親書を持っていなかったのか」と問うたりする。ワシントンがその地位に就くのは二年後の一七八九年である。まだ大統領制に入っていなかった時代に、大統領の親書を持てるわけはなかった。代わりに持っていたのが国会の認証状で、これにはジョージ・ワシントンの署名があった。

憲法にしたって、まだ発効してはいなかった。

それはケンドリックたちがボストンを出た翌年(一七八八年)になって、やっと実効を見るのであった。つまり、ケンドリックたちの出航時にはアメリカにはまだ大統領もいなければ、憲法もなかったというわけだ。初代アメリカ大統領に決まっているジョージ・ワシントンにしても、まだ独立戦争時代の呼称であった「General」(将軍)で呼ばれていたに過ぎない。

ともあれ、「コロンビア・レディビバ号」と「レイディ・ワシントン号」とがペアを組んだということは、「新生アメリカ」という国家に「ワシントン大統領夫人」が寄り添っての船旅というイメージを形成していて、それが彼らの国家的な意志を託した壮途であったことを、その船名からも表明してはいなかっただろうか。

船名の話のついでに付記すれば、正確には「コロンビア号・レディビバ号」と呼ばれるべき船が、省略して「コロンビア号」と呼ばれることが多いように(現に本書でもほとんどの場合そうする)、その僚船として選ばれた「レイディ・ワシントン号」も短縮して「ワシントン号」と呼ばれることがある。

それは致し方のないことだとは思うが、最も困るのは日本での表記だ。奇妙なことに、日本では「lady」の語を「レディ」と書く間違った習慣がある。出版社や新聞社にしても、社内規定とやらで間違ったまま固定してしまっていることが多い。これが正しくはないことが明らかなのだから、ここでは正しく「レイディ・ワシントン号」とすることに決めておきたい。

この船名は、今後ますます日米の間で話題になるであろうし、正確な発音がとても重要になってくるのは明らかだからだ。JR串本駅前に、そのブロンズ像が建立されたときにも、私はあえて主張して「レイディ・ワシントン号」と表記していただいたのはそういうわけだった。一時の不便は辛抱して、あくまで正しく発音しないと、アメリカとの通信や交渉で、十分に意味が通じないことが生じることを私は恐れる。船名など固有名詞は、他の言葉では言い換えの効かないものなのだから、なおさら注意しなければならない。

ところで、両船のいずれにも、かなりの数の大砲などが載せられていたことについても、多少の説明が必要だろう。なぜ毛皮の貿易船に、そんなにも多くの武器が搭載されていたのかを不審に思う人もいるであろう。

それはそれらの船がプライヴァティア(privateer)の許可を得ていたからだ。

プライヴァティアとは普通、日本では「私掠船」と訳される。この文字はかなり間違ったイメージを読者に持たせる困った語だと私は思っているのだが、商船に大砲などを載せ、軍艦を兼用させた船のことをいう。民間の船ながら、武器を搭載させて敵船の拿捕を国が認可した船のことだ。

商船と軍艦とを兼ねた船「プライヴァティア」。それはまさに、生まれたばかりの国アメリカの、当時の海軍力の弱さを示すものだった。彼らはまだ海軍といっても十分なものを持ち得てはいず、民間の船に頼らざるを得なかったのだ。時には海賊船のようにいわれることもあるが、公的機関の正式な認証を受け、その統制に服している点で、ただの海賊とは異なる。十九世紀の前半まではこの方法は残っていたといわれる。このケンドリックたちの航海に使われた「コロンビア号」も「レイディ・ワシントン号」も、国の認可のもとに戦う権限も付与されたプライヴァティアなのであった。

船長(隊長)ジョン・ケンドリック

船の手配と共に極めて大事なのが、船長を誰にするかということだった。候補者は数多くいた。問題は、誰が最もこの航海にふさわしいかだった。軍艦をも兼ねていということに重きをおけば、「船長」ではなく「隊長」と呼ばれるべき人だ。

検討の結果、当時四十七歳のジョン・ケンドリックが最終的に決定された。

一説では、船長の候補者として数百人の名が上げられたという。そのなかから彼が選ばれた理由は何だったのか。それについての答えの半分を、私はもうすでに述べてしまっている。ジョン・ケンドリックの生まれたところが、先住民たちの生活習慣を共有するところだったこと、日常的に接触することで先住民についての知識を豊富に持っていたことのほか、若いときから捕鯨船団に加わり、先住民たちと協力してカナダのセントローレンス川の辺りにまで出ていたことなど、貴重な経験を積んでいたこと。北西海岸に行って、そこの先住民から土地を買おうという計画もあることを思えば、アメリカ貿易船の船長として、それは絶対的に必要にして不可欠の条件ともいえた。

もちろん船長としての判断力、強靱な肉体とそれに相応する強い精神。そうしたものが備わっていなければならなかったのは当然として、危機に際しての臨機応変の柔軟性もまた、望まれる資質に違いなかった。その点、ジョン・ケンドリックはすでに四十七歳となっていたから、当時としてはかなりの高齢。その点がまずは懸念されていたはずだ。その遠征は、少なくとも三年から四年は掛かることが予想された。体力は大丈夫なのか。病気、自然の猛威、海賊の攻撃に十分に耐えられるのか。もっと若く元気で、戦いに強い船長もいたのではなかったか。彼に決まるまでに相当の議論があったとみて間違いなかろう。

彼本人の適性、先住民に関する知識などの他にもう一つ、彼が選ばれた要因があったと思う。それは先述のとおり、彼の家系というのがイギリスからアメリカへ来た最初の家族の一つだったということではなかったろうか。

それは彼自身が最も大きく誇っていたことだった。ならば、今回アメリカが東洋を切り開こうとする最初の航海にも、自分が立ち上がらねばならないとする意欲に連なっていてもおかしくはなかった。少なくとも、そんな機会をおめおめと他の者に任せてはおけないという気持ちが、血の当然として彼にあったのではないか。

ついでにいっておけば、ケンドリック(Kendrick)という家名の持つ意味は、『ペンギン英語人名語源辞典』によれば、古代のウェールズ語で「英雄」「頭」「長」「指揮官」だったとのこと。ジョン・ケンドリックの場合、その役割からしてまさに打ってつけの名字であったといえる。ただ、当時は家名の書き方にかなりの自由が許されていたようで、ほかにもKenrickやKenwickなど十九通りもの書き方があったということだ。日本に一七九一年にやって来たジョンの場合は、そのなかからKendrickを選択していたということになる。

一七六七年十二月、マーサズ・ビンヤード島でハルダー・ピース嬢と結婚。東洋への出航の時点で少なくとも五人の子供を持っていた。上からジョン(男、父と同名でジュニア)、ソロモン(男)、ジョセフ(男)、ハルダー(女)、ベンジャミン(男)だった。

これらの子供たちより先にアルフレッドという男の子がいたとする説もあるが、詳しいことはわからない。また子供たちの生年月日にも諸説があって一定しない。

ロバート・グレイ

副官には三十二歳の独身者ロバート・グレイが選ばれた。

彼はロードアイランド州ティバートンの生まれながら、かつてのプリマス植民地知事エドワード・ウィンスローの遠縁にあたり、独立運動の導火線となったといわれる一七七〇年の「ボストン大虐殺」で殺された四人の一人サミュエル・グレイの従弟だった。

彼もまた独立戦争では海軍将校として活躍したが、その後はクロウェル・ハッチとサミュエル・ブラウンの二人が所有していたプライヴァティアに乗っていた。その私掠船というのが他でもない「レイディ・ワシントン号」だったらしいという話が根強い。

ジョン・ケンドリックのイメージ画

ジョン・ケンドリックとロバート・グレイという、これら二人の船長によるペアは、実に奇妙なものといえた。何から何まで対照的なのである。

豪胆なうえに機知に富むケンドリックには、何を仕出かすか知れないところがある。ビジネスに関してはあまり細かくはなく、損得にとらわれない。途中で少々失うところはあっても、最後に計算が成り立っていればそれでいいとする男だった。

一方のロバート・グレイは違う。すべてに几帳面で、よくいえばビジネスライク。実務に長じていて、最後の総計はもちろん、途中の小計においてもきちんとしていることを求める人だった。

彼は隻眼だったのだが、今も残る彼の肖像画では、両眼を見開いている。画家が敢えてそう描いたのか、グレイ自身がそう望んだのか、それはわからない。ついでにいっておけば、ケンドリックについての肖像画などは一切ないから、彼の容貌については一切が不明のままだ。私が彼を表すものとして、イメージ画に影絵のシルエット像(サインは本人のもの)を用いているのはそのためで、少しでもその人物に親しみを感じてもらうためには、そうするほかなかったことをご承諾いただきたい。

これら二人の船長、ケンドリックとグレイとが、このあと互いに陰陽を織りなしながら、それぞれの人生を歩むことになるのだが、それはそのままに、毛皮貿易、日本への渡航、ハワイ統一王の誕生などに絡む二人の運命とは別に、図らずもこのうえなく皮肉なドラマを形成している。なかでも彼らの命運を決める最もドラマチックな船の交換劇が、アメリカ北西海岸にて起きるのだが、それはまだ二年も先の話だ。

いま、ここで確認しておかねばならないのは、株主たちはその経歴や人格から判断して、ジョン・ケンドリックを全体の総指揮官とし、グレイの方を副官としていることである。出資者たちから彼に宛てた手紙も現存しており、またケンドリックがグレイに送った手紙も残されている。グレ

イがケンドリックの意向を無視する挙に出るとすれば、それは最初の取り決めに反する行為だったことになる

乗組員

二人の船長たちのほかにどんな人が集められていたのか。

独立戦争が終わったあとの時期だったから、港には仕事にあぶれた人たちも多かった。そうした人たちからの志願者もいただろう。まずは五十人ほどが集められた。旗艦「コロンビア号」には四十人ばかり、「レイディ・ワシントン号」には十一人が乗ることとされた。

独立戦争で活躍した者もいれば、無経験の若者もいた。それらは四種類に大別できる。上級船員、職人、ケビン・ボーイ(キャビン・ボーイがなまった言い方。こまごました仕事を引き受ける)である。ケビン・ボーイには、まだ八歳や九歳の者もいた。

ケンドリック船長の息子二人も乗ることになった。長男ジョン・ケンドリック・ジュニアは十八歳で五等航海士、次男のソロモンは十六歳で、ただの船員だったとされることが多い。

乗組員全員についての詳しい情報が残されているわけではない。身分証明書や旅券を各自が持つようにと決められたのは一七九六年であって(つまりは「レイディ・ワシントン号」が串本に来てから五年後)、それまではそうした書類は持たないでもよかった。また途中まで契約で乗った者もいるだろうし、給仕やケビン・ボーイとなるとまったくどこの誰かもわからない。

いま彼らの採用の時点で、署名によって明らかにされているのは、次の人たちだ（カッコ内は出身地）。その構成メンバーはあとに重大な動きを示すことになるので、その出身地を含め、よく見ておいていただきたい。

縫帆工ウィリアム・ボウルズ（ニューヨーク州ロックスベリー）
砲手ジェイムズ・クロフォード（ワシントンDC・ジョージタウン）
鉄工ジョナサン・バーバー（マサチューセッツ州ボストン）
大工アイザック・リドラー（イギリスからの移民）
樽職人ロバート・グリーン（マサチューセッツ州ノースショア）
毛皮の専門家ジョナサン・トリート（マサチューセッツ州ボストン）
船員ロバート・D・クーリッジ（ニューヨーク州ロックスベリー）
船員ジョシュア・ヘミングウエイ（アイザック・リドラーのいとこでノースショア出身）
船員マイルズ・グリーンウッド（マサチューセッツ州セーラム）
船員ジョン・コーディス（船主バレルの友人の息子）
船員アンドルー・ニューウェル（同右）
船員オティ・リスカム（マサチューセッツ州グロスター）

三等航海士は十九歳のリチャード・ハズウェル。イギリス系。父親は、アメリカ独立戦争の際には英国の海軍大尉で、のちにその経験を本にして著す人だった。

二等航海士ジョセフ・イングラハム(出身地不明。二十五歳)はアメリカ海軍にいて独立戦争で活躍。終生ケンドリックを尊敬する。

一等航海士は二人。シメオン・ウッドラフとジョセフ・イングラハムだった。ウッドラフはキャプテン・クックの航海にも同行したイギリス人だった。

書記リチャード・ハウ(出身地不明)

マサチューセッツ出身の乗組員たちはあくまでもケンドリックに忠実で、この四年半後、日本の紀州串本に来たときにも、縫帆工のウィリアム・ボウルズ、砲手のジェイムズ・クロフォード、鉄工のジョナサン・バーバー、樽職人のロバート・グリーン、若い船員ジョン・コーディスなどは、間違いなく「レイディ・ワシントン号」に乗っていた。紀伊大嶋の緑の森に心を安め、清冽な水の旨さに声を上げていただろう。紀南の海に轟いた鉄打つ音は、ジョナサン・バーバーの仕事ぶりを語る音でもあった。彼はこのあと、ケンドリックがアメリカ大陸北西海岸での初の合衆国建築を打ち建てる時にも、獅子奮迅の活躍を示す。

これら最初から乗り組んでいた人たちのなかでも、歴史的に最も重要な記録を残したのが、三等航海士ロバート・ハズウェルだった。彼は記録を残していて、そのお陰でいまもその航海のあらましを読むことができる(ただし、誤字が多く読みにくい)。

船自体の航海日誌が、ケンドリックの最期となった一件で吹き飛んでしまったのだから、ハズウェルの記録がなおさら重要性を持ってくる。

ただ、残念なのは、彼は途中で船を換えたため、両船での動きの全体像がわかりにくくなっていることだ。また船長の航海の仕方などに批判的で厳しい言葉もあるのだが、ほかに生の記録が少ないこともあって、彼の見方がことさらに大きく扱われ、定着してしまっていることだ。若い彼にはケンドリック船長の老練な判断が理解できにくかったようだ。

船にはジョセフ・イングラハムという二十五歳のベテラン船員もいて、彼はハズウェルよりはもっと詳しい日誌を付けていたらしい。彼はケンドリック船長とも気が合っていたから、内容においてケンドリックのやり方をよく説明するものとなっていたはずだが、これも船の航海日誌と共に吹き飛ばされたか、現存しない。

そこにあったはずの記録は、ハズウェルのものとは対極的な意味を伝えていたと思われる。残念なその消滅を、「アメリカ海運史上の大悲劇だ」とまで、『Hail Columbia』の著者ジョン・スコフィールド氏は呼んでいる。

絵描きや仕立て人まで

書記のリチュード・ハウは、当初は積み荷の売買にかかわる「上乗り人」(Supercargo)という重要な役目を予定されていたのだが、結局はケンドリック船長が兼任するものとされることになる。

あとに加わった者に、医師のロバーツ(「ドクター」と呼ばれていたが名前不詳)や天文学者のジョン・ナッティングがいた。こちらのあだ名は「先生」だ。当時の若者で海に出ようという者は、誰もが天文学を少しは学んでいたが、未知の航海には専門的な人がいなくてはならなかった。名前がわからない人には、箱師というのもいたし、船板の隙間に槇皮を詰める職人もいた。

しかし、私が最も驚くのは、絵師やテーラーまで連れていっていることだ。絵師の名はジョージ・デイビッドソン。私がアメリカ大使館へこのケンドリックたちの話をするために訪れたとき、親切に対応してくれた公使も名前が同じデイビッドソンだったことで、余計に関心を示してくれたものであった。時はまだ写真機のない時代。実際に起こったことの記録には絵しかなかったわけで、今となってはいずれもが貴重だ。

服の仕立て人までが乗っていたことにも、少々説明は要るのかもしれない。それはケンドリック船長個人用の仕立屋だったともいわれている。実際、船長はダンディな人だったとか。しかし、船長の服装は、単にその人のダンディズムだけで考えられるべきものではないのではないか。

というのは、そこにはオシャレ以上の意味があったと思われるからだ。その理由をいえば、特にイギリス海軍のやり方などによく見られることだが、自国以外の土地への訪問に際しては、戦うよりも戦わずして勝つ方法として、文化の高さを相手に示すことがあった。船長の服装や、船長室のたたずまいが重要視されたのはそのためである。招き入れた相手に対し、「これは凄い文化を背景に持つ人たちだ。戦ってもきっと私たちは打ち負かされてしまうだろう」という印象を与えられれば、無用の軋轢や戦闘を避けられるというものだった。ケンドリックもまた、その役目の大きさを見て、訪問する各地でその効果を期待していたものと考えるべきで、「ダンディな人だった」の説には重きを置かない方がいいだろう。

服装が持つ意味は大きかった。金色のパイピングのついた真紅のベスト、身体にきれいにフィットしたジャケットなど、いざというときには、まだ十分には開発されていない土地で、大きな働きを示したと見ていい。ただ、船員たち自身は、身の回りのことは自分でするのが普通で、服装も自分で縫ったり、直したりしていた。よく知られるとおり、船乗りとは手先が非常に器用で、そんなことはわけなくできる人たちだった。かつて、私がベースボールの歴史を調べていたときに出会った話だが、初期の野球がアメリカ東部の多くの港町でいち早く流行したのは、ボールやグラブを簡単に縫い上げる人たちがそこには多くいたからだと読んだことがある。

載せていたもの

船長をはじめ、船員たちは出航に先立って、給料の一部を前金として受け取っていた。航海の準備をするもので、身のまわり品や、当座必要なものをそれで買った。独り者たちには、たいてい一カ月か二カ月分だった。

多額の前払いを受けていたのは、ケンドリック船長と一等航海士のシメオン・ウッドラフ。ケンドリックは一年間の基本給、四五ポンドを受け取った。

乗組員のなかで最高年齢だったとされるウッドラフの前受け額は二七ポンド。これは異例の高額だった。彼にも家族がいたが、何人だったかは不明。

このシメオン・ウッドラフが特別の待遇で迎えられていたのには理由がある。その名声を買われてのことだったからだ。

彼が任されている仕事は船倉の荷物の管理。イギリスの探検家キャプテン・クックの「レゾリューション号」による第三回目の航海に加わった砲手の一人。北西海岸のラッコのことにも、ハワイの美しい女性たちのことにも、各地の現地人たちの攻撃のことについても詳しかった。独立戦争ではイギリス海軍で戦い、船長の経験もあった。

このウッドラフがキャプテン・クックの第三回目の航海に加わっていた人だったと聞けば、やはり思い出されるのはその航海に加わっていたあのアメリカ人青年レッドヤードのことで、いまやそのレッドヤードがアメリカにいないとなれば、その代理という形でウッドラフがここに加わっていたというのがいいだろう。

キャプテン・クックの最新の航海に加わっていた人となれば、各地に関する最新の情報を持った人に違いなく、案内役一つとっても、これ以上の人はなかった。クックと一緒に航海したというだけで、引っ張りだこになっていたというのは本当だろう。

もしも、この時、ケンドリックたちの航海に、ウッドラフではなく、あのレッドヤード青年が加わっていたのであれば、同国人として気心も通じやすく、ケンドリックも付き合うのに苦労することはなかったのではなかろうか。それが、イギリス人のウッドラフであったばかりに、このあと実際の航海のなかでいろいろと問題が起こることになる。

記録の偏り

人選一つで、航海がまったく違ったものになることはこの航海に見るとおりで、卑近な、そしてそのとき任せの選択のやり方一つで、それがそのまま日米の、ひいては世界の歴史に係わってくるのを見ると、歴史の面白さを超えて、何やら日常性のなかの人間の行動のあれこれが怖くさえ思えてくる。

このようにして選ばれた男たち。地元マサチューセッツ出身の人が多かった反面、イギリスからの人たちもいて、まさに呉越同舟。果してうまくいくのかと、この時点で早くも素人の私でさえ懸念を抱いてしまったものだ。

イギリスとアメリカの海の男たちというと、つい先頃までアメリカ独立戦争で戦った者同士ではないか。その発端となった一七七三年十二月のボストン・ティー・パーティーの一件を、またもや思い出してしまう。

イギリス人たちが持つ三四二箱もの中国茶を、変装したアメリカ人の若者たちが海に放ったというこの一件は、重税を掛けるイギリスへのアメリカ人の恨みを表していただけではない。中国産の茶というものが、アメリカにおいてどれほど貴重なものとされていたかをも示していたからだ。

その茶を求めての東洋行きを、いまアメリカは初めて自分たちの力で本格的に行おうというのだった。

イギリスはそれまで、植民地に対して独自の外国通商で大きな利益を得ることがないようにと、規制を敷いていた。植民地が勝手に経済的に発展して実力をつけては、本土としては困るからであろう。イギリス本土でも、巨大な利益を生む商売を誰にでも許していたわけではなく、アジアでの通商については、イギリス東インド会社に独占させていた。

アメリカ人としては、独立戦争が終わったとなれば、やっと自分たちにも世界への道は開かれたと思ったことだろう。しかし、それも束の間、ヨーロッパ、カナダ、西インド諸島の英国領の港々は、アメリカ船を排除していることが判明した。一七八四年にニューヨークから広東を目指した「エンプレス・オブ・チャイナ号」の航海で、明らかにされたことの一つだった。

イギリスはもちろん、他の多くの国々もアメリカ大陸北西海岸を目指そうとし始めていた。例のキャプテン・クックの航海本は、アメリカ人にのみ刺激を与えたのではなかった。母国イギリスにももちろん大きな動機を与えていた。アメリカ大陸北西海岸へ行ってラッコの毛皮を集めるというやり方を、イギリスはアメリカより先に始め、その最初の試みとして「シーオッター号」(The Sea Otter ラッコ号)を送り出し、一八七五年八月には北西海岸のヌートカに到着させていた。船長はジェイムズ・ハナ。やはり東インド会社所有の船だった。そして彼らはそのあとも、さらに次々と船を送り出す。

イギリスは特にアメリカ北西海岸へ貿易船を送る会社としてキング・ジョージ海峡会社(King George's Sound Company)」を作った。それは東インド会社が持つ独占権を侵さないようにと考え出されたもので、同じイギリスの船ながら外国から出航させて、外国の国旗のもとで操業させるものであった。

一七八七年の「インペリアル・イーグル号」(チャールズ・バークレー船長)は、オーストラリアの国旗を掲げたし、ミヤーズ船長やダグラス船長の船にはポルトガルの国旗を掲げさせた。このダグラス船長というのは、私たちには特に注意の要る人である。一七九一年、紀州串本の大嶋にケンドリック船長の「レイディ・ワシントン号」と一緒にやって来たダグラスというのが、まさにこの人だったからだ。ケンドリックと一緒に来たからといって、彼の船をアメリカ船と即断するのが無理であることは、この時点ですでに予想できることである。

こうした方法で、イギリスはいずれスウェーデン国旗の船も、インドからの船も、北西海岸に送り込むようになる。新興国アメリカが、いくら熱意に燃えていたとはいっても、容易な通商にはならないことは、すでに明白だったといってよい。おまけに、北西海岸にはスペイン軍が勢力を張っているのだった。

第三章　新興国アメリカの息吹

船名、船長名の入ったメダル

船を確保し、船員を決めたとなると、あとは何を積み荷とするかが大問題だった。今度の航海に必要なものは、それまでのアメリカ船のどの航海の場合とも違っているはずだった。野生の人参、綿花・鉛などがもちろん積み込まれたが、毛皮との交換のためには、先住民たちが喜びそうな物を載せていかねばならない。

鼠捕り器十八個、ネックレス十五ダース、卵薄切り器十九個、帆の縫製針六〇〇本、手鏡四四九個、香水瓶七八個、口琴(簡単な楽器)二二ダース余、イヤリング十四ダース、ビーズ玉九二ポンド、真鍮の茶ビンやポット、タバコ箱、洗面器、毛布、手斧、ナイフ、それに多量の鉄クズが運び込まれた。

鉄クズから作られたノミがどれほど珍重されたかは、いまの私たちの想像を超える。先住民は他の先住民族との交易に、それらをよく用いていて、彼らのあいだでの貴重な交易用品なのだった。それを手にした先住民は、さらにそれを奥地の者との交易品にしていたから、彼らの手から手に渡って、信じられぬほどの内陸に達していることがあった。ケンドリックたちが持っていったもので、のちに発見されたものの例でいえば、一七九三年七月に現在カナダとの国境であるフカ海峡の東、内陸深く入ったところの先住民がこれを所持していたことが、カナダ人探検家アレクサンダー・マッケンジーによって認められている。

それらよりもっと重要な物も彼らは持っていた。それは船主たちが彼らのために鋳造させた直径四・一センチのメダルであった。船主たちはケンドリックたちの航海にできる限りの権威付けをしようとしたのだろう。金属の鋳造物をもって単なる一片の商業行為ではないことを、それによって証明しようとしていたものと思われる。

その表面には、その図柄と共に、大きくColumbia号とLady Washington号という船名と共に、指揮官としてのKendrickの名があり、裏には船主たちの名前を取り巻いて、それがボストンから太平洋へと送り出された船であることが、わざわざ記されていた。その図案を彫ったのが、彫版師で独立戦争の英雄ポール・リビアだったというのも、その価値を高めるものだ。

特に銀製のものが十二個鋳造され、ジョージ・ワシントンやトマス・ジェファソン、それにケンドリックの妻ハルダーにも渡されている。また、フランスのラファイエットにも送られた。

これらのうち現物でいま残っているのは、わずかに三枚。うち一枚がオレゴン州ポートランドの歴史協会で一般に展示されている。ちょうど、ラッコの毛皮の見本が置かれているコーナーにあるから、行かれる方は忘れずに見てきてほしい。

同じ図案で、しろめ（錫を主体とする合金）と銅で作られたものも数百個造られた。それは通商の目的で訪れる場所で相手に渡すものとされていたから、きっと串本の大嶋でも地元の代表者に手渡されていたはずだ。残念ながら、それはいままでに見つかってはいない。恐らく地元民としては、その重要性にはまったく気づいてはいなかったろうし、そこに書かれている文字を判読できる者もいなかった。それに、もしも本当に彼らのうちの誰か主だった者が受け取っていたとしても、のちに述べるように、その後の津波や台風で村が災害を受けて、樫野の村民全員が元の土地を離れ、背後の丘の上に移り住んでしまっては、その行方もわからなくなったということかもしれない。

なぜ権威付けが必要だったか

ケンドリックたちの航海を権威付けたいという船主たちの意図は、メダルにのみ現れていたのではなかった。彼らが議会から受けていた認証状にもそれはあった。まだアメリカは大統領制に入っていなかったために、大統領からの親書に代わる公式の書類としての価値は高かった。

株主の一人ジョン・ピンタードは一七八七年八月十八日に、アメリカ十三州の議会に対して中立国船舶証明書を要請し、ケンドリックたちのために確保した。いわゆるSea Letterと呼ばれるものだ。「コロンビア号」と「レイディ・ワシントン号」の両方に与えられたが、初代大統領になることがすでに決定しているジョージ・ワシントンがサインしているところを見ても、実質的には大統領の親書とされていいものであった。アメリカがまだ独立したばかりで、手続き上の不慣れもあって、重要なこれらの書類が実際に出来上がったのが、出航まで一週間を切っていた九月二十四日のことだったといわれる。まさにギリギリのことで、早馬便でボストンの彼らのところに届けられている。実物は現存しないが、「コロンビア号」へのものを例にとれば、そこには次のようなことが書かれていた。

「アメリカ合衆国議会は、『コロンビア号』の船長ジョン・ケンドリックがアメリカ市民であり、彼が指揮している船はアメリカ合衆国国民のものであることを証明します。私たちはジョン・ケンドリック船長が正当な行為で航海を成功させることを期待し、各地訪問にあたっては妥当な扱いを受け、通行、港湾の出入り、通商に支障なきことを祈っています」

敵国船舶の拿捕を認可した私掠免許状のほかに、合衆国議会は彼にこれを与え、マサチューセッツ州がパスポートを発行した。同議会はこれに先立ち東洋貿易の振興と、それに携わるアメリカ商船の保護のための条例を作っていた。アメリカ市民以外の者の所有の船によって輸入される茶その他の物資に、差別税率を課すというものである。

さらに「エンプレス・オブ・チャイナ号」の上乗人だったサミュエル・ショーを、広東駐在合衆国領事に任命していたのは先述のとおり。複雑であるといわれる広東での手続きを少しでも円滑にしようとのさし迫った必要からであった。

ケンドリックたちが支援を受けていたのはアメリカ政府からばかりではない。駐米スペイン大使の地位にあったガルドクィも大陸西海岸にいる同国の司令官に対して、これらのアメリカ船に特別の配慮を払うよう求める書状を書いたし、フランスやオランダの領事からの文書も彼らは携えていた。そうした権威付けが彼らにはどうしても必要だった。いってみれば、彼らは国際社会への新参者。無経験でほとんど丸腰の若者なのだ。

ロシア、スペイン、イギリス

そもそも北の海岸一帯に生息する動物を獲ったり交易の品としたりしたのは、ロシア人が最初だった。カムチャッカやアリューシャン列島で獲っていた手が次第に延びて、やがて一七四〇年代には、アメリカ大陸の北西海岸にまで来ていた。彼らが獲ったラッコの毛皮は最高品質のものばかり。最初に手掛けた者の特権を、彼らはまだ発揮し続けていた。

ロシア人の次にアメリカ大陸北西海岸に来たスペイン人たちは、他国の進入を一切許さない姿勢を貫いている。彼らにしてみれば、北米大陸北西海岸を他のどの国も近づけないところにしておきたかったのだ。太古からのそのままの状態しておくのを理想としていて、他の勢力による開発を彼らは何より恐れていた。

もちろん、彼らもラッコの毛皮は獲ったが、ロシア人たちほどには熱心でなかった。衣類にする必要の度合いに違いがあった。その地に彼らがいることの意味は、やはり毛皮確保のためというより、土地の専有権維持のために、見張りを続けているというものであった。

ロシア人、スペイン人たちがこうして相拮抗していたなかを、次に分け入って来たのがイギリス人だった。

一七七八年、例のキャプテン・クックの第三回目の航海で、彼らの「レゾリューション号」と「ディスカバリー号」が、現在のカナダ・バンクーバー島のヌートカに立ち寄って、そこで船の修理をするために一カ月停泊した。

このときに、その乗組員たちがラッコの毛皮と接点を持ったことは、すでに述べた。キャプテン・クック船長も、そして彼の死後その航海を仕切ったジェイムズ・キング船長も、ともにこのときに毛皮貿易の将来性を見抜いていた。あのジョン・レッドヤードがそれに気づいたのもこのときのことだった。

しかし、このあと一七八九年からは、スペインとイギリスとのあいだで土地問題が生じて、悶着が起きる。ということは、アメリカが必要に駆られて急いでそこにケンドリックたちを向かわせた時期というのが、ロシア、スペイン、イギリスの三国が、互いに神経戦を交わしてピリピリしていたときだったわけだ。おまけにアメリカ船としては、ほとんど丸腰同然での進入であった。

そのやり方は、いかにも新興国らしい無謀さと率直さにあふれて見える。時代を考えれば、そこへ行って無事に帰って来られると見ていたのが不思議なくらいで、むしろ何かが起きる危険性の方が大きかったといえる。

もしも、そのときアメリカ人たちが持ち得ていた有利な点が少しでもあったとするなら、それは彼らの国が生まれたばかりで、あくまで中立国であったということくらいか。どの国とも新たな付き合いを始めようとする柔軟性と無垢な公共心だけは彼らにあった。

「相手の無知に付け込むな」

このことを何よりも明白に証明するのが、株主の中心であったジョセフ・バレルがケンドリック船長に送った要望書である。発信日は不明だが、一七八七年九月のことだったことは分かっている。

彼はそのなかで、ケンドリックに対し、利益確保の重要性を説きながらも、そのために国の信用を失うことのないよう、むしろ原住民とのあいだでの友情の育成をはかるべきであることを、次のように諄諄と述べているのであった。

この書類の重要性については、どれほど強調してもしすぎることはないだろう。書かれた語句の一つ一つも大切だが、その裏に流れている公正な精神を、先ずはよく見ていただきたい(これはかなり長いものであるため、必要な部分を取り出して引用としたい。全文は私がこれまでに出版したものにある)。

ジョン・ケンドリック船長殿

「謹啓

『コロンビア号』、『ワシントン号』、共に太平洋及び中国への旅の準備が整いました。私たちはあなたを信頼し、このたびのこの計画実行の指揮をすべて貴殿にお任せ致します。

このような種類の航海に際し、形式ばったやり方でいろんなとりきめや指示を出すことはおかしいことでありましょう。それに、貴殿の自尊心、高潔さ、善良な振る舞いには、私どもは十分の信頼を置いているところであり、貴殿がいかなるときにあろうと、万事抜かりなく行ない、仮に事件が起こったとしても、貴殿はむしろそれをもって、事態をよりよき方に向かわせるに違いないと確信しています。

そうは思いながらも、しかし、私たちはこれらの念願や期待を、貴殿の心のなかに強く記しておきたい気持ちを抑えることができません。すなわち、貴殿と現地の人とのあいだに、つねに協調と友情がありますように、そして通商において、相手の無知につけ込むことのないよう願うと同時に、アメリカ人の代表として、正直な行為により、それぞれの土地の人の心に友愛の情を植えつけるよう努力されますことを祈っています」

出航

出航の日の朝、ケンドリック船長は船主のジョセフ・バレル、書記のリチード・ハウたちと共に、ボストンのボイルストン通りにあるサウス教会で、航海の安全を神に祈った。どんなことが、これからの彼らを待っているのか、それは想像もつかない。神に祈るばかりなのだ。船員たちや見送りの人たちの様子はどうか。三等航海士ロバート・ハズウェルの日記に見よう。

「一七八七年九月三十日、日曜日

今日が出港の日というので、朝から乗組員それぞれの友人たちがどっと押し寄せてきて、ごった返す。正午頃にケンドリック船長、副船長ハウ、事務係のトリート氏、医師のロバーツ氏、それに天文学者のナッティング氏たちが水先案内人と共に乗船した。あとにボストンの実業家たちが大勢つづいた。

コロンビア号は出帆し、ナンタスキット投錨地まで進み、そこで錨を下した。そしてレイディ・ワシントン号と共に静かに水上にとどまった。

夜になって、陽気と歓喜は最高潮に達した。一同、一段と快活になり、歌などによってさらに感情を高ぶらせた。これがアメリカ大陸東海岸での最後の夜ということで、夜遅くになっても友人たちはなかなか別れようとはせず、いよいよ別れとなったらなったで、友情の発露を惜しまない者とてなく、誰の口からも私たちの前途の多幸を祈る言葉が繰り返された」

船を最後に去ったのは、ケンドリック船長の妻ハルダーだったとのことだ。主人だけでなく、息子二人を送り出すことで、その胸はつぶれそうになっていたことだろう。母と同じ名の娘ハルダー(七歳)も彼らを見送っていたに違いない。

「一七八七年十月一日、月曜日

早朝、私たちは錨を上げ、出帆。日の出の頃には、もうボストン港をあとにしていた」

出航の日を、予定通りの九月三十日とした文献もあるが、正確なところは十月一日だったことが、これでわかる。友人、知己あるいは縁者たちとの別れに時間が掛かって一日遅れたわけだ。

日本へ行ってもらいたい

船主バレルがケンドリックに渡していた要望書には、ほかにも重要なことが、具体的に書かれていた。なかでも特に大切なのは、彼らがすでに日本のことを意識のなかに入れていたことだ。その部分を見るだけで、ケンドリックの来航を「漂着」だったと片づけることの無理が感じられる。あくまで、「広東での通商がうまくいかなかった場合には……」とはしてあるものの、日本との交流を果してほしいという願いが、はっきりと浮かび上がっている。

通商のやり方の具体案からの続きに、それは出てくる。

「私たちは、貴殿が(一語不明)の海岸に停泊し、機会が来ればそこから通商をつづけてゆくことを勧めます。もしも、最初のシーズンのあいだに毛皮を集められれば――ラッコ五百枚くらいと、それに釣り合う他のもの――をレイディ・ワシントン号にて中国に送り出してもらいたいと思います。そして貴殿の通商にとっても必要であり、船員の役に立つものを積んで、春に貴殿のところに戻るようにさせればいいと思います。

いずれにせよ、コロンビア号は(アメリカ大陸の)北西部で冬を越すことになるのでしょうし、レイディ・ワシントン号もまた、もしも毛皮が十分に確保できないとなれば、そうすることになるでしょう。

もしも、二シーズンを過ぎてもレイディ・ワシントン号に積める程度しか毛皮が獲れなかった場合でも、貴殿がそれでいいとするなら、レイディ・ワシントン号を中国へ送り出してもらい、貴殿にはもう一シーズンのあいだコロンビア号にとどまってもらってもかまいません。つまり、私たちは貴殿に西海岸での停泊の期間を一任しているのであって、どれだけの長期に及んでも、貴殿が有利かつ好都合と思うだけのあいだ滞在してもらっていいのです。その場合、手に入れた毛皮を毎年中国の市場に送り、貴殿が使用する物資を、そこから必要に応じて受けるようにしてください。

もしも貴殿自身が西海岸を離れて行くときには、完全な安全が見通されているうえに、貴殿の部下の十二人もしくはそれ以上が海岸に残ることを承知していなければなりませんが、その

場合にも居残り船員に報酬を与えたいと私たちは思っています。（中略）

もしも貴殿が西海岸において砦を築くか、土地の改良を行なうときには、かならずその地の原住民から土地を購入のうえ、行なってください。さらに、有望な土地を買い入れる場合には、われら出資者の名において、不動産譲渡の契約書などをもって、その状況において可能な限りの確証を得ておいていただきたいと願います。

貴殿にお渡ししたメダル及び銅のコインについては、ケープ・ホーンを回航するまでは、何があっても絶対に手放すことのなきよう。それを回ってのちは、停泊するあらゆるところで、プレゼントとするなり通行代とするなりして、それらを配るのがいいと思います。土着民へのそういったプレゼントは、彼らを喜ばし、われわれに利益をもたらすものと思います」

日本寄港の勧め

「貴殿の心につねに留めておいていただきたいのは、西海岸での取引において、出資者の利益以外のいかなる虚偽も許されないことです。

レイディ・ワシントン号を中国へ送り出すときには、マカオにて停泊するようにかならず命令を出してください。そして、そこで手紙類を受け取るようにいってください。そこで受ける指示は、妥当なものである限りは、かならず守るようにしてください。

もしも貴殿がこれを得策と思われるならば、コロンビア号にて西海岸から出たあと、日本に立ち寄っても結構です。ただし、まったく安全と思われるのでなければ、投錨をしないように。もしもそれが可能で、中国での通商より利益があると判断されるのなら、レイディ・ワシントン号が貴殿のところに帰ってきたときにそのことは分かるでしょうから、その場合には日本で通商を行ってください。

(If you think advisable, when you come off the Coast in the Ship, you may touch at Japan, but not Anchor unless you can do it with perfect security, but if you find that can be done, and trade is better there than in China (wh. you will be able to know when the Sloop returns to you) you will trade there.)

途中で出会う船には、必ず手紙を託すようにしてください。中国経由の手紙はショー&ランドール社、フランス経由のものはパリのコートー社、ポルトガル経由ではドーマン社、ロンドン経由ではレインソン&フレイジア社を通すように」

おわかりだろうか。彼らは初めから「日本」を視野に入れていた。つまり、日本へのケンドリックたちの寄航は、けっして「漂着」などではなかった。それは、このケンドリックへの要望書(指示書)のなかで、はっきりと書かれていたことだった。ここに引用した英文の最後に you will trade there と will の語が使われているが、これは指示書などで用いられる命令の形であることは、研究社の『大英和辞典』will の項の2-dに示されたとおりである(「命令・指示を表す」)。

ところで、日米交流の始まりの時点ですでにあったこの重要な書類が、今は不思議なことになっていることも付記しておかなければならない。

私がこの重要な書類のコピー(タイプアウトしたもの)を初めて手にしたのは、一九八九年(平成元年)十二月のことであった。オレゴン州ポートランドにあるオレゴン歴史協会から取り寄せたもので、その内容の深さに私は当初から心打たれていた。前半部では当時のアメリカの若々しい精神、あくまでも「フェア」な通商を心掛けよという指示に感激したが、ケンドリック来日の漂流説を否定する「日本寄港の勧め」のところにも重大な意味を汲んだ。だからこそ私はそれを機会あるごとに紹介してきたのだ。

彼らの航海について、すべて具体的な指示として書かれているだけに、これにはとても深い説得力があった。日本へ行くことは、すべてに優先する目的だとはされていないが、状況をみて実行することを望んでいたことが明らか。それを証明しているだけでも、この書類の存在は大きいと私は思っていた。

ところがコロンビア号とレイディ・ワシントン号の航海に関する書類を集めた書籍『コロンビア号の航海』*Voyages of the Columbia to the Northwest Coast 1787-1790&1790-1793*(一九九〇年出版)では、なぜかその要望書の肝心の箇所が削られ、中身がよくわからないものになっているのだ。

建国当時のアメリカの公正な精神を示す部分もなければ、日本への寄港を促す部分もない。どうしてそこを省いて編集したのかまったく不思議というほかはない。フレデリック・ホーウェイ

(Frederic W. Howway)という専門家の編集により、オレゴン歴史協会から刊行された立派なものなのだ。日米交流の歴史を研究する人で、この本を読まない人はないだろうと思われる。しかし、このままでは、日本への彼らの寄航が正確には理解されないのは確実で、そのためにいまだに「漂着」説が残る原因になっているのではないかというのが、私の心配だ。次の改訂の機会には、原文全体が正確に示されることを切望する。

日本についての情報

ところで、当時のアメリカでは日本のことはどれほど知られていたのか。日米関係に一番大きな働きをしたのは誰かといえば、それはやはりマルコ・ポーロ(一二五四～一三二四)だ。彼の残した『旅行記』がかのクリストファー・コロンブス(一四四六～一五〇六)を日本への航海に引っ張り出したのだから。

日本を金銀財宝の島として描いたその本の刺激はそれほど大きかった。もしも彼に日本へ行きたいという目標が生じていなかったら、彼のあの航海はなく、従って新大陸の発見もなかった。中国へ行くというだけのことなら、「シルク・ロード」がついていたからだ。到達までの日数は海路の方が短いという理由はあったとしても、日本の金銀への期待なしにあの大遠征の資金は集まってはいなかっただろうといわれている。

コロンブスは出発の前に当時の地理学の第一人者であったトスカネルリ(地球儀を最初に作った

人でもある)に日本について尋ねたところ、その答えというのがこうだった。

「アンチラ島より著明《ママ》なるジパング島にいたるまで二千五百西里あり。このジパング島は黄金・真珠・宝石等に富み、寺院および宮殿等、純金をもって装飾せり。而してこの中間の海岸はいまだかつて過ぎしものなし」(内村鑑三『コロンブスの功績』)

これにつられて航海に出たコロンブスは、結果としてアメリカ大陸を発見するのだが、のちの皮肉屋がいうように、「彼はアメリカを発見したのではない。それにつまづいたのだ」というのが正確なところで、日米の因縁には実に深いものがある。

一六〇〇年(慶長五年)オランダ船が初めて日本にやって来る。パイロットだったのがイギリス人のウィリアム・アダムズ(三浦按針)で、のちに徳川家康の外交顧問となる。こののち、イギリス船、オランダ船が続いて来ることになる。

彼らが日本に興味を持ったのも、やはり金・銀・銅を求めてのことだった。記録によれば、十七世紀のあいだに、オランダは日本から四三四八万二二五〇ポンド(一ポンドは約三七三グラム)の金銀(主として金)を輸入。銅は次の世紀の分を含めれば二十万六二五三トン(一トンは約一〇一六キログラム)に及んだとある。イギリス人たちは一六一三年には定住を果たしていて、数年後には平戸、長崎、堺、江戸、その他に商館を持つまでになっていた。

アメリカは自分たちも手出しができる機会を狙っているあいだに、一六三三年（寛永十年）、幕府が鎖国令を出して、彼らの夢は一旦絶たれた。独立戦争に勝ち、アメリカが独り立ちを始めようとしたときには、もう「ジパング島の黄金伝説」をそのまま信じている者はアメリカにも少なかったろう。もちろん鎖国のことははっきりと新興国の実業家たちの耳に達していた。しかし彼らには、むしろそのことは大きなビジネス・チャンスと映っていたのではなかったろうか。

もしも日本の鎖国政策を切り開く国があるとすれば、それは自分たち中立国のアメリカであるとの考えがあった。イギリスやロシアとはこれまでの交流から生まれた感情のいき違いが日本にはあるが、新興の中立国アメリカには、日本は何の支障も持っていない。ヨーロッパの国々が門戸を叩いて駄目であっても、アメリカならそれが可能と考えられた。

それに第一、日本はアメリカから近いのだ。隣人が生まれたのだということを日本に知らせることも必要だ。おまけにアメリカ大陸は広大で、開拓を進めるべき土地には不足していないから、ヨーロッパの列強国のような極端な植民地主義に走ることがないことは、説明すればわかってもらえるとの判断もあった。

ケンドリックへの株主の要望書には、金銀に対する興味は示されていない。日本のことをまだ金銀島と呼ぶ者も多少はいるなかで、彼らはそれについては一言もいわず、ただ貿易ルートを確保することに集中している。彼らの新しい国ができたことを告げ、通商の意思を伝えたいという意図に忠実だったところから見て、それだけ彼らは純粋だったともいえる。

第四章　ケープホーンをまわる

カボベルデ島で

航海の話に入ろう。実は、彼らの航海の様子についてはすでに『わが名はケンドリック』（講談社、一九九一）と『新版　わが名はケンドリック』（彩流社、二〇〇九）で述べているので、本書では必要最小限にしぼることにする。詳しく知りたい方は前掲書をお読みいただくことをお願いする。

「コロンビア号」と「レイディ・ワシントン号」は、先ずはアフリカ大陸西海岸沖のカボベルデ諸島（Cape Verde Island）を目指して出帆した。そして、四十二日後には、その中のマイオ島（メイ島）に到着した。そこはポルトガル領であった。スペインが勢力を誇るところはできるだけ避けようとの考えからだった。

ケンドリックはここガボベルデ島で三人の乗員（ジョージ・モンク、ハンス・ロートン、ジョン・ハモンド）を採用、人員の欠乏を補った。「レイディ・ワシントン号」の方にもマルコス・ロペスを雇い入れているが、これこそはのちに、北西海岸で先住民と悶着を起こすことになる男だ。

この島でケンドリックは、新鮮な食べ物を確保したが、実はそれよりももっと重大で厄介なことが判明していた。船内の荷物についてだ。

ボストンを出るときには、すべてきちんと積まれていたはずだった。ケンドリックもそれを信じ、何の心配もしてはいなかったのだが、何に問題があったものか。それまでの航海で、積み荷にかなりの崩れが見え始めていることがわかったのだ。その積み替えが必要だった。

彼は島の役人から許可を得たあと、滞在を引きのばすことにした。家畜たちもすべて下ろして、全員で船内の整理にとりかかった。船倉をすっかり模様変えしてしまうのに十数日を費やし、ここを離れたのは、十二月になってからであった。

先に船員たちの紹介のときにも記したが、ケンドリックと同じ船に乗っていて、その日記が残されている十九歳のロバート・ハズウェルのケンドリック批判が、この時点で早くも始まっている。この時点での彼はまだウラ若き三等航海士。船長仲間がケンドリックを見るときのような、「批判されるべき点もあったが、しかし、ともかく彼は素晴らしい男だった」という全体的な見方ができないのであった。ハズウェルの父親というのが、かつてイギリス海軍の士官だったというから、アメリカ独立戦争で彼らと戦い合ったケンドリックとは、心の底で相容れないところがあったのかもしれない。

もともとがひと癖もふた癖もある海の荒くれ男たちの集団である。密閉された小さな世界の中で、

フォークランドでのコロンビア号と乗組員たち（オレゴン歴史協会）

みんなが一点の不協和音もなく生きていけるわけはなかっただろう。

ハズウェルの日誌から見て、その不協和音の理由が、ある程度は推測できる。それはまず、ケンドリックと最年長の一等航海士ウッドラフとの間に生じていた。ケンドリックは彼に積み荷の荷崩れに関して直接注意を与えたのではなかったろうか。船長としては、ウッドラフの主な任務というのが航路の案内と船荷の管理だったことから、彼に何もいわなかったはずがない。しかし、ウッドラフにしてみれば、ケンドリックより年上であるだけでなく、キャプテン・クックと航海したという誇りに満ちていた。ケンドリックの胸に湧き起こっていた彼への不満と、老練のイギリス船長が持つ矜持とが、ここでぶつかったというのが真相ではなかったろうか。

このウッドラフに、若きハズウェルが同調したものだから、ケンドリックには彼らは徒党を組んだと見えたのだろう。最初からハズウェルは、自分の父と同じくイギリス海軍にいたウッドラフを、誰よりも尊敬していたという。

イギリス人対アメリカ人という対立の構図が、その小さな船の中で起こっていたということだろう。彼らの歴史的な航海全体からいえば、それはごく些細なことだったということもいえるが、事件の根底には両国の歴史的因縁が絡まっていたのは見逃せない。

結局ウッドラフは一等航海士の資格を失い、「レイディ・ワシントン号」へと移された。同調したハズウェルもそちらへと移ってしまったから、このあとは彼の日記からケンドリックの動向についての詳しい記述を読むことは望めなくなってしまっている。

ハズウェルのあとに医師のロバーツが続き、結局「コロンビア号」から「レイディ・ワシントン号」へと、三人が船を換えた。なお、ウッドラフから剥奪された一等航海士の資格は、イングラハムへと委譲された。

続く苦難

この一件を自分のために利用しようとしたか、「レイディ・ワシントン号」の指揮をとっていたロバート・グレイ船長は株主のバレルに対して手紙を書き、ことの始終を報告している。もっと早く航海することができたものを、ケンドリックは最初のカボベルデ諸島で時間をとりすぎたというのであった。

このように書いていけば、船の中には常に憤懣や反目のみがあったように見えるが、普段はそんなことはなかった。クリスマスも皆で祝えば、新年のお祝いもあった。新年到来の時刻には、ケンドリック船長みずからが鐘を鳴らし、ラム酒を全員で楽しく飲んでいる。

十二月二十八日には、彼らはフォークランドをあとにした。

この島を出てしばらくして、今度は「先生」と呼ばれていた天文学者ナッティングが、船から落ちて溺死するという事故があった。その原因や情況など詳しいことは不明。病死だったとする説もあるし、自殺だったという意見もある。航海にとってもっとも重要というべき天体観測者をここで失ったことで、一同は前途に大きな不安を感じたのではなかったろうか。

もっとも、当時はどの港町にも航海学を教える私塾があって、海を志す者はかならずそこへ行ったとのことだから、専門家が一人欠けただけで全員なす術がないというほどのことではなかったろうけれど、「先生」の死去は心理的にも大きな打撃には違いなかった。計器の父と呼ばれるハバクック・バウディッチがセーラムに生まれたのは一七七三年のことであって、このときにはまだ少年。その知恵もケンドリックの航海には間に合ってはいなかった。

時期がちょうど気候の変わり目に差しかかった。ケープホーンが近づくにつれて、天候のくずれも加わってきた。

三月十七日のハズウェルの日記は暗い口調で記す。

「ケープホーンの天候は悪くなりそう。大きな氷山にも、もう何回も出会ったが、気候はひどく寒くなってきている」

雪まじりの強風が彼らを襲ってくるようになった。波は、日夜を問わず、牙を剥いて船に襲いかかる。その荒波のなかで、彼らは船の維持に努めるしかなかった。

それでも三月の最終週になるまでは、「コロンビア号」も「レイディ・ワシントン号」も、まだ相手の姿を見続けてはいたのだ。船員たちも船も、すべてが水浸し。衣服はもちろん寝具も同じだった。乾かす手段とてなく、彼らは寒さに耐えるしかなかった。

ケープホーンに差しかかったところで、さらに猛烈な雨まじりの強風に逢った。船は揺れに揺れた。そのせいで、ケンドリックは「レイディ・ワシントン号」の姿を見失った。互いに相手がどのような状態でどこにいるのかさえ、わからなくなった。ケンドリックは絶えず甲板に出て、「レイディ・ワシントン号」の船影を認めようとしたが無為に終わる。

「コロンビア号」と「レイディ・ワシントン号」の二隻の船は、ここで離れ離れになってしまったのだ。

太平洋側に出る

太平洋とは「静かな海」の意味のはずだった。

その名は、ポルトガルの航海家フェルディナンド・マジェランが一五二〇年から二一年にかけての世界一周で、南米南端の海峡を初めて突破してこの大洋に入ったとき、あまりの好天と平穏な海に思わず感嘆して、「Mare Pacificum（平穏の海）」と命名したことに始まる。

しかしその海が、いまケンドリックたちにはまったく逆のものとなっていた。彼らを迎えた自然界としてもそうだが、大国の思惑が渦巻く力学の点でも、それはけっして「平穏の海」などではなかった。

太平洋は十五世紀の終わりまで、ヨーロッパの人々にとって未知の海で、その存在すら十分に確認されてはいなかったとか。最初にこれを見たのは、マジェランよりも七年前のヴァスコ・デ・バルボア（スペイン人）である。その後、太平洋全体の領有権を主張するスペインとポルトガルとの間に抗争が起こった。両者は共にイベリア半島にあって、当時もっとも発達していたイタリアの造船技術を受けていたのだった。スペインは一時ポルトガルをその権勢下に入れて、ここに君臨した。

しかし、十五世紀後半になって、オスマントルコ帝国が地中海の東部を支配するようになると、それまであった地上のキャラバン・ルートが閉ざされてしまった。地上ルートでヨーロッパに持ちこまれていた香料その他の東洋の物品が、入ってこないのである。それで、北ヨーロッパの人びと、とりわけイギリスやオランダの商人たちは、なんとかして独自の海上貿易ルートを探そうとし始めたのだった。

ケープホーンをまわる南のルートだけでなく、北の航路も求め多大な努力が支払われた。しかし、容易なルートは見つからない。スペインが強力な制海権を持っていることを承知で、彼らも南のルートを取って太平洋へ出てこざるを得なかったというわけだ。

アメリカが用心していたのも同じだった。

ケンドリックが船主の代表ジョセフ・バレルから受けていた要望書において、この海域について書かれていた警告といえば、そこの自然条件に関してよりも、もっぱらその一帯で勢力を張っているスペイン軍への注意であった。


「アメリカ大陸の西部にあるスペインの領土については、避けられぬ事態が起こって、やむなくそこへ行き着く以外、その領土のどの地域にも決して立ち寄らぬよう、厳重に命令しておきます。もしも立ち寄った場合にも、決して必要以上に長くは滞在しないようにしてください。また、滞在中は、その主権の下にある誰に対しても、決して失礼にならぬよう注意し、ヨーロッパのいかなる国の人にも、接触あるときは、かならず友情と礼儀を尽くすようにして下さい」

さらに、そのあとの部分には、もっと細かな注意がが書かれているのであった。特に目を引くのは、二隻が離れ離れになったときの心得だ。

「途中で出会う船には、必ず手紙を託すようにして下さい。（中略）グレイ船長と別行動をとるときには、貴殿から彼に、次にどこで落ち合うかについて適切な指示を与えるようにして下さい。万一、西海岸で落ち合わない場合には、そこでの仕事の進め方についても、指示を与えておくようにしてください。

絶対になってほしくないことだが、貴殿が病気になり、万一、危険な状態になった場合には、貴殿の権限で後任の者を指名してください。私たちの考えでは、その任務にもっともふさわしい二人はグレイ船長とハウ氏だと思いますので、この二人を指名されるのが最良の策と思います。この二人以外の者に指名が及ぶこともなく、ここに掲げた状況となった場合には、彼ら二人が協同し、この事業にかかる通商に関しての権限を持つものとしたいと思います。

貴殿から私たちは受諾書を得ていますが、それと同様のものを、レイディ・ワシントン号の積荷に関して、グレイ船長から受け取ってください。それは、貴殿が死亡の場合、船の運営及び収益について、説明するものになるでしょう。

貴殿が訪れるどの国においても、あらゆる植物及び種子を取ってくるようにして下さい。航海の成功を祈ります。

オーナーを代表して、
貴殿の友人にして下僕である　ジョセフ・バレルより」

彼らはこの書類を二通作成し、互いに一枚ずつを保管した。ケンドリックの分は、彼の航海日誌や他の文書といっしょに、彼の死の事件で吹き飛んだが、バレルのものが残されていた。

この書類の終盤、バレルがサインをして主文を終えたところの余白上部に、ケンドリック自身の同意の署名がある。

「ここにある命令を、私はコロンビア・アンド・ワシントン会社の株主から受けました。これに従うことを誓います。　ジョン・ケンドリック」

嵐に遇う

この指示どおり、ケンドリックは予めグレイ船長に、互いに離れてしまったときのことは伝えてあった。ヌートカの、キャプテン・クックが「友情入り江」(Friendly Cove)と呼んだところで会おうということだ。

グレイ船長も、今となってはそれを目指すのが一番と、船を走らせた。「レイディ・ワシントン号」は船体が小さいだけに、扱いは「コロンビア号」ほど難しくはない。

四月二十二日、「レイディ・ワシントン号」は水平線の雲間ににチリの沖合五四〇マイルのマスアフエラ島を見て、それに近づいた。四・五マイルのところまで接近したが、崖が切り立っていて上陸できそうもない。グレイ船長はそれを諦め、そこから一二〇マイル先のファン・フェルナンデス諸島最大の島であるマス・ア・ティエラ島に船を着けようと考えを改めた。

しかし、ここには強風よりも怖い敵がいる。スペイン軍だ。彼らはそこの領土権を主張していて、入ってくる他国の船を拒絶しているらしい。だからこそボストンの船主たちは両船長にそこへの立ち入りについて厳しく注意を与えていたのだった。

嵐のなかのコロンビア号（オレゴン歴史協会）

「レイディ・ワシントン号」の乗組員たちは新鮮な水の必要に迫られていたけれども、それよりも何よりも、北への航海を続けることをグレイは選んだ。このときのグレイ船長には、自分がケンドリックより上手の船長だということを証明するのに、これがいい機会だとする意識がなかったとはいえない。

彼はそれまでになく張り切って指揮をとった。嵐は彼に自由を与えるいい機会になったのだ。

一方、ケンドリックの乗っていた「コロンビア号」はどうしていたか。話をどう端折ろうが触れておかねばならないのは、このときのケンドリックの行動だ。アメリカ船とスペイン軍とのこの地における最初の接触だった。

彼らは「レイディ・ワシントン号」よりひどい打撃を受けていた。一本マストで扱い易く、小回りもきく「レイディ・ワシントン号」とは違って、「コロンビア号」は三本マスト。その一本が四月十三日に突然の強風で裂け、船体にも大きな損傷が及んでいた。

そこでケンドリックは、思い切った手に出る。

壊血病で苦しむ者も多くなっていた。船も船員も、共に大きなダメージを受けているとなれば、致し方なし。彼はグレイが避けたマス・ア・ティエラ島に、避難のために立ち寄ることを決意するのである。いってみれば、「漂流者」として、助けを求めたわけである。ここはダニエル・デフォー原作の名作『ロビンソン・クルーソー』のモデルといわれるアレクサンダー・セルカークが、一七〇四年から一七〇八年までの五年間を過ごした島であった。

もちろん、ケンドリック船長にも、ここに寄港していいのかどうかの逡巡はあった。バレルからの指示書にあった「スペインの領土については、避けられぬ事態でやむなくそこへ行き着く以外、その領土のどの地域にも決して立ち寄らぬよう」という言葉が彼の胸にはあったろう。彼自身が、それに承諾の署名をしているのであった。

しかし、いまとなっては、もはや自力で航海を続けることの無理を思わざるを得なかった。いまこそが、その文面の中の「避けられぬ事態」であって、「やむなくそこへ行き着く以外ない」場面だと考えたのだろう。「漂着」となれば、場所や時など、かまっていられない。

五月二十四日、彼らはそのカンバーランド湾に「コロンビア号」を入れた。

スペイン軍警備隊長との面会

行ってみて、彼らはどういう扱いを受けたのか。スペイン軍から攻撃されたのか、追い払われたのか。

湾に「コロンビア号」の姿をみつけると、スペイン側はすぐに一隻の船を送ってきた。中には二人の役人らしき者が乗っていた。まずは話を聞こうということらしい。

「レイディ・ワシントン号」からは一等航海士のイングラハムが彼らの船に乗り、上陸した。彼はそこで、船の修理と水の補給のため一週間の停泊の許可を求めた。それならばそれで、首脳同士が会おうということになって、ケンドリックはここで初めて、スペイン軍要塞の守備隊長ドン・ブラス・ゴンザレスと面会した。

当然ながら、ゴンザレスはケンドリックに対して、その航海の意図を尋ねた。ゴンザレスがどのような尋問を自分に対してしてくるかは、とうにケンドリックの胸にはあったのだろう。彼の頭の良さは、ここで見事に発揮される。

彼の返答というのが、スペイン軍の警備隊長を喜ばすものであった。

ケンドリックは自分たちの航海は合衆国のジョージ・ワシントン将軍によって送り出されてきたもので、その航海の意図は、大陸北西海岸に建設したというロシアの居住地を監視するためだと説明したのだ。

驚くべきことが起こった。この説明で、ゴンザレスはあっさりとケンドリックたちの要求を飲んでくれることになった。ゴンザレスとしては、アメリカを手なずけておくことに利点があると見たらしい。

彼は北から脅威を見せるロシアの動きについて、深く心配をしていたのだろう。ロシア人たちが建てたという砦は、今ゴンザレスがいる地点からは相当に遠い。その監視をアメリカ船のケンドリックたちにしてもらえるなら、これはもっけの幸いとの判断があったのだろう。自分が行くのは大変なのだ。それを彼らに任せられるのなら、今はその航海に協力しておこうということだったに違いない。アメリカは中立国、それにまだ生まれたばかりのホヤホヤの国で、用心せねばならないほどの力はまだないとの考えもあったろう
二人はすぐに仲よくなった。ケンドリックたちはスペイン軍に追い払われもせず、攻撃も受けなかった。いや、むしろ、話はその逆であって、一旦は一週間と決めた滞在期間も、結局は四日も延ばしてもらって、合計十日間をここで過ごすことができたのであった。

お陰で、船体のひどく傷んでいた部分を直してもらうことができ、必要な物資まで提供してもらう始末となった。壊血病に悩んでいた者たちには、特に有り難い十日間であったろう。

私たちはこの一件を、単なる一つの出来事と見過ごしてはいけないのかもしれない。「強風を避けての緊急避難」ということになると、あの日本の紀州・串本でのことにも関係があるかもしれな

いからだ。

あとで詳しく述べるように、南紀徳川史にあるのは、ケンドリックたちの来航を「漂流至此」としている記録であった。それがケンドリック本人のの言い訳だったと受け取るなら、そこにはこファン・フェルナンデス島での一件が、一つの経験となっていたとも考えられるからだ。漂着を理由に相手に会い、腹を割って話せば、案外、納得してくれることがあるものだということを、ケンドリックがここで学習したともいえなくはない。このことについては、いずれ日本でのところで改めて考えることにしよう。

哀れなり、ゴンザレス

ともあれ、ロビンソン・クルーソーの島で助けられたのは、ケンドリックたちには実に大きな幸運だった。逆に、それが不運の始まりとなったのは、スペイン軍のゴンザレスだった。

彼はアメリカ船の来航を、スペインの軍政長官や、ペルー、チリなどの軍関係者に報告したのだろう。これを聞いたスペイン軍の長官は激怒したらしい。「異国船を見たら、即、敵船と見なさなければならない」という規則を破って「コロンビア号」を入港させたばかりでなく、船や乗組員を捕えることもせず、むしろ便宜を計って出港させたとは何事か――というわけであった。哀れゴンザレスは逮捕され、その任を解かれて本国に送り返されてしまうのであった。

一説によれば、異国船に対して扱いを厳しくせよという指示そのものが、その時点ではまだゴンザレスには届いてはいなかったのだともされ、だからこそ、彼は何の屈託もなくケンドリックを受け入れたのだというのだが、それが本当なら、ケンドリックはまさに危機一髪の直前進入であって、幸運だったという以外に適当な表現はない。

スペイン軍長官がこの一件にいかに腹を立てたかは、すでに出航してしまった「コロンビア号」を捕えようと、彼らは急遽、ペルーのカラオから船を出して追跡したことでもわかる。チリでもペルーでも、このあと海岸線での警戒には極めて神経質になり、異国船を見れば必ず拿捕するという方針を、さらに徹底させることになった。スペイン以外の国からの船にとっては随分と厳しい状況をケンドリックは残していくことになったわけで、それらの船長たちから彼はひどく恨まれることになったのだが、本人自身がそのことに気づいていたかどうかは怪しい。

ゴンザレスの身の上についても、まだその時点ではケンドリックは何も知らなかった。ケンドリックたちを助けたためにゴンザレスが強い叱責を受け、その任を解かれたことも、まだケンドリックの耳には届いてはいなかった。彼がこれを知って愕然とし、自国アメリカの国務長官，トマス・ジェファソンにゴンザレスの救済に働いてくれるよう請願するのは、一七九三年、つまり日本へ来た翌々年のことだった。その手紙には、ゴンザレスの援助があったからこそ、「コロンビア号」が航海を続けられたのだということを、ケンドリックは書き連ねて、トマス・ジェファソンの理解を求めている（第十三章参照）。

アメリカ人初の西海岸接岸

互いに相棒を見失ったままのアメリカ商隊は、そのあとどう旅を続けたものであったか。記録は「コロンビア号」にはなく、ハズウェルの乗るロバート・グレイ船長指揮の「レイディ・ワシントン号」の方にしかないから、まずは、それに従って、「レイディ・ワシントン号」の船足を追ってみることにならざるを得ない。

「レイディ・ワシントン号」では、乗組員への飲み水の供給を一日に二クォート(一クォートは〇・九五リットル)にまで減らしつつ航海を続け、五月末、ガラパゴス諸島を通過した。

グレイ船長に、ケンドリックより先に北西海岸へ行き着く意図が強くあったことは、多くの事例の示すところだ。このあと船主へ出してた彼の手紙などにもそれは顕著に出てくる。グレイは、ケンドリックからの束縛を離れ、自分のやりたいままに船を走らせることを初めから望んでいたのだ。悪天候で両者が離れ離れになったことを好機として、彼は「コロンビア号」に伴走する義務から脱出しようとしたのではなかったか。グレイにとっては、あの嵐は自分の航海術を船主たちに見せつける最高のチャンスとさえ見えていたと思われる。

六月が過ぎ、七月も過ぎた。

定期的に雨が降った。予備の帆を甲板に開いてそれを受け、容器に貯めた。そして彼らは先を急いだ。八月に入って、「レイディ・ワシントン号」はいよいよ大陸の西海岸にやってきた。いまのカリフォルニア州メンドーシノからオレゴン州と州境までの中間の辺りに着いたのは一七八八年八月二日のことであった。彼らは「口ではいえないほどの喜び」をここで味わった。

しかし、グレイ船長は船員たちを上陸させず、更に北へ進んだ。「乗組員のなかには、壊血病の進んだ者が数人いたというのに」である。そして、さらに小刻みに北上。現在のオレゴン州の辺りに達した。ここでも彼らは現地の先住民たちと交易を行なった。

ロバート・グレイ船長は株主への手紙にこう書いて、ケンドリックたちより先にここに着いたことを自慢げに報告する。

「ケープ・ホーンでは強烈な風雨とひどい吹雪にあいましたが、おかげで幸運にも『コロンビア号』と離れることができ、そのため私自身の思う最良の航海ができました。私が単独であったからこそ、六週間も早く北西海岸に着くことができたのです。しかし、所詮、(ラッコ獲りの)最盛期には間に合いませんでした」

一七八八年八月二日、彼らは地元の先住民と初めて出会った。一隻のカヌーに十人ほどが乗って現れたのだ。彼らは少々オーバーと思えるほど友好的だった。キャプテン・クックの本にも書かれているユーロック族(Yurok)だと思われた。ツノ貝の貝殻を貨幣としていることでも有名な種族だった。ときには太鼓を叩き、音楽を歌って歓迎てくれる。

しかし、先住民のすべてが彼らに友好的だったわけでなかった。好戦的なオルシー(Alsea)族にも彼らは逢っている。それまでスペイン軍からかなり手厳しい仕打ちを受けていたことによるもののようだった。

八月十二日、「レイディ・ワシントン号」は緯度四四度五八分の小さな入江に入り接岸。何人かが薪を取りに上陸した。それは白人アメリカ人がその大陸西海岸のその辺りに上陸した記念すべき最初の日であった。

カボベルデ諸島の一つでグレイ船長の召使いが不用意に上陸し、悶着を起こして殺されてしまうという一件が発生した。

彼らがその港を「人殺し港(Murderer Harbor)」と名づけたのは、この事件のためであった。日記のつづきには、誤字だらけの語を綴って、次のような自戒が述べられている。なお、かっこ内が正しい文字である。

「It was folly for us to go onshore so ill armed but it prooved(proved) a suffishant(sufficient) warning to us to allways(always) be well armed ever afterwords(afterwards).
私たちが武器を十分に持たないで上陸したのは、愚かなことだった。これからあとは、いつも十分に武装しているようにという、よき警告となった」

ヌートカへ

そんなことがありながらも、彼らは北上を続けた。その間にもグレイ船長は、ケンドリックの乗る「コロンビア号」のことが気になっていた。ケープ・ホーンを回ってから、彼らは暴風雨にひどく叩かれていた。被害は相当にあっただろうと、グレイ船長も思っていた。

何事もなくそれをやり過ごし、彼らが無事に西海岸にまで来ているはずがない。ましてや、さらに北のヌートカまで行っていることも考えられない。グレイ船長は、「コロンビア号」に関して、最悪の事態まで予想していたといわれる。彼が考えていたのは、こんなことだった。

もしも、彼らに万一のことがあったのなら、自分は「レイディ・ワシントン号」のみでラッコを早く集め、それを広東で売ってボストンに戻るまでだ。そのためにも、自分はできるだけ多くのラッコを、集めておかねばならない。ひと口にラッコの毛皮といっても、そこにはいいものとそうでないものとの品質の差が相当にある。出来るだけいいものを、可能な限り確保するのだ。その航海が成功すれば、名声はきっと自分の方に集まるはずだ。ケンドリックは成功した船長とはなれず、栄光はこの私に集中するに違いない――。

グレイ船長の「レイディ・ワシントン号」は、沿岸各地で停泊しながらラッコの毛皮を集め、ひたすらヌートカを目指した。この時期の彼は、はやる心を抑え兼ねていた。

ヴァンクーバー島のヌートカ

早くヌートカへ行き、ケンドリックとの約束を果たした形を守ったうえで、できるだけ多くのラッコを集めて、そこから広東に向かいたい。

グレイは、ケンドリックからの束縛を離れ、自分のやりたいままに船を走らせる。悪天候が理由とあれば「コロンビア号」から離れていいことは、ケンドリックからの要望書にもあった。グレイにとっては、あの嵐は自分の航海術を船主たちに見せつける天佑だった。

ケンドリック船長の「コロンビア号」が、どうしていたかはよくはわからない。ケープホーンをまわってから、暴風雨にあったところまでは分かっている。

スペイン軍が勢力を張っているところだから、彼らに見つかって逮捕されたか、殺されたか。いや、その前に嵐に巻き込まれ、船もろともに消えてしまったかもしれない。

一七八八年八月半ばには、グレイたちは現在のコロムビア川の河口から三十マイル南のティラムックの辺りに達した。その湾内に入って行き、彼らはそこで数日滞在した。

そして九月十六日には、いよいよ彼らはヌートカ湾の入り口に近いところまで船を進めて来た。のちに「レイディ・ワシントン号」がここを出て広東に向かう前、それまでの滞在を振り返ってまとめたハズウェルの記録に、このときのことが書かれている。その一部分を引用すると、こうだ。

「友情入江(Friendly Cove)」と呼ばれていたところは、ヌートカの入口近くの西側にあり、船の停泊には格好のところだ。上陸したところの土手に大きな村落がある。原住民たちの夏の住み処が建っている。そこで私たちは越冬したのだった。

　平らな地面は少なくて、耕作に適したところはほとんどない。樹木が至るところに生えていて、いずれもが巨木だから、耕作に最適だ思われるところでも、開墾には大変な労力がいる。山は高く険しく聳えていてその頂上まで深い森林である（略）」


木の種類についても、このあと詳しく述べられているのは、船の修理や建造に役立つ情報としてのためだろう。食べられるどんな植物があるのかも、長々と書かれている。

ハズウェルは先住民たちが持つ武器や、その戦闘方法についても注意を向けている。


「先住民たちの武器は、弓矢、槍、短剣、そして石の斧。今では火器も使うようになっている。普段の戦闘道具は槍。夜の間に敵を急襲し、多くの者が起き出す前に、主たる目的を石斧で果たしてしまう。

　石斧には木の柄がついている。先端は人の頭部をあらわす形で、頭髪のようなものもついている。石器は、口から飛び出ている巨大な舌としてはめられているわけだ。石に柄をつけただけの楔《くさび》形の斧もある。弓や槍の上手な者は少ない。それぞれの武器には、それで打ち倒した敵の歯を飾りとして付けるのが習慣である」

第五章　国々の思惑

スーツを着た先住民

「レイディ・ワシントン号」が目的地だったヌートカのすぐ手前やや南に位置するクレイオクウォート湾に入ったとき、そこの先住民族の族長ウィッカニニッシュが訪問してきた。

グレイたちが驚いたのは、ウィッカニニッシュが上等な英国製スーツを完璧に着こなしていることだった。どうして、そこの先住民族長が立派な英国製スーツを着るなどということができたものか。

どうやら、それはアメリカ船よりも先に来ていたイギリス船の船長ジョン・ミヤーズが、族長に乞われるままに与えたものだったらしい。先に来ていたイギリス船は、ジョン・ミヤーズたちだけではなかったようだ。というのは、先住民たちは口々に「バークレー船長」、「ハナ船長」、「ダンカン船長」、「ダグラス船長」といった名前を口にしたからであった。そのときグレイは、そこが「すでにイギリス人たちによって、すっかり荒らされてしまっている」という感をさえ持ったようである。

ここにある「ダグラス船長」というのが、一七九一年にケンドリックの「レイディ・ワシントン号」と一緒に紀州串本に来る「グレイス号」のウィリアム・ダグラス船長のことなのだが、私たちにとってもこれが彼の名を聞く始めであると同時に、アメリカ人たちにとってもこのときが最初だった。彼は実にしたたかな船長だということもわかった。のちに詳しく述べるが、このダグラス船長がケンドリックと一緒に日本に来たからといって、すぐにアメリカ船だと信用してしまうのはいかがなものか。この時点でもわかるとおり、彼はイギリス船の船長としてアメリカ北西海岸にこのとき来ていたのである。生まれはスコットランドとのことだった。

ジョン・ミヤーズ

グレイ船長の「レイディ・ワシントン号」は船を進め、現在のカナダのクイーン・シャーロット島パリー水路へと初めて行ったが、そこでも彼はイギリス船「イフィゲネイア号」船長としてのウィリアム・ダグラスの名を聞いている。

グレイ自身の話では、ここで「あっという間に」二百枚もの毛皮を手に入れたのだったが、およそ八千ドルの価値を持つそれらの毛皮が、実はたったの一本のノミで交換できたことに歓喜した。イギリスの毛皮商人ジョージ・ディクソンが、二年前にそこで半時間という単時間に、ラッコの毛皮三百枚を得ていたという伝説があることにも納得がいった。そこが毛皮獲得に最高に適したところだったのだ。

しかし、根がじっとしていられない性格のグレイ船長は、もっといいところが他にもあるかもしれないという思いに駆られ、船を動かし、近隣を転々とする。そして彼はすぐに後悔するのだ。先にいた場所ほどいいところはないとわかったからだ。彼は急いで立ち戻るが、時すでに遅し。「イフィゲネイア号」のダグラス船長が、グレイが去った三日後にそこに来て、毛皮を一枚残さず持ち去っていたことがわかった。グレイ船長は自分の判断の誤りを深く反省することになる。

これからあとのイギリスとスペインの動きなどについては、これまで私もあまり書いてこなかったが、この本ではむしろそれを重視することにしたい。両大国の挟まれた形の中で、新興国アメリカがいかにしてそこに入り込むことに成功したのかを知ることこそが、重要なのだから。

「ここは危険。早く去れ」

九月に入っての十六日目、グレイたちは目的のヌートカの広い湾に到着した。そのとたんに、グレイはそこに見慣れた船影を見て愕然とする。ケンドリックたちの「コロンビア号」だと思ったからだ。俺たちを追い抜いて、ケンドリックたちは先にここまで来ていたのかと思ったのだ。自分がケンドリックより航海術に長けていることを証明しようと躍起になっていたグレイには、信じたくない情景だった。

彼は近づいていって、その船をよく見直した。そして、ホッとした。それは「コロンビア号」によく似てはいるものの、実はそうではなく、イギリス船だったからだ。船名は「フェリス号」。元海軍大尉ジョン・ミヤーズのイギリス船というのがそれだった。イギリス船を見て、アメリカのグレイ船長がホッとしたというのもおかしいが、それだけ彼はケンドリックが好首尾に旅をすることを嫌っていたのだ。お手柄は自分ひとりのものでいいのであった。

ミヤーズ船長の「フェリス号」とダグラス船長の「イフィゲネイア号」とは、同じ船主によってマカオから送り出されていたものだった。いずれもが、間違いなくイギリスの船だったのだが、独占権を持つ東インド会社に遠慮して、掲げていた旗もポルトガル国旗だった。

イギリスでは商船に海軍の士官や兵士を使うことは常套手段だった。ミヤーズの場合もその例の一つだった。僚船として付いていたのが「イフィゲネイア号」だったというわけだ。彼らの話によると、「フェリス号」はここより南の方面へ行ってきたものであったのに対し、一方のダグラス船長の「イフィゲネイア号」は逆に北を巡っていたのだとのこと。共に、貴重なラッコの毛皮をしっかりと集めていた。なお、船名の「イフィゲネイア」とは、ギリシャ神話に出てくる美しい女神の娘の名だった。

イギリス船がポルトガル国旗を掲げているのも奇妙だったが、もっと奇妙なのはそれだけではなかった。ポルトガル船を自称するそのイギリス人たちは、グレイの「レイディ・ワシントン号」を、まずは安全なところへと案内してくれたのはよかったが、彼らがグレイに話し掛けたことは、彼を落胆させる話ばかりだったからだ。

キャプテン・クックの話から想像していたこととはまったく違う、ひどい話ばかりなのだ。そんなことってあるものか。グレイは思案に暮れた。

イギリス人たちがグレイに対していうのは、「アメリカ東海岸から、わざわざこんなところに来るのは、大きな間違いだった」「ラッコの毛皮なんて、ほとんど穫れない」ということ。自分たちはそれぞれ相当数の毛皮の荷を積んでいながら、そんなことをいう。さらには、「この海岸に沿って航海するのは、とても危険だ。早く去った方がいい」とも。

「この一帯に住むモワシャート族という種族はとても怖い種族で、とても冬なんか越せるところではない」というのが彼らの主張だった。つまり、ここは危険だから、早く去れというのだ。

イギリス人の深謀遠慮

それらの言葉を裏付けるかのように、彼らは船を引き上げようとした。マカオに帰るのだといって、その準備を進めている。ラッコの毛皮の収穫に好適な季節は春から夏。それがとうに過ぎてしまったのだから、イギリス人たちのいっていることにも真実性がありそうだ。

「そうか。ラッコがあまり集められないというのなら、俺たちもここにいても無意味だ」とグレイは考え始めた。ここで、無駄にケンドリックたちを待つのではなく、ひとまず先に広東へ行き、次のシーズンに戻ることにしたほうがいいのではないかと。

ただし、もともとがイギリス人のハズウエルには、ある程度は事情が読めていたようだ。つまり、イギリス船の船長たちの気持ちとしては、アメリカ船にここで長く滞在されることを嫌って、そういっているのだということだ。ハズウエルみずからの言葉で、日誌にこう記している。

「ミヤーズ船長は、両船がこの海岸を巡って走り回っても、五十枚とは毛皮を集められなかったといい、それは誓って断言できることだという。しかしこのことは、つまり、それほど熱心に、彼が私たちをだまそうとしていることを証明するものだった。彼らは私たちの裏をかきたいのだと思う。彼らが狙っているのは、脅しによって私たちに恐怖心を起こさせ、私たちをここから追い出すことであって、この海岸一帯での通商を彼らの独占としたいということにほかならない。彼らは私たちに、出来るだけの援助はすると親切そうにいっているのだが、それが彼らの深謀遠慮というものだったことは、初めからバレバレなのだった」

その言葉のとおり、イギリスのミヤーズたちは、一見、本物と見える友情をアメリカの船に示していて、「レイディ・ワシントン号」の故障の箇所を修理してくれたりもした。だから九月二十二日、イギリス船隊がいざ東洋に向けて出航しようとしたときには、たとえ表面的にせよ、双方、互いに友情の発露を惜しまなかったのだ。

ミヤーズはグレイ船長に対し、「広東に届けておきたい手紙があるのならば、私がお届けしますよ」といってくれたので、グレイは手紙の包みを渡した。いずれ広東へ行ったときには、よろしく頼むとの関係者への依頼状が何通か入っていたものと思われる。港を出て行くイギリス船隊をグレイたちは見送った。

しかし、彼らが出ていったあと、グレイたちがホッと一息つく間もあったものか、すぐにダグラス船長の「イフィゲネイア号」が戻ってきたのに驚いた。ミヤーズ船長に託されたばかりの手紙の包みが返された。それには船長からのメッセージが添えられている。読むと、「預かった手紙を、お返ししたい。インドへ行くかも知れないからだ。どこへ行くのかもはっきりしていないのだから、手紙を預かっても、無事に着くかどうか確信が持てない。悪しからず」とある。

わざわざ返しにきたところは誠実だとしても、どうやら、手紙をそのまま無事に広東に届けてしまったら、そこでの自分たちの通商に不利益になるかもしれないとミヤーズが判断したのだろうというのがハズウエルの推測だ。ミヤーズが心配したのは、単に今回のことだけではなかった。

アメリカの船に手助けをして、広東での彼らの通商を容易にさせたりしたら、それはそのままアメリカ貿易に活路を見出させることになり、自分たちには将来に禍根を残すことになる。その可能性がグレイの手紙にはあるのだ。その通信までも親切に引き受けてやるといった自分のオメデタサに、ミヤーズは出航の間際になって、辛うじて気づいたということではなかったろうか。

舞い戻ってきたイギリス人たちは、このあともしばらく、ここにとどまる。結局は、イギリス船の見せ掛けだけの出発に、グレイたちは翻弄されたのだった。

再会

この翌日の九月二十三日のことだ。グレイたちも忙しくていた。いずれは自分たちもここを出ねばならないと考え、乗組員たちは皆その準備に勤しんでいた。樽に水を張る者、木材を運んで来る者、帆を整えている者……誰もが慌ただしく動き回っていた。

そのときのことだ。陸で沖を監視していた船員から、報告があった。

「コロンビア号が見えます！　あれはコロンビア号です！」

グレイ船長は望遠鏡で沖合を見た。たしかに帆が見えた。船の姿からして「コロンビア号」に違いなかった。見る見るそれは近づいて来る。船員たちの姿が見えた。至近の距離まで来ると、彼らに壊血病が進んでいることがすぐに読めた。帆も相当に傷んでいる。

グレイ船長はボートで彼らを迎えに行った。そして午後五時、「コロンビア号」は「レイディ・ワシントン号」から四十ヤード離れたところに錨を下ろした。グレイはすっかり落胆していた。

彼はケンドリックたちの身の上に関して、「最悪の事態」までも想像していたのだ。ケープホーンを回ってからのあの嵐はひどかった。中古船である「コロンビア号」では、強風に耐えられなかったかもしれない。そのまま「コロンビア号」が来なくて、自分たちのみがアメリカ船として単独で貿易を行い、成功して帰国した場合を想定して、胸躍らせてさえいたのだ。

その日のためにもと思って、今日も朝から、出航の準備をしていたのである。その夢の計画が、今「コロンビア号」の出現ですっかり崩れてしまったことを知っての落胆だった。

アメリカ北西海岸に着いたコロンビア号（Burlington Northern Inc.）

それを証明するのが株主ジョセフ・バレルへの彼の手紙だ。

「私には、大海に出て行く用意が、ほとんど出来ていたのです。つまり『コロンビア号』がここに到着しない場合、私はまずマカオへ行き、それから広東入りするつもりでした。そしてアメリカで大歓迎される物品を仕入れて帰る予定でした。もしもそれが出来たら、きっと今までにない最高の航海となっていたはずです。その意図が、ケンドリック船長の到着でオジャンになってしまいました……」

ケンドリックは、真っ当すぎるくらい真っ当な男だったが、グレイ船長の方は必ずしもそうではなかったことが、ここからでもいえるかもしれない。ケンドリックの無事に、失望を感じていたグレイ。それが現実だった。

当時の冒険家で野心のない者など一人もなかったろうが、グレイの場合は、その野心のありようが、いかにも不明朗だったように見える。ケンドリックを出し抜いて、株主に自分の有能さを見せつけようとばかり考えているその功名心が、露骨に現れているのであった。
このあとのハズウエルの手記九月二十四日の記述は、ケンドリックの行動への不審である。

「ケンドリック船長が到着したからには、すべてが彼の命令を待って行なわれなければならない。私たちは彼に、あちこち探検に出ていったら、いろんなことができるのにというのだが、彼はその度に、『イギリス人たちがここを出るまではいっさい何もしてはならない』という。ケンドリック船長は大工のコールカーズや鉄工たちに、出発準備の仕事をさせている。こういったことのすべてを、彼は独占してしまっている。私たちは原住民と接触することもできず、動物を買うこともできない」

これは何を意味するか。若きハズウエルには、老練なケンドリックの心がまったく読めていなかったことだ。そんな事例がこれまでにもあった。今また、彼にはケンドリックが何もしないでいることの意味がわかっていなかった。この時期、この地にあっては、ともかくも何もしていないでいることが最も大切だということへの理解には、まだ距離があったということだろう。これを理解するには、当時のヌートカの状況を客観的に見ておく必要がある。

ケンドリックの忍耐力

これまでのことでもわかるとおり、一帯は、しっかりとスペインの勢力下にあった。

しかし、このところ異国船の出現がさらに多くなったことを見て、スペインは軍の司令官として、エスバタン・マルチネスを新たに送り込んできていたわけであった。彼はその任務の重要性を十分に認識して、その勢力維持のために、さらに周囲への目を光らせるのであった。

まず、北からのロシア南下の勢いを食い止めるという目的があった。スペインにとって幸いなことに、ロシアはスペインの強固な守りを見て、ひとまずは鳴りを潜めている。マルチネス司令官の今の警戒は、ロシアに対してよりも、イギリスの攻勢に向けられていた。時代の流れからいうと、さしものスペインの威光も、この時期には衰退の兆候を見せていた。太平洋における絶対の権勢も、ついに衰退期に入っていたといえる。それゆえにこそ、ヨーロッパの他の国々が、チャンスとばかりに、どっと太平洋へと出始めたのだ。イギリス海軍の一隊が南太平洋からフィリピンにかけて出動し、太平洋でスペインが持つ覇権をくじいたのが一七四四年。海賊行為の最盛期が終わり、スペインの主権が消滅したことによって、太平洋全域が探検航海のために開かれたのだ。

その時期にあって、イギリスがこの大陸の北西海岸における特別の権限を主張していたのには、理由がある。キャプテン・クックがその航海でここを訪れていたことは事実だったからだ。だからこそ今、イギリスが狙っているのは、その手掛かりをさらに強固にし、より確実にすることだった。彼らも国外に植民地を作る意欲において、決して人後に落ちない。それに何より、強い軍事力を誇っている。当然ながら、スペインが今何としても防がねばならないと思っていたのは、彼らイギリスの侵入だった。ケンドリックたちの北西海岸への接近がまさにこの時期にあたっていた。

ケンドリックがここで考えたのは、今自分たちが、イギリス人たちと同じような行動をとったらどうなるかだった。ラッコ集めのためとはいっても、スペイン軍が勢力を張るこの沿岸を傍若無人に走り回り、無遠慮に駆けずり回ったりしていたら、イギリス人たちと同じような仕打ちを受けるのは必定ではないか。だからこそ彼は、「イギリス人たちがここを出るまではいっさい何してはならない」といったのだった。

彼が考えていたのは、そうするよりも、むしろ今はイギリス人に同調する態度は見せずに、一線を画し、逆にスペイン軍の信頼を得るべく彼らに近づいておくことが重要と思っていたのではなかったか。これからあとはのケンドリックの動向を見ると、そう取るのが至当だ。

交渉の妙

スペイン軍がそのように異国船への態度を厳しくしているときに、そこに入り込んでいったアメリカ船――。イギリス勢に同調することなく、独自の行動を彼らがとったことで、その沿岸からの放逐をスペイン軍から受けることもなく、結局は彼らのお膝元の奥深く進入し、そこで長期滞在するのに成功しているのは不思議なほどである。よほど巧い交渉をケンドリックはここでしたものと見える。ケンドリックはどうしたというのか。そのときのことを、少々見てみよう。

ヌートカの先住民の村（H.Humphries）

彼は、あの「ロビンソン・クルーソーの島」でのゴンザレスとの邂逅のことを思い出していたかもしれない。あのときには、暴風雨からの避難を理由に島に至り、来航の目的をロシア砦の監視と説明してスペイン軍要人と親しくなった。

今ここヌートカに来て、彼が最初に熱を入れてしたのも、またもやスペイン軍人との対話であった。司令官エスバタン・マルチネスからの尋問も、前と同様だった。

「スペインが支配しているこの一帯に、どうして入ってきたのか」という同じ問いかけへの答え方に、彼は今度も知恵をしぼった。彼は毛皮確保のことも、土地購入のことも一切、口にしなかった。そんなことをいっては、ただ事態をややこしくするだけだ。彼はただ、「私たちは発見の航海をしているのだ（on a voyage of discovery）」と答えるのみにとどめ、「船の修理と、樽を作る木材の必要に迫られている」事情を述べた。事実、彼らは最初に持っていた水樽のうち、十五個を途中で失っていた。

これらの事実に虚偽はない。口にしてはまずいことは、一切いわないでいただけのことだ。「発見の航海にあるのだ」としたのも本当のことで、彼らが新興国アメリカの民としても、実はまだ何も知らないのだということを述べたものだった。同じアメリカ大陸の西の海岸がどんなだかも知らない、それを知る必要が彼らにはあるというのだった。この「発見の旅」、あるいは「探索船という意味付け」は、ケンドリックに対する船主ジョセフ・バレルの指示書にもあって、説明さえすれば、それは相手にも理解されることだとの思いがケンドリックにはあっただろう。

こうしたケンドリックのスペイン軍との対話は、あとでやって来るイギリス船「アーゴノート号」の船長コルネットたちの場合と比較してみると、一層対照的だ。

同じくスペイン軍に止められ、マルチネス司令官から航海の目的を尋ねられると、コルネット船長は、「ここに土地を購入し、砦を造るつもりだ」といって、すぐに身柄を拘束されてしまうのだ。のちのち「ヌートカ論争」として知られる大きな一件が、こうした乱暴とも見える言葉のやり取りから始まっているわけだ。

相手の感情を逆撫でしては、対応がまったく逆になっていたのも当然。当時のイギリスとアメリカとでは、国情が大きく違っていたとはいっても、スペイン軍への立ち向かい方において、アメリカとイギリスとでは、態度が基本的に異なっていた。

スペイン側の計算

出航を延期していたイギリス船が、いよいよ今度こそ本当にマカオに向かって出航となったとき、ダグラス船長は、それより前にミヤーズ船長が岸辺に建てていたという彼らの「砦」から火器を取り出し、その一部をケンドリックに提供した。旅に向けた準備に関しての、彼の協力に対するお礼というわけであったろう。

十月二十六日、日曜日。イギリス船団の出船を、こんどはケンドリックも見送った。ダグラス船長はしきりにケンドリックに対して、「せめてハワイまででも一緒に行かないか」と誘ったが、ケンドリックは同意しなかった。

ハズウェルの記録によれば、ダグラス船長の「イフィゲネイア号」が視界から去るや否や「土着の先住民たちは大挙して私たちのところに押しかけて来て、魚油や鹿肉などを提供してくれた。そしてたちまち彼らとの友好的な交流が始まり、私たちは必要な物品の供給に恵まれることになった」

ケンドリックはよほど深く土着民と結びついていたことを、これは証明するものだ。これほどまでにうまく彼がヌートカに入り込めたのには、彼の賢明さによるところが大だったが、理由はそれだけではなさそうだ。スペイン側にも、事情があったからだ。

スペイン軍のマルチネス司令官は、この一帯の領土権を強調する意味もあって、ヌートカにいくつもの建物を建てつつあった。そもそも彼はそのためにこそ、派遣されてここにいるのだ。大砲などを入れる武器庫。次に作業場、冬の住居、さらには、パン工場などを建てようというのであった。

それと同時に、いま彼が計画しているのが、縦帆式二本マストの船を造ることだった。注目すべきは、造船の場所をわざわざケンドリックたちがいるところの近くにしていることだ。

一体、彼はどうしてケンドリッたちがいる近くで船を造ろうとしたのか。これには二つのことが考えられる。一つは、ここで船を造ることで、彼らアメリカ人たちの動向をゆっくと監視できるからということ。もう一つは、ケンドリックが連れて来ている大工たちの技術を借りたかったからだというものだ。後者の理由も間違いなくあったことは、このあとの作業の仕方に明らかだ。スペイン軍はケンドリックから、鉄板、クギ、帆などを買い入れ、アメリカ人大工たちは、それぞれに優秀な腕前を奮って、よく働いた。その忠実な仕事ぶりは、スペイン軍が心から羨んだほどだった。

こうしてアメリカ人たちと親しくなっていくことは、スペイン軍にとっても安心に繋がることだった。防衛においても、両者が互いに組み合えば、イギリスの攻勢にも対抗効果が出るのである。逆に、もしもアメリカ人を敵に回したりして、イギリスと組まれたりしたら、スペイン軍の存在は、当然、危うくなる。イギリス人たちの気儘な跳梁に歯止めをかけるためにも、ここはアメリカを受け入れ、彼らとの友好を築いておく方が得策だとの判断がマルチネスにはあったのと思われる。その反面、そうすることはアメリカ自身を強靱にしてしまう恐れもマルチネスにはあったろうが、いってみれば、アメリカはまだまだ生まれたばかりの赤ん坊。急には青年にはならないのだ。

こうしてケンドリックたちは、スペイン軍が勢力を張っているこの沿岸においても、見事に入り込み、そしてかなり自由に振る舞うことになった。それどころか、彼らがアメリカ人であることを主張することだって、常に見せているのだ。その一番の例が、十月一日の一周年記念日だった。

早いもので、彼らがボストンを出てから、もう一年が経っていた。

正午には、「コロンビア号」から十三発の祝砲が打たれた。同じく「レイディ・ワシントン号」からも十三発。出航からの一周年を祝うその轟音は、普段は静かな大陸北西海岸に響き渡った。

盗難

ところで、ケンドリックたちは良港ヌートカの「友情入江」に入り込むことに成功したものの、ラッコの交易にはまだあまり成功していなかった。それにはシーズンというものがある。いまはその収穫に最適の時ではないことかわかった以上、彼は別のことに時間使わねばならないと考えた。

この期間を活用して、以前から考えていたことに彼は取りかかる。先住民と直接接触することで、互いに理解を深めることや、彼らの言語を覚えるといった努力は常々やっていたが、そのほかにもやりたいことは多くあった。

先ずは、「レイディ・ワシントン号」を、二本マストのブリッグ船に改装することだった。ボストンを出てからずっと、それは一本マストのままで来たのだったが、これからあとの広東貿易を考慮すると、どうしても二本マストにしておく方が得策と思える。

しかし、実際にこれを実行させるとなると、かなりの無理があった。材料の確保には理想的な土地なのだから、ここでやっておくのが最善と思われる。今すべきこととはわかっていながらも、残念なことに、それだけの大改造をやってのけられる技術者に、この場所は決定的に欠けていた。

着想はよかっが、実現は不可能と見た彼は、これをあっさりとあきらめ、次のことに取り掛かった。自分たちの建物をここに造ろうというのだった。

イギリス人船長ミヤーズもそれを果していたが、それもいまはない。スペイン軍のマルチネスも砦を含めた建物の建造に取りかかっている。その援助を引き受ける形で、ケンドリックはここでの長期滞在を許されているわけなのだ。しかし、スペイン軍への援助ばかりで気が済むはずのものではなかった。アメリカはアメリカで、自分たちのものを造りたいという気持ちが湧き上がってきた。

もしもそれが成功すれば、アメリカ大陸北西海岸での初めての合衆国の建造物ということになる。ただし、それをうまく運ぶには、スペイン側をけっして刺激してはならず、準備も密かに運ぶ必要があった。木材置き場のほかに、建築用の道具置き場も要る。ケンドリックは「コロンビア号」に搭載していた大型ボートを下ろして陸地に上げ、船底を天井にとひっくり返して、道具置き場とした。それは一種の目隠しとなるもので、とてもいい方法に思えた。

ところがである。ここに問題が発生した。警備の者を置いていたというのに、夜間に何者かに侵入され、ケンドリックがイギリス人船長ダグラスからもらっていた(一説ではダグラスから「買っていた」)小銃五丁と、水を入れておく箱一五個を盗まれてしまったのだ。

「一七八八年十二月十二日、金曜日

朝になってみると、驚いたことに先住民たちはケンドリック船長がダグラス船長からもらい受けていた火器五丁と樽十五個を、ほかのあまり重要でないものと一緒に持ち去っていることが判明した。樽を盗られたことは非常な損害であった。取り返す方法が分からない」

地元の先住民の話では、盗んだのは対岸の種族だということだった。犯人らしき者もいたが、ケンドリックは特にこれらを捕らえて罰するということはしていない。箱十五個は特に彼らに打撃だったというが、「疑念だけで人を罰しては、無実の者に酷すぎることになる場合のあることを恐れて」、彼はあえてこれを不問に付したという。ケンドリックの人のよさを示す話の一つではある。

第六章　イギリスとスペイン、その間のアメリカ

クジラ談義で通じ合う

一七八九年の年明けがやって来た。ラッコの毛皮を穫るシーズンが来るまでに、様々なことがあった。

一月十三日、「コロンビア号」の下の甲板から火が出て、一時は大騒ぎとなった。弾薬庫の隔壁に立て掛けてあった予備の帆が燃えた。もしも、弾薬庫まで火が達していたなら、船は爆破となってしまうところだった。

一月二八日、ヌートカからおよそ四十マイルのところの入り江に停泊していたとき、一隻の大きな先住民のカヌーが現れた。見張り番が声を張り上げてその接近を知らせた。カヌーは真っ直ぐに「コロンビア号」に向かって来て、ピタリと船側に着けた。

乗り移ってきたのは、一帯を治めているモワシャート族の大首長マッキーナの部下である。筋肉

の盛り上がった四十歳ばかりの男で、名前はウィッカニニッシュ。英国製のスーツで現れてグレイ船長を驚かせたあの男である。ケンドリックを大首長のマッキーナのところまで案内するという。

　ケンドリックがそのカヌーに乗せられて行くと、三十メートル四方ほどの大きな家の奥、一段と高くなったところにマッキーナが座っていた。髪は油でつやつや。目の回りを除いて、顔は真っ赤に塗られていて、頬には細かい雲母が散りばめられていた。周りには彼の妻や子供たちもいた。ケンドリックは彼らへの贈り物を渡した。すると、彼らは蒸した魚の料理を出した。ケンドリックが彼らの言葉を覚えつつあったことが、ここで大いに役立った。二人は意思を通じ合わせることができたからである。話し合いを通じて、ケンドリックはその首長がとても思慮深く、知的な人であることを知った。

マッキーナ（Fernando Selma）

　ケンドリックとしては、マッキーナがクジラ捕りの名人と聞いたときから、彼への尊敬があった。もともとケンドリックには、クジラ捕りに対しては、深い理解と称賛があった。本書の冒頭でも記したとおり、ケンドリックには若い頃からクジラを捕っていた経験があるから、余計にその気持ちがあったのだろう。クジラとは、地球上で最大の生物。それを、小さなカヌーに乗った人間が捕る。これは実に大変なことだった。マッキーナがその達人だと知って、ケンドリックはこの族長に、敬意と共に深い友情をも抱いた。

二人の話は、もっぱらクジラ談義であった。

モワシャート族のクジラ捕り方法には、ミステリアスなところがあるらしい。精神性の高い儀式のようなことをするという。時には人間を生贄にすることもあり、クジラを捕りに出る前には、一定期間セックスはご法度とされるらしい。捕らえて帰ってきたときには、全村が祝ってその恩恵にあずかるという。

マッキーナもケンドリックの話に興味を持った。彼もまたケンドリックに友情を感じたようで、引き続いて起こった毛皮の取引についての相談でも、マッキーナは上機嫌で同意してくれた。

いや、それだけではない。ケンドリックが前に盗難にあった火器や貯水箱のことに関しても、その弁済への協力を約束してくれた上に、数人の上級船員たちを連れて入り江の奥深くまで進入する機会までケンドリックに与えてくれたのだった。

ラッコ毛皮の美しさ

三月、いよいよ毛皮収穫のシーズンが始まった。ケンドリックたちは取引の準備に取りかかった。

十六日には、彼は「レイディ・ワシントン号」を海峡の出口まで曳航してきて、南にあるクレイオクウォート湾、更地にはもっと南のファン・デ・フカ海峡の探索に向かわせた。大陸の奥地に通じる水路がありはしないか、確かめさせようというのであった。

腰をすえて毛皮を集めるとなると、最も必要なのは砦である。大砲も備えて防御に抜かりないものにしなければならない。もちろん彼はそれ以前からその準備は進めていて、三月初めには、もうこれはある程度は出来上がっていたのだ。「コロンビア号」からそこへ、備品や商品が運びこまれた。場所はマウィナと呼ばれるところで、目立ちにくい引っ込んだ入り江にあった。そこには新鮮な水を提供してくれる清冽な流れが二つもあり、美しい砂の岸辺もあった。岸から五十フィートも離れると、船が停泊できる水の深さがあった。

ケンドリックはここに弾薬庫や、鍛冶場、倉庫などを建て「ワシントン砦」(Fort Washington)と命名した。それは、太平洋沿岸にアメリカが建てた最初の建造物だった。ボートを引っくり返して物置としていたのとはわけが違う。

ラッコの毛皮というのは、とても美しいものであった。そしてたしかにとても貴重なものだとわかった。ラッコは子どもをたくさんは産まない。母親ラッコが年間に産むのが、普通は一匹のみ。ビーバーや黒テンだと、二匹から五匹は産むが、ラッコは違うのだ。子が少ないとなると、日頃から親は子の監視に努めるし、どんな状況になっても見捨てることはしない。捕獲されると、どこまでも追ってくる。子どものラッコは親なしでは生きられないから、穫るときには親子を一緒に穫られたことから、それがこのあとの激減の一つの原因となっている。

ラッコの毛皮は、柔らかいだけでなく、毛の生え方が密で、毛脚が長い。衣服や帽子に最適だ。その柔らかさについては、「Soft Goldh」(柔らかい金)という呼び名も生まれているほどだ。(実際、ラッコのことを書いた本で、そのままの『Soft Gold』という題名のものがある）その輝きの美しさを含め、最も端的にラッコの毛皮のことを伝えているのは、イギリス船長スタージス(Sturgis)の一七九八年の言葉だろう。

「極上のラッコの皮は、乾燥させる直前の時点で、長さ約五フィート(百五十センチ)、幅二四〜三〇インチ(約六一センチ〜七六センチ)、その細い毛の長さは約四分の三インチ(約二センチ)、真っ黒でつやつやしている。銀色に輝くように見えることもあり、美しい女性や愛らしい幼児を除けば、それはこの世で最も魅力的なものだ」

それは、アメリカ大陸北西海岸へ行きさえすれば、簡単に手に入るようにいわれていたが、実際には入手はそう簡単なものではなかった。品質のよさにも相当のバラツキがあり、いいものとなると、なおさら得がたいものとわかった。

ラッコのシーズン

ラッコの毛皮の価値を最初に見抜いていたロシア人たちは、北のルートを通って、随分たくさん穫った記録がある。例えば、アンドレイ・トルスティク(Andrei Tolstykh)は、一七四九年、一七五六年、一七六〇年の三回の航海で一〇二一八頭のラッコを捕獲したらしい。毛皮の需要は大きかったようで、一七四〇年代から一八〇〇年までの間に、ロシア人たちが起こした捕獲行動は、合計して百回に及ぶ。（Otterskins' Boston Ships）
最初はたくさんあったラッコも、次第にその数を減らして、やがて一八一〇年代にラッコ急減のときが来るのだから、一七八八年のケンドリックたち「コロンビア号」と「レイディ・ワシントン号」の到着は、実に時機を得たものであったことになる。

ラッコの毛皮の美しさ（オレゴン歴史協会）

一七八九年の四月下旬になるまで、「レイディ・ワシントン号」はクレイオクウォートと呼ばれるところを含めた一帯の海岸沿いを航海。毛皮をできるだけ多く集めた。ここは、前年の八月に、グレイ船長が多くのラッコの毛皮を持った先住民に会ったところだった。しかし，そのときには、交換として与える物がなくて彼らの要求に応えられず、残念な思いをした場所である。だからこそ、彼はこれまで「コロンビア号」の鉄工に頼んで、冬の間に四五〇〇丁ものノミを作ってもらったのだった。先住民が一番欲しがったのはノミではなく銃器なのだが、それは安易に手渡していいものではない。ノミならば与えても危険性は少ないだろうとして、これをたくさん用意したのだ。

海岸の先住民たちは、これらを内陸奥地の先住民との交易にも使っていて、誰もがそれを欲しがった。このノミのお陰で、グレイたちは「たくさんの毛皮」を手にすることができた。

この成功に気をよくて、彼はこのあとも一帯を走り回った。しかし、何ごとにも程度というものがある。いつしか彼らの動きがスペイン軍の目にとまったらしい。

もとより、その沿岸を守っていたスペイン軍司令官特務総長のエスバタン・マルチネスに対して、当局から改めて指令が出された。いうまでもない。「コロンビア号」「レイディ・ワシントン号」の二隻のアメリカ船の動静に用心せよというものだった。

目立った動きをしていたのはグレイ船長であった。彼はスペイン軍に呼び止められて質問を受けている。しかし、そのときは船の《パスポート》を見せて制止を逃れている。その〝パスポート〟にはジョージ・ワシントン将軍の署名があり、さらにジョン・ケンドリック船長のサインもある。それを確認すると、彼らはすぐに態度を急変させて航行を許したといわれている。

そんな折りも折りのことだ。ダグラス船長のイギリス船「イフィゲネイア号」が、またもやここに舞い戻ってきた。厄介な話になるのは必至だった。

彼は今度はコルネット船長の「アーゴノート号」について来たとのこと。同じオーナー会社の船として、ここへやって来たらしい。僚船にはほかにもう一隻「プリンセス・ロイヤル号」というのもあったが、最初にスペイン軍の目に止まったのは、やはりダグラス船長の「イフィゲネイア号」だった。

前回はミャーズ船長の船と一諸にいて、ここヌートカから追い払われたのだった。スペイン軍はイギリス船に対して特に警戒を強めていて、マルチネスもダグラスに関して、「彼の船を見つけたら、すぐに捕まえろ」と指示を出していたほどだ。その彼が、こともあろうに、またもやそこへやって来たのだ。あのあと彼らは、ハワイで冬を過ごしていたという。

ダグラス船長たちにしてみれば、ラッコのシーズンになるというのに、ここへ来ないわけにはいかないといったところだったか。スペインの警戒は知りつつも、その目を逃れて走り回り、毛皮を集めをやめないのであった。

前にも述べたとおり、このダグラス船長というのは、こののち一七九一年にケンドリックに同伴して、「グレイス号」で串本へやって来る人である。どこまでも胡散臭い人物であることは、このことからも察知出来るだろう。

苦境のダグラス

ウィリアム・ダグラスの傍若無人ぶりが、ついにスペイン軍のカンに触る日がきた。五月中旬のある日のことだ。

「船の書類を見せろ」とスペイン軍将校がダグラス船長に迫った。書類とは船籍証明書などのことだ。その命令に対し、ダグラスは「私の船はポルトガル船だ」と言い張る。そして、「自分は船長でなく、積み荷を扱う《上乗り人》だ」と弁解を続けた。結局、彼はマルチネスのいる「プリンセッサ号」まで連れていかれた。

再び同じ取り調べがあって、彼はそこでマルチネスに書類見せたが、これがまたすべてポルトガル語で書かれていて、マルチネスには読めない。ダグラスとしてはとうにこうなる事態を予知していたのかもしれない。

たしかに、そんなこともあろうかという予想をダグラスたちは事前に立てていたようで、それが本当にポルトガル船であることを証明するために、わざわざ船の出資者たちの中に本物のポルトガル人を含ませていたという。その存在は、単に名目上だけのものであったといわれるが、ともかくもあらゆる事態に対応できる周到さを彼らは持っていたことには違いなく、この場合もそれはそれなりに実効を発揮しているのだ。

こうした苦心を見ていると、彼ダグラスの考えが、ある程度わかってくる。彼が新興国アメリカ人のケンドリックたちに対して、ある種の羨望や妬みといったものも持つに至るのもわかる気がする。アメリカ船の特徴となっている汚れのなさ、率直さ。中立国として外国と腐れ縁の少なさが、「特権」とも見えるほどのものに見えたであろうし、自分たちイギリス船はスペイン軍から厳しく目をつけられることに、嫌悪感を深めていただろう。

自分たちはスペイン軍から厳しい取り調べも受けているというのに、ケンドリックたちはそうではない。アメリカ船は悠然とここにとどまって、毛皮を集めているのだ。ダグラス船長が何かにつけてケンドリックに近づき、親交を深めているのは、アメリカ船が持つその「特権」の効果に、自分もあやかりたいとの願いがあったのではなかったろうか。

ともあれ、ダグラスたちは一旦は抜け目なく振る舞って、スペイン軍に捕らえられるのを逃れはするものの、最終的には結局は長い滞在はできずに、マルチネスによってスペインの制圧区域外への追放を、またもやいい渡されてしまう。

六月に入ると、九日、以前ダグラス船長の船の一等航海士をしていたハンターという男が、「ノースウエスト・アメリカン号」に乗ってヌートカにやって来た。船名こそアメリカ人を標榜しているが、れっきとしたイギリス船であった。マルチネスはすぐにこれを拿捕。スペイン軍は彼らの船を奪って「サンタ・ガートルーディス」と改名。乗組員をケンドリックの「コロンビア号」の船員とすることで手を打った。

ケンドリックたちアメリカ人には寛容なマルチネスが、イギリス人に対して殊に厳しいことを、ダグラス船長はしきりに口にするようになった。

たしかに、イギリス人にはその意見は当然だったろうが、アメリカにはアメリカの計算があって、スペイン軍に接していたのである。スペインとの関係をできるだけよくしておこうというケンドリックのやり方は、国務長官トマス・ジェファソンの考え方に合致していた。イギリスとスペインとが勢力争いをしている北西海岸にあって、新参者のアメリカはどちらにつく方がいいかを、トマス・ジェファソンたちもしっかりと考えていた。彼らにとっては、イギリスがそこで権限を拡大させていくことの方が、はるかに怖かった。イギリスがそこを支配するくらいなら、スペインに支配してもらう方が、アメリカにとってはいいとの判断があったのだろう。なぜなら、スペインはすでにその国威の下り坂にあって、かつてほどの力はない。彼らはいずれそのうちに、次第に勢力を落としていくに違いないのだから、そうなってからでも、機会を見て、アメリカは彼らを分断する形で盛り返せばいいというのであった。

それゆえにこそ、いまケンドリックはスペインに取り入ることに重きを置いたのだと見ていい。たとえイギリスを怒らせようとも、決してスペインを怒らせない、と。これに気を配った結果が、今のスペインが持つ二重基準だったと見ていい。

彼はここで、乾坤一擲の思い切った手に出る。ケンドリックは連れて来ていた長男のジョン・ケンドリック・ジュニアをスペイン軍に差し出してまでして、マルチネスの懐に入り込むのである。ケンドリックはそれほどスペインとの間を緊密に保つことを求めていたということになるのか。

長男ジョン・ケンドリック・ジュニアはスペイン語も達者だったから、通訳の仕事もしていた。おまけに、とても信心深い真面目な青年だった。スペイン軍入りについては、司令官エスバタン・マルチネスから望まれたのか、本人みずからが志願したのか、あるいは父ジョン・ケンドリックからの指示を受けたものだったのかは、わからない。ともかくも、彼はスペイン軍に入ったことで、父親の立場、あるいはアメリカの立場が、格段によくなったのは事実だった。

彼の仕事ぶりついては、マルチネス自身が惚れ込んでその卓越ぶりを日誌に記しているほどで、水夫としての熟練に加え、宗教心の篤さや教養がマルチネスの胸を打ったようである。仮に彼がアメリカのために犠牲的にスペイン軍に入っていたのだったとしても、その運命を真正面から受けて力を尽くしていて、その姿から見て、決して短期間の腰かけ仕事でお茶を濁そうとしたところの一切ないところが素晴らしい。

スペイン軍人の一人の記録の中に、長男との別れに際してケンドリックがいったという言葉が残されている。「善意に基づく意志に従って生きること。そしてそれを貫くことこそが最高の幸福というものだ」と述べたとある。

そのときの父ジョン・ケンドリックの目には涙があったという。

追放を受けたダグラス

ともあれ、スペイン軍にはねつけられてまたもや追放されたイギリスのダグラス船長が、かつて同じイギリス人船長のミヤーズが「友情入り江」に折角建てていた砦(Fort Pitt)をすべて取り壊したことは、イギリスがこの地における自分たちの主権を主張するのに、のちに大きな失態となることを知って、彼らは後悔することになる。ダグラスとしては、自分が建てた物ではなかったこともあってか、そのときにはあまり深くは考えなかったようだ。

ダグラス船長たちが去るとなると、マルチネスは自分の主張がそのまま通ったことに安堵したのか、すっかり上機嫌になり、手のひらを返したように友好的に、皆で祝宴を開いているのはおかしいくらいだ。ダグラス船長滞在の最後の夜には、マルチネス、ケンドリック、それに「コロンビア号」の一等航海士イングラハムも加わって、ダグラス船長の健康を祈っての乾杯を重ねている。そして、十三発の祝砲まで撃って前途を祝ったのであった。あれこれ虚々実々のやり取りがそこにはあったが、ダグラスがいかに海千山千のしたたか者だったかは、この後の彼の動きにも見てとれる。

彼は港から自分の船を出したあと、マルチネスの目からも十分に遠ざかったのを確信すると、急に進路を変えて北に向かった。

そのとき彼の船に載っていた毛皮は、わずかに六〇枚か、七〇枚。これではとても広東へ行っても商売にならないのだ。ダグラスはこのあと懸命に毛皮の収集に専念した。そのためには、あくまでマルチネスに見つからないようにしながら、密かに一帯を走り続けていた。（彼がやっと七〇〇枚を手にした時点で東洋を目指すのは、このあとのことである。）

ダグラスは厳罰を逃れる方法として、マルチネスの言い分どおりに砦を壊したことは、ヌートカ一帯を恒久的にイギリスのものとする権利を失わしめた点で、その損失をどれほど大きくいってもいいすぎにはならない。このあとイギリス人船長でこの地に建物を建てるのは一七九二年と一七九三年にそれぞれ一軒を建てたウィリアム・ブランウン船長だ。この人もまたケンドリックの人生に大きくかかわってくる人だ。

ケンドリックへの屈折した思い

ところで、ダグラス船長のケンドリック船長に対する思いは、ますます屈折したものになっていったようだ。時には親しく、時にはその反対に付き合う。そして利害が合致したときには、「両者は親友だった」と他人にいわしめるほどに協力し合った。

私は先に、ケンドリックに対するダグラス船長の気持ちとして、「羨望」と「妬み」という言葉を用いたが、それは彼がイギリス船に乗っていたとはいっても、出身がイングランドならぬスコットランドだったことや、軍関係者ではなくただの雇われ船長にすぎなかったことを考えれば、無理はなかったのかもしれない。それも臨時雇いではなかったか。それに「羨望」は、とかく「妬み」に連なるもの。それを理解しなくては、ダグラスとケンドリックとの不思議で微妙な関係はわからなくなる。

ダグラス船長は、自分が北西海岸でマルチネスから酷い扱いを受けたのは、実はケンドリックのせいだったのではないかと思い始める。疑心は疑心を呼んだ。

ヌートカを去るようにとマルチネスから要求されたのにも、また、それが嫌なら船を売れと求められたのにも、裏があったと思い至る。つまり、裏にアメリカのケンドリックが一枚噛んでいて、その案をマルチネスに吹き込んでいたという想像だ。「もしも船の売買となった場合は、その値段をケンドリックに決めてもらう」とマルチネスがいったところからもダグラス船長はケンドリックへの疑念を深めていたし、そもそも、マルチネスが自分に正式な船の書類の提示を求めたのも、ケンドリックと相談をして決めたことだったと判断したのだ。

マルチネスはケンドリックに注文を出して、彼の部下の鉄工に、鉄の足かせをたくさん作らせたりもしていた。ダグラスにしてみれば、それは自分たちイギリス人たちを捕らえたときのためにマルチネスが用意しているのだと見えていたことだろう。

マルチネスがケンドリックやダグラス船長を自船「プリンセッサ」に招いて飲食を提供してくれたきのことでも、こんなことがあった。乾杯を重ねたり、祝砲を撃ったりしたあとの話だ。

午後になって三人は、連れ立って近くの先住民部落を訪れた。このとき、ケンドリックは先住民に対して、彼らの言葉で語り掛けた。マルチネスを指さしては、「ワカス・ワカス」とケンドリックは繰り返して言っていた。「ワカス」とは「友だち」の意味だと、あとでダグラスは知る。ケンドリックがあれほどに熱心にマルチネスを「友人」であると紹介したのだから、虚言であったはずがない。マルチネスに好かれ、受け入れられているアメリカ船と、拒絶される自分たちイギリス船——。その落差に、ダグラスの心には、不満の波がさらに募ってた。

マルチネス自身にもしたたかなところがあった。

異国船に対して厳格に対処するかと思えばコロリと態度を甘くすることがあったのも、先に見たとおりだ。アメリカ船がいよいよ広東に向けて出るとなったときには、マルチネスみずからがケンドリックに近づき、上等なラッコ毛皮を百八十七枚渡し、広東で売ってほしいと頼むことになる。それでスペイン国王への土産物を買ってきてほしいという。王を喜ばせるためには、外国の船であっても、商売に利用しようというものであった。

それは、徐々にイギリスやアメリカに追いかけられ、日々に強まってくるスペイン帝国衰退の風に、彼自身がおののいていたということだろうか。いかなる外国船に対しても厳しく当たらねばならないという義務感と、外国の船員たちといかに付き合うかという現実との間で、彼の心は揺れ動いていたのではなかったろうか。

そんな中、六月二十四日になって、ヌートカにおけるスペイン軍の建物がなんとか完成した。砦のほかに、それに付属するいくつかの建物も出来上がったのだ。彼らは厳粛な儀式をして、これを公式に表明した。大きな十字架が建てられ、領土に関する正式書類を入れた瓶が封をして地下に埋められた。

これに気を良くしたか、マルチネスはイギリス船団の本船たる「アーゴノート号」のコルネット船長に対しても厳しい処分で対応した。つまり逮捕のうえ監禁し、そして最後にはこれも追放処分としたのだ。この「アーゴノート号」というのは、のち一七九一年、多分ケンドリックの動向を偵察のために日本にまでやって来て、西日本数カ所で上陸を企てることになる船だ。ケンドリックとの関連もあることだから、その動きを詳しく見ておく必要が私たちにもありそうだ。

ほかでもないスペイン軍司令官特務総長エステバン・ホセ・マルチネスの日記(一七八九年七月二日から七月十四日まで)に、この北西海岸での一件についての詳しい記載がある。その現物は、マドリッドの歴史館所蔵だが、ウィリアム・シュルツという人による英訳が、アメリカ・カリフォルニア州バークレーのバンクロフト図書館にあり、*Journal of Captain Cornett* にも収録されている。これは前に私がケンドリックとコルネットの対応の違いを説明するのに少々触れていたものだ。

「一七八九年七月二日、木曜日

朝五時半、イギリス船『プリンセス・ロイヤル号』がマカオに戻るために出航した。（略）夜八時にサン・ミゲル砦駐屯の警備員より、別の船の帆が確認されたとの報告あり……その船を港内に案内するため、私はランチに乗って、港を出た。近づいてみると、それは私が期待していた『アランザズ号』ではなく、マカオから来たイギリス（郵便）船だとわかった。船名は『アーゴノート号』、船長名はジェイムズ・コルネットだった。

それに乗り込み、船長や他の上級船員と会って話を聞くうち、彼らの意図がわかってきた。船長がいうには、この地の統治者としてやって来たとのことで、同船を送り出した会社の名において、ラッコの毛皮工場をここに建設するのが目的だという。彼の話はそれだけではなかった。この沿岸で他国の者が毛皮を収穫するのを防ぐ任務もあり、英国国王の命令によってヌートカの港を確保し、ここに砦を築いて定住地を作る権限を得ているとのこと。この目的のために、さまざまな職業の中国人を多く連れてきたのだという。彼はまたフリゲート艦（注▼巡洋艦と駆逐艦との中間のもの）と小型スクーナーを建造するつもりだといい、定期便を受け入れる予定だという。彼らはまた、ポルトガル国はこの海岸一帯にかつて保有していた所有権をすべて放棄したとも伝えた。

これらの話からして、英国政府が彼に任せていた計画というものが想像でき、これはとうていスペインにとっては看過できないことだと私は判断した」

第七章　突っぱねるスペイン

当惑のイギリス

これについては、イギリス船「アーゴノート号」のコルネット船長の日記にも、ほとんど同じことが書かれている。イギリス側がスペイン側に対して、「何のために貴殿たちはここにいるのか」と尋ねた質問に対して、マルチネスは「ロシアが来るのを防ぐためだ」と答えたとある。

また、「アーゴノート号」の入港に際しては、「マルチネスと共にアメリカ船二隻も来た」と記されている。つまり、「コロンビア号」と「レイディ・ワシントン号」が、スペイン軍と一緒にイギリス船を出迎えたことになっているのだ。これでは、イギリス側としては、アメリカはスペインと組んでここを守っているとの印象を持ったとしても仕方がなかった。

スペイン軍マルチネスの日記の続きを読もう。ケンドリックの名も出てくる。

「イギリスのコルネット船長は私に尋ねた。ここに砦を築いて定住地を作るというイギリスの計画を阻むものがここにあるというのかと。それは誰なのか。もしくは何なのか。

私は答えた。私が拒むのだと。私はスペイン・カルロス三世の名において、その命令によってここを貴殿より先に占領していたことを伝えた。さらに私は、ここに砦が築かれているのはそのためであり、ここに来る様々な船を私が管理しているのもそのためだと説明した。

私の説明に答えて、彼はこう返事した。この港も海岸も、キャプテン・クックが発見したものだから、英国のものだと。そのキャプテン・クックの航海に、自分も子供のころからお供していたからよく知っているのだという。

その考えは間違いであると私は強く彼にいった。私はこの港をキャプテン・クックより三年八カ月も先に発見していて、サン・ロレンツォと名付けているのだと。私がそれをしたのは七四年の八月。キャプテン・クックが来たのは七八年の三月だったからである。私は彼に、港の中に入っていったら、アメリカ人たちがいるから、私のいったことが正しいかどうか確かめたらいいといってやった。あるいは、地元の者たちにも聞いたらいいと。彼らもそのときのことをよく知っているのだから。

コルネットは私の言い分が十分に根拠のあるものだと思ったらしく、急に友好的になって、ここに建物を作ることは許してもらえないかと聞いた。彼自身にとっても、彼の部下たちにとっても、先住民たちから襲われたり、物を盗まれたりすることから身を守る必要があるからだという。しかし、私には彼の魂胆が読めていたので、こう答えた。それは私が受けている命令に反することだから、決して認められないと。

コルネット船長はそれ以上は自分の計画を伝えても実行が無理と見たようで、投錨地に近いこともあって、キャプテン・クックが以前に投錨したところで停泊したいという希望を述べた。しかし、私はこれも断った。難を避けて逃げるための単なる言い訳だとわかっていたからだ。私は、もっと安全で有利なところへ行けばいいのだといってやった。こうして、私は彼らの投錨をここでは許さず、このあと彼らをサン・ロレンツォの入り口のサンタクルスへと移動させたのだった。

ここで、私は彼らの船を二本の太い綱でしっかりと繋ぎ止めた。船首は私の船のフリゲート船の係留柱につなぎ、船尾はケンドリック船長のコロンビア号に結びつけた。私はコルネットが自分の錨でここに停泊することを望まなかった。

彼らの船を砦からの大砲の射程内に、そして私の船からはピストルで撃てる範囲内に固定させたところで、私は自分の船に戻った。彼らの船への警備を有能な者に任せ、一晩中そのイギリス人たちの動きに目を光らせた」

スペイン軍との駆け引き

この翌日の日記はさらに興味深い。ケンドリックの船のことや、彼の行動も見えてくる。スペイン軍とケンドリックはいかに深く連係していたかを示すものだ。いささか長いが途中で切るわけにもいかず、歴史的にも重要であるうえに具体的で面白いものだから、あえて出来るだけ長く引用したい。

「一七八九年七月三日、金曜日

警備に当たっていたラモン・ペレスから報告があった。イギリス船のコルネット船長が夜明け前にボートに乗り、サン・ミゲル砦のある港の周囲を航行したらしい。私たちの要塞陣地を偵察していたというのだ。ラモン・ペレスの話では、コルネット船長は港から上陸し、樽工場や鍛冶場を見て回り、そこで何がなされているのかを知ろうとしていたとのこと。彼がボートに戻ったところで、ペレスは直ちに私に連絡を寄越したのであった。

彼はまたこんな話もした。

日の出のあと、私のフリゲート船及びサン・カルロス号に国旗を掲揚し、続いて砦にも旗を揚げたところ、港に投錨中のアメリカ船——航海のために修理を終えたばかりの船二隻も、彼らの国旗を掲げるのが認められた由。しかしながら、イギリス船は彼らの旗を揚げない。彼らが国旗を揚げないのは、船長の手抜かりとも思えたが、わが国への敬意の欠如とも取れた。

私はすぐに英語の通訳を送ってそれに気づかせ、身分を示す旗を揚げるよう伝えた。彼らはすぐに船首と船尾に青い英国の旗を掲げ、メインマストの先端には、吹き流しではなく同色ながら中央に白い四角形のある幅の広いペナントを掲げた。彼はそれによって私たちに、自分が政府の高官であることを知らせたかったようだ。

このあとすぐ、私は同じ通訳を送って、彼に次の指示を与えた。私の船に来て、彼のパスポート、指示書、船荷の明細書を示せというものだった。それが私の任務だからだ。コルネットはすぐにやって来たが、書類箱が混乱していて私の要求する書類が出せないとのことと。彼がいうには、いますぐには出せないが、探すから、出てき次第持ってくると。事情は理解したと私は答え、時間は与えるからゆっくり探して、書類が出てきたらすぐに見せるという約束で、錨は下ろさせた。

コルネットは船に戻る段になって、私を船に招待したいといい始めた。私は、彼の誘いに従って、行くことにした。彼の船に上ると、船員たちは私をこの上なく丁重に扱った。船に乗ってすぐにわかったが、大きな荷物は船倉に片づけられていて、建築用材が載せられるようになっていた。私は昨夜の話題をもう一度持ち出し、ここへ来た目的を確かめた。彼はやはりここヌートカ港の統治者としての権利を自分は持っていると主張する。彼の話では、連れてきている者の中には、会社の船の管理権を持っている者もいるし、船荷の帳簿づけのためにロンドンから来た者もいるという。私が彼に答えていったのは、その船の船長が持つ権限は、ここではすでに消滅していると考えるべきだということだった。彼が述べる計画を、私は断じて認めるわけにはいかないことを申し伝えた。夕食に招待するとも彼はいったが、私はそれを断り、すぐに自船に戻った。

逃亡する気のイギリス船

「午後三時、私はコルネット船長から友好的とも見える書き付けをもらった。私が持つランチ（大型ボート）を貸してもらえないかというのである。錨を引き上げるのだという。（朝九時に、私が命じて、下ろさせていたものだ）

彼ら自身のランチは船に載せているのだとのことだ。彼はまた、私の船で彼らの船を明朝早くに牽引して港の外に出してくれないか、ともいった。風がよくなると、出帆したいのだとのこと。

この書き付けを読んで、私は今朝彼が私に書類を見せなかったとき、その理由としていたことが、単なる言い訳であったと知った。つまり、彼は逃亡するに好都合ないい機会が来るまで、出来るだけ時間を稼ごうとしていたのだということ。その計画が見抜かれない限りは、私からは権威ある命令を受けることはないと彼は踏んでいたのだ。私は、彼の要求に応じるどころか、次のように答えてやった。「友よ、現状では、貴殿が持つパスポート、指示書、その他の書類を、まず私に委ねる必要がある。それがわが祖国スペインの国王による命令だ。この件が済めば、私は私の権限にある限りの奉仕はするつもりだ。しかし、王の命令は何があっても果たさねばならないのだ」と。

コルネットは私の書いたその返答を見ると、わが艦へやって来て、羊皮紙に書かれたパスポートを差し出した。ただし、指示書は彼のみに宛てられたものであるから、他の誰にも見せてはならないのだという。私はすぐに返答した。船荷の明細もそろえて、それら書類を全部見せてもらわねば、完全な情報が得られないのだと。私が何としても彼に書類を出させる決意でいることに気づいたコルネットは、そのパスポート以外に指示書なんてものはないのだと答え、あるのは彼個人に宛てられたものだとの返答を繰り返した。彼はそれらの書類は手渡さないといい、写しを取ることも容認しなかった。そのため私はその内容について知ることはできなかった。

コルネットが傲慢ないい方で私に迫ったのは、錨を揚げるためにランチを出して、彼らをすぐに出航できるところまで連れて行ってほしいということだった。しかし私としては、求めている書類の内容が明らかにされないでは、とうていその要求は飲めないと突っぱねた。彼はスペイン国旗、及び、司令官としての私に多少の敬意は示しつつも、たとえ私が許さなくとも彼らはすぐに出ていくつもりだといい、それが気に入らないのなら、撃っていいといった。撃たれることはまったく恐れていないのだと。そういいながら、彼は私を脅すかのように、二度、三度と、ベルトに吊った剣に手をやった。彼は大きな声で侮辱的なことも口にした。「このスペイン人め！」と。

私はこれまで、彼をなだめようと、出来る限り思慮深く行動してきた。彼の心を落ちつかせるためであり、こちらの要求に従って、書類を差し出させるためだった。

同時に、私は彼がわが艦のマストに翻る国旗に対する敬意に欠けるところがあることも感じていた。それなのに、そのまま、もしも彼を釈放などしたら、わが祖国の軍の恥ともなるものだと考えた。恐怖心から私が行動を誤ったのだ、と取る者もいるだろう。しかし、私には何ら恐れるものはなかった。軍勢において、私の方がコルネットより優位にあったからだ。

彼は私の部屋で、すぐにもロンドンへ帰るのだといったが、帰ったらここでの出来事を政府に報告するだろうということに私は気づいた。乗船してすぐにもそうしようとするのなら、私は出航を止めるために発砲しなければならなくなるだろう。そうなると、船上の誰かの命が失われるということになる。そうした流血を避けるために、私は彼らを戦争犯罪人として逮捕してサン・ブラスへ送り届け、ニュー・スペイン（注▼今のメキシコ・中米等にあったスペイン領）総督にお任せすることにした（略）」

さんざんのイギリス船

マルチネスは恐れたのだ。自分がスペイン政府に連絡するよりも前にイギリス政府に事件が知ら

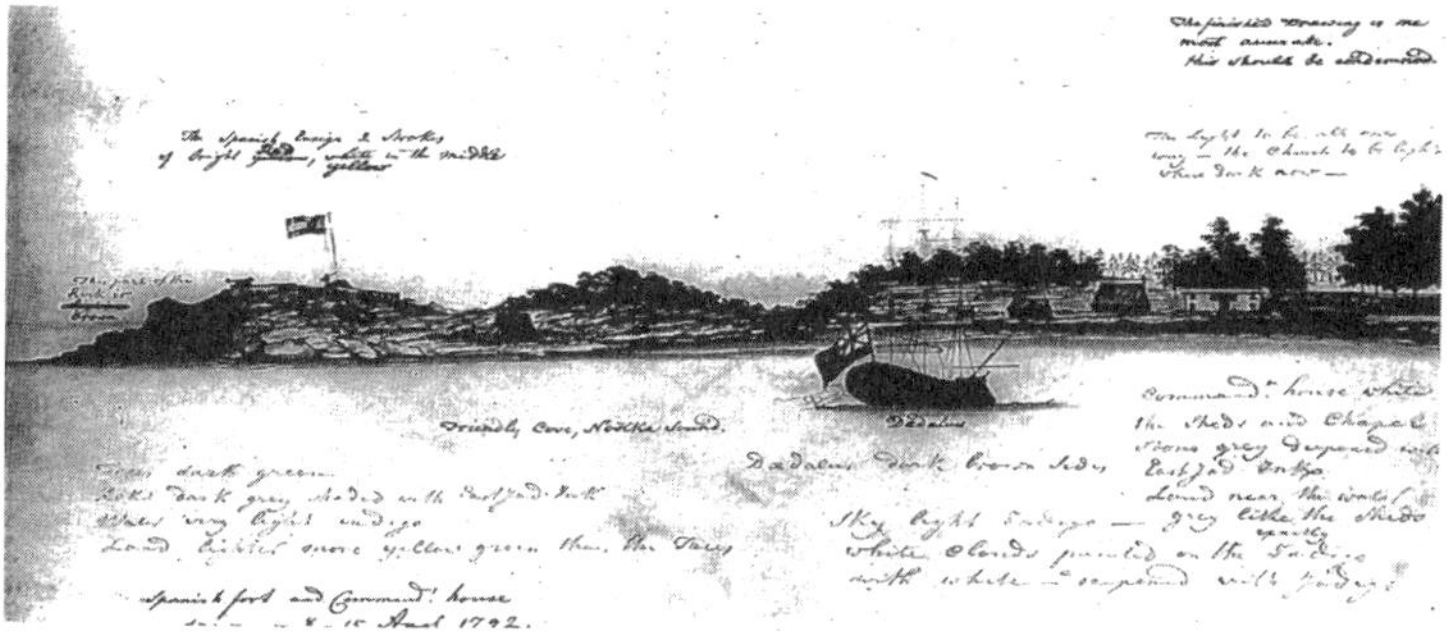

スペイン砦（左端）（Soft Gold）

れてしまったら、一体、どうなるか。すべての処理が後手となってしまうのではないかということ。そうはさせてはならない。そのためにマルチネスは、コルネットを捕まえてスペイン領土の総督のところに送ることに決めたというわけだった。

このため、イギリス人たちは、スペイン軍によって積み荷のほか武器までが奪われて、追い出される形でヌートカを去らねばならなくなった。

この翌日の七月四日はアメリカの独立記念日だった。マルチネスの日記にはケンドリックのことも書かれている。それにしても、スペインとイギリスが国家の意地を賭けたそんな激しい争いをしている最中に、新興のアメリカが割って入って微妙な役割を演じていたとは、何と劇的なことだったものか。そこで自国アメリカの独立を祝う脳天気ともいえるほどの無邪気さが浮かび上がっている。スペイン軍人も、イギリス軍人も、そして驚いたことに捕虜までもを含めて、みんなを平等に船に招待して祝っているところがいかにもアメリカ人らしくて面白い。

「一七八九年七月四日、土曜日
夜明けに合わせて、コロンビア号が一三発の祝砲を発した。イギリスからの独立を記念した祝日だ。彼らは一日中に何回か同数の発砲をした。

正午、ケンドリック船長からの招待を受けた。私が持つ船の乗組員たちだけでなく、従軍牧師たちや捕虜、それにイギリス船アーゴノート号の船員たちも招かれた。

ケンドリックは素晴らしい祝宴を供してくれた。ドン・カルロス三世の健康を祈っての乾杯も何度も行われた。これに応えて、こちらもサン・カルロス号から一三発の祝砲を放ち、サン・ミゲル砦からも同様の砲声が響いた。プリンセッサ号からは撃たせなかった。弾が入っていたからだ。

拿捕していたイギリス船から、今日弾を抜きはじめた。アーゴノート号から下ろさせた大砲、火薬、弾丸、巻き上げ装置などは私のフリゲートに移され、その詳細はリストに書かれた」

アメリカ人たちの快活さに比べて、イギリス船では皆が悲嘆に暮れていた。折角ここまで来たというのに、植民地を作るという大望を見抜かれてスペイン軍に捕まり、ニュースペインまで送られるというのである。船までが奪われているため、操船はスペイン軍人に代わられる。コルネット船長にしても、悔しくないわけはなかった。名誉も誇りもすべて失って、他国に向かわねばならないのだ。

一方、スペイン軍マルチネスの一七八九年七月六日の日記の記載は、こうだ。

「明朗な夜明けだった。大工たちはそれぞれの仕事に励む。私は二隻のランチを送り出して、アーゴノート号に残されていた武器をすべて回収させた。これでその船には何の武器もなくなった」

イギリス人によって定住地建設のために連れて来られた様々な職業の中国人二九人のために、米、塩漬けの牛肉やブタ肉などを載せる。この船は大きくはないから、これに中国人二九人全員を乗せるのは無理だ。マルチネスはアメリカ船「コロンビア号」に、中国人たちを乗せてもらうことを思いつく。コルネットの船に乗っていたからといって、全員をニュー・スペインのサンブラスへ送り届ける必要はない。雇われて乗っていた中国人たちは、マカオへと送り返すのがよかった。それに、ちょうどアメリカ船がそこに向かうのだから、それにて送ってもらおうというのであった。

コルネット船長の悲憤

「アーゴノート号」のコルネット船長がそうなっている中で、同じイギリスの「イフィゲネイア号」の方では、ダグラス船長がマルチネスからの指示を拒絶して、豪胆ぶりを見せている。

彼は、撤退するとしても、自力によってすることを主張した。マルチネスはダグラスに対して、操船は船員たちの中のスペイン支持派の者にとって替わられるべしといい張っていたのに、そうはならなかった。

ダグラスはあくまで主張を曲げずに、そのままハワイ経由でマカオへ行くことにした。その出港にはケンドリックが実質的な援助のほかに、マルチネスを説得したり、なだめたりして、密かにダグラスを助けていたのではなかったろうか。ケンドリックに対し、このあとダグラスが彼への恩義に報いるいくつかの行動を見せることからも、それは十分に推察できる。

一方のコルネット船長の「アーゴノート号」では、最後の最後、いざ出航となった時点になって、さらに一悶着も二悶着も起こす。船に水漏れがあるとわかり、再度の点検ののちに修理が行われている。その修理にも、ケンドリックの部下の大工たちが駆り出されたようだ。

そして七月十一日、いよいよこの日にイギリス船が出港となるはずだったところで、マルチネスに急報が入る。「コルネット船長が水に身を投げて、自殺を試みた」というのだ。キャプテン・クックの航海にも同行していた誇り高き船長のことだ。

報告者の話では、コルネット船長はよほどこの度の失敗を恥としていたようで、前日にも身投げの試みがあったのだという。そして、十一日の早朝になって、失望のあまり、彼は本当に船室の窓からから身を投げたらしい。

その音に気付いた者たちが、すぐに引き上げ、半死半生だった彼をうつ伏せにして水を吐かせ、命はなんとかとりとめたとのこと。結局コルネット船長はマルチネスの個人用特別室に監禁されて、二度とそうしたことを繰り返すことのないように、見張りまでつけられてしまったのだった。

コルネット船長の失意がどれほどのものだったかは想像に難くない。彼は、そこにイギリスの植民地ができた場合には、総督の地位を約束されていたともいわれ、またいずれは太平洋をめぐるイギリスの貿易の中心人物となるはずでもあったからだ。アメリカ大陸東海岸の植民地ニュー・イングランドを失った英国。劣勢挽回を期待をされていた船長のこの地に賭けていた思いとは、それほどのものだったのだ。

七月十四日、午前二時。足止めされていた「アーゴノート号」と「プリンセス・ロイヤル号」の二隻が、ニュー・スペインのサン・ブラスに向けて動き出し、港の岬に向かった。船はイギリス船ながら、操っていたのはスペイン軍人で、コルネット船長たちは船底に鍵で閉じ込められていた。外洋に出るに当たって、船は終日そこで風向きを待った。そしてやっと日没時になって、ヌートカにいる者たちの視界から、船は消えた。

ケンドリックの決断

こうしたイギリスとスペインの騒動を見ていた間にも、ケンドリックの胸には、いくつかの思いが次第に頭をもたげて来ていた。広東へ行き、そこで交易をするという船主との約束を、どう果たせばいいのかということ。それは最初からあった、最も「直接的な」目的だった。しかし、これが果して彼らにとって最も「重要な」任務というものなのかどうかだ。

今、ここアメリカ大陸の北西海岸にいて、ラッコの毛皮を多く集めようとしていることと、地元の先住民と仲良くなり土地の確保を目指すのと、どっちが大事かという比重だ。どちらもが大切といえば大切。問題はどちらを今は優先させるべきなのかだった。これは彼らの航海のやり方に、根本的に係わる重大な問題だった。

そのどちらのためにも、地元先住民の生活に深く密着せねば成功がないのは自明だった。彼が地元モアシャート族の中に入り込んで、まずは彼らの言葉を覚えるよう努力したのもそのためだ。その生活様式を学び、その信条を理解しようと努めたりもした。それにはケンドリック自身が生まれ育ったケープコッド半島での生活が役に立った。あちらでも古くからの先住民が多くいて、生活のあれこれで協力し合った経験がケンドリックにはある。

イギリス人たちはヌートカの先住民モアシャート族を人食い人種と呼んで恐れていたが、ケンドリックは逆に彼らの生活の中に入り込んだのだ。戦いを避け、仲間になろうとする彼のこの態度に、モアシャート族も心を許した。

ところで、ヌートカのあるバンクーバー島というのは、当時はまだ島であることを知る者はなく、アメリカ大陸の「北西海岸」(North West Coast)の一部だと思われていた。それが島であることを発見したのも、実はケンドリックなのであった。

ケンドリックが停泊するためのいい港を求めて水路を奥深く進んでいるうちに、再び海へとへと出たからである。しかし、彼はその発見を息子のお手柄としようとして、自分の功績を隠し、息子の指揮による船を出そうとしているうちに、イギリス人探検家ジョージ・バンクーバー(一七五七

〜九八）に命名の機会を出し抜かれてしまったというのが真相だ。

船を交換する

二隻のアメリカ船に話を戻そう。

ケンドリックの胸に長い間くすぶり続けていた問題に、結論を出すときが来た。ケンドリックとグレイの人生にとっても、そしてアメリカの歴史にとっても、それは最も重要な決定だった。彼らは船を乗り換えることにしたのだ。

それまでは、ケンドリックが二百二十トンの「コロンビア号」に乗り、グレイ船長が九十トンの「レイディ・ワシントン号」に乗っていた。それが、このあとからは、逆にしようということになった。

二人の人生が、明暗を異にするようになったのは、これからだ。ケンドリックにしてみれば、そのまま、自分が終生「レイディ・ワシントン号」に乗り続けることになるとは、想像もしなかっただろう。マカオで再会したあとは、互いに元の船に戻ることをグレイ船長とも約束していたからだ。

どうしてケンドリックは、そんな決定をしたのか。「コロンビア号」をグレイに譲り、自分はなぜ「レイディ・ワシントン号」に移ることにしたのか。その思いつきは、決して理解し難いことではない。それがいい考えだったことは、その時点では明らかだったからだ。

二人の仕事の種類と効率とを考えてみよう。

広東で毛皮を売り、代わりに必要なものを手に入れてボストンに帰るという船主との約束を守るためには、早く毛皮を多量に広東へ持ち込むことが必要だ。これをグレイ船長に任せようというのである。

最も重要だと思える北西海岸での土地確保は、やはり自分がすべきだという判断がケンドリックにはあった。アメリカの将来への足掛かりとなる重大事である。毛皮の方はグレイに任せても、自分はあくまで北西海岸にとどまって、それを果たすことを、自分への任務としたのだった。

出来るだけ多くの毛皮を運ぶには、「コロンビア号」の方が適していたし、海岸地帯を動きまわるのには「レイディ・ワシントン号」がよかった。そうした一時的な効率のために、彼らはそのとき互いに乗る船を交換し合ったのであって、決してそのまま継続的に船を替えていようというのではなかったことは、記憶されねばならない。当然ながら、「レイディ・ワシントン号」もこちらの仕事が済めば、すぐにも広東に向かうわけで、そこでの再会のときに、元通りの船に帰ればいいだけの話だった。それまで集めていた毛皮二千枚ほどが「コロンビア号」に載せられた。そして、ケンドリックはグレイ船長に命じて、広東へと向かわせた。自分もあとから行くから、先にそれらを売っておいてほしいというわけであった。いずれの交渉もがうまくいって、広東で再び合流したあとは、元の船で元気にボストンに戻れれば、いうことはない。それまでは、先ずはそれぞれの目的遂行に励もうというのであった。

先に広東に向かったコロンビア号

二隻の船での航海では、そうした船長たちの一時的な交代劇は、しばしば起こっていたことで、さして異常なことではなかったはずだ。まさかそれが、ロバート・グレイをしてアメリカ初の世界一周の貿易船長として一気に著名にさせるとも、また、ケンドリック船長をしてその後は貧乏クジを引き続けさせることになるとも、当時は誰も気づいていなかった。

先に「コロンビア号」を広東へ行かせるなら行かせるで、早くする必要があった。他国船たちが、どこから、何を、どれだけ運んできているかしれない。季節という問題もある。ともかくも早く行かないことには、通商は不利になるのはわかっている。

グレイ船長としては、さぞかし晴々とした気分になったことだろう。ボストンを出てから、いつもケンドリックに先んじることを考えてきた彼である。これからは、思う存分にそれができるのだ。それも、より大きな「コロンビア号」によってである。彼は早くも功名の甘い香りに酔い始めたに違いない。

「コロンビア号」には、彼らアメリカ船二隻がそれまで集めていた毛皮のすべてが搭載されていたというから、二千枚には達していたはずだったが、のちに判明するところでは、グレイ自身の言い分ではその数は少なく、七百枚を引き受けたことになっている。それについての疑義はのちのちまで彼にまつわって残ることになる。

一七八九年七月三十日、ロバート・グレイが指揮することになった「コロンビア号」は、ヌートカのやや南のクレイオクオート港を出て、広東に向かった。彼と船を交換したケンドリックは、その「レイディ・ワシントン号」から十三発の礼砲を放って見送った。

「コロンビア号」には、およそ三十人の船員が乗っていた。ケンドリック船長の次男ソロモンも乗っていたし、三等航海士で父親が英国の海軍大尉だったハズウェルや、同じくイギリス出身の一等航海士のイングラハムも一緒だった。ケンドリックが息子にどんな言葉を贈ったのか、その記録は残されてはいない。

船には、コルネットに雇われて連れられてきていた中国人も乗っていたことは前にも述べたとおり。その中でも特に海での経験のある者は、船員扱いされている。ただし、中国人は全員がそこにいたのではなくて、グレイ船長よりもケンドリック船長について行くことを希望した者は、「コロンビア号」ではなく、「レイディ・ワシントン号」の乗員となっている。彼らだって、仕事を求めてコルネットの許にあったわけで、仕事になるのなら、どれに乗ってもよかった。そう思ってみると、一七九一年、日本の紀州にやってきた「レイディ・ワシントン号」に乗っていた中国人というのにも、ここからの者もいた可能性がある。

ともあれ、これら中国人をマカオまで送ってもらう代価として、マルチネスはグレイに九六枚の毛皮を渡している。このほかに、マルチネスの勘定として広東で売りさばくことを頼まれた百八十七枚の毛皮も、彼はそこで預かっていた。

慈悲をもって接するケンドリック

「コロンビア号」を見送ったあと、ケンドリックたちは今はバンクーバー島と呼ばれている島の西岸沿いに北上した。どこに、どんないい土地があるのか、それを見極めたいという気持ちがある。各地の先住民と親睦を深める必要もあった。そして、それまでの毛皮をすべて「コロンビア号」に積んでしまったあとは、自分たちが広東へ持ち込む毛皮を、できるだけ多く獲得することも考えねばならなかった。彼は現在のクィーン・シャーロット島（ケンドリックはこれをワシントン島と名づけていた）を回り、ヘカテ海峡を通って海に出、またもやバンクーバー島を通過して、ファン・デ・フカ海峡に停泊した。その懸命の航海で、彼らは数百枚の毛皮を収穫した。結果的に見て、彼がのちに日本に来たときに搭載していた毛皮というのが、このときのものだったということになる。

この時点では、ケンドリックはまだ北西海岸に土地を買ってはいない。しかし重要なのは、それを成功させる素地として、彼が多くの場所で先住民たちの友好を深め、彼らと仲良くなったという事実だ。この時期にケンドリックがここでそれを果たしていたことの意味は大きかった。スペイン軍マルチネスの記録にも、そのことを示唆しているところがある。

「彼（ケンドリック）はいつも先住民たちに慈愛をもって接した。港にいたイギリス人たちもそういい、先住民たちもそれを保証した」（一七八九年九月三十日）

「先住民たちが嫌がらない船長といえば、オーステンデ（注、ベルギー北西部の港町）のフリゲート船『ロンデック号』のボークリー船長と、ボストンからの商隊長であるケンドリック船長のたった二人。スペイン人に好かれているのは、さらに少ない。先住民たちは他の船長たちに対して不満を抱きつづけている」(同)

ところが、そんな友好的な付き合いを先住民との間に持っていたケンドリックにも、思いがけないことが起こるものである。毛皮も相当数集まり、それを「レイディ・ワシントン号」に載せて、東洋へと出帆しようとした折りも折り、突然、一つの事件が発生した。

発端は、衣類などの洗濯物を干していたところ、それを狙った地元先住民に盗まれたことだ。この一件をケンドリックの近くで見ていたホスキンスの語るところを聞いてみよう。

冗談を不名誉とする先住民盗難

『ホスキンスの話(Hoskins'Narrative)』(マサチューセッツ歴史協会編)によればこうである。

「ヒューストン・スチュアート水道にあったとき、『レイディ・ワシントン号』から相当の衣類が先住民によって盗まれた。

ケンドリックは、族長のコーヤとあと一人を捕えた。そして、この二人を大砲にくくりつけた。それぞれの片足を砲筒に突っ込ませ、盗品を返さないと大砲をぶっ放すぞ と脅した。

大砲を放たれては大変。族長の足はもとより、全身が吹っ飛んでしまうと思った先住民たちは、盗んできて隠してあったケンドリックたちの衣類を差し出したが、全部というわけではなかった。返却されていない品物の分として、毛皮で支払ってもよいことをケンドリックが伝えたところ、彼らはその方法に同意。これに意を強くしたケンドリックは、彼らの持っている毛皮を全部買い入れることを提案した」

ケンドリックが捕まえたのは「族長のコーヤとあと一人」とあるが、「あと一人」というのは、コーヤの義父だったようだ。

それよりも私を驚かせるのは、盗みをされた罰としての話であるのに、ケンドリックは非常に紳士的に対応していることだ。大砲にそれぞれの片足を突っ込ませ、盗品を返さないと大砲をぶっ放すぞと脅したというのも、どことなくユーモラスですらあって、のちのイングラハムの評にあるように、ケンドリックは先住民に対し「子供たちに接するような態度で扱っていた」というのもわかる気がする。

要は、厳しい罰を与えるのではなく、冗談まじりの罰則、実質的には何の損害も相手に与えない形で処理しようとしていることは注目していい。先住民たちは盗品のいくらかは返却したが、すべてを返したわけではなかった。その不足部分については、ケンドリックは「毛皮で支払ってくれればいい」という考えを示した。よく読んでみて驚いたのは、ケンドリックはそれらの毛皮についても、「それまでに買ったときの値段と同じ額を彼らに支払った（[Kendrick] paid them the same price he had done for those before purchased.）」ことだ。

つまり、通常の取引と同様の値段で「買って」やったのだ。実質的には何の罰もなく済んだのだから、族長コーヤたちにしてみれば、むしろ彼に感謝して当然だった。ケンドリックは、彼らを罰することで不仲になったりしてはいけないと考えていたものと見える。今後の交易の支障となることは、一切しないでおこうとするケンドリックの意図が見える気がする。

出発に際して株主たちから受けていた「敵の無知につけ込まず、正直な商売をせよ」という要望を思い出していたのかもしれない。彼はこの有利な情況の中にあっても、決して高飛車な商売には出ていないのである。

ただし、実質的には何の罰則もなかったとはいっても、何を恥とするかは人によって異なる。ハイダ族先住民の族長にとっては、大砲に足を突っ込ませられたという不名誉は、代償を支払わされることよりはるかに大きな恥辱と受け取ったようだ。

ケンドリックはそのことにはまったく気づいていなかったが、面目まる潰れにされた首長には、深い心の傷となった。彼らはケンドリックを恨み、後日の復讐を誓った。それが表面化するのは一七九一年秋、日本からこちらに回ってきてからのことである。

第八章　ハワイへ、広東へ

イギリスの激怒

スペイン、イギリス、アメリカそれぞれが、太平洋及びその沿岸における覇権を争っての目まぐるしい動きを見せる時代となった。各国がそれぞれの命運を賭けての日々が続く。

それにしても……と、私が最も不思議にさえ思うのは、そんな大きなことが、ごく少数の人々によって、ここで決められている事実だ。権限を持つのは船長あるいは隊長だが、その数は一握り。そのもとで、それぞれの国の未来に係わる大事業が、わずかの時間差、微妙な駆け引きのアヤで進められていくのを見るのは、恐ろしいばかりだ。

この時点での彼らの次の動きを記しておこう。

折角ヌートカまで行きながら、スペイン軍に逮捕され、捕虜となったコルネット船長たち「アーゴノート号」のイギリス人は、その後どうしたか。

武器も積み荷も奪われ、捕らわれの身となって、足かせをつけたまま船底に幽閉されたというが、彼らは果して無事だったのか。

イギリス人たちは一七八九年八月十五日にニュー・スペイン（メキシコ）のサン・ブラスまで連れられてきた。船はイギリス船だといっても、操作していたのはスペイン船員たちであった。僚船の「プリンセス・ロイヤル号」よりは二週間早い到着であった。ここにはスペイン軍の基地があった。イギリス船員たちの処分は、ここで決められるはずだったのだが、いざ、その段になってみると、何かにつけて厄介なことが起こった。彼らを監禁し、食べさせるだけでも大変なのだ。

一時は自分のあまりの不甲斐なさに、海に飛び込んだコルネット船長も、今はもう落ちついて、じっとしてた。彼への待遇は平水夫たちよりははるかによかったが、食事に関しては、彼も他の者たちと同じで、彼はそれに大不満だった。コルネット船長やダグラス船長たちをマカオからヌートカへ送り出した元イギリス海軍のミヤーズは、彼らの失敗を聞いて、天を仰いで慨嘆した。彼の憤りは大きかった。それはそうだろう。彼にしてみれば、自分が以前北西海岸へ行ったときに苦心して造っていた砦を、コルネットたちが簡単に見捨てたように見える。彼はコルネットたちが、それをさらに強固にしてくれるものを信じていたのだ。近隣の土地も広く確保してくれるだろうという期待もあった。

それが、まったく逆になってしまった。コルネットたちは土地を手にしてもいなかったし、折角の砦までをも失っていた。ラッコの毛皮も、彼らは持っていなかった。他の荷物ともども、すべてスペイン軍に奪われてしまっていたのだ。ミヤーズの魂胆、大きくいえば、イギリスの意図、期待、計画のすべてが抹殺されていた。

このときのコルネットの弁解とも聞こえるいいぐさが残されている。それには、ケンドリックたちアメリカ人に期待する意味の言葉もが含まれていた。

「私たちはアメリカ北西海岸においては、運命に身を任せる以外に何の手段も持たなかった。しかし、イギリスの裁判所は、いずれきっと私たちの正しさを証明してくれると思う。私たちはヌートカでアメリカ人に出会ったが、もしも彼らが中国へ行ったときに証言してくれれば、(スペインの不法行為が)すぐにニュースとなって広まるに違いない」

アメリカ、漁夫の利か

計画の中心人物だったジョン・ミヤーズはこの事態を重く見て、ロンドンに戻った。そしてこの一件を首相に報告した。そのとき彼が特に強く非難したのは、ケンドリックたちアメリカ船がスペイン軍に深く協力していたことだったといわれる。

ケンドリックに対するイギリスの恨み。それが結局は、五年後のケンドリックの予期せざる最期にも連なっていくのだし、「ヌートカ論争」(Nootka Controversy)と呼ばれる紛争をヨーロッパに巻き起こし、戦争の危機まで呼び込むこととなったのだった。

このニュースがイギリスにおいて特に大きな激震を生んだのは当然だった。国全体で、戦争への態勢が取られた。差し当たっての軍備強化のため、十万ポンドの特別予算が組まれ、議会もこれを承認した。上院では王からのメッセージが満場一致で支持された。彼らはプロシア（ドイツ北部にあった旧帝国）とオランダの支持を確保した。

これに対抗してスペインでも国王が詔勅を出した。イギリスがプロシアやオランダの支持を取り付けたとなると、スペインが必要としたのはフランスの協力だ。彼らは急遽、それを獲得して対抗した。スペインでもイギリスでも互いに煽情的な主張が繰り返され、次第にエスカレイトして、一七九〇年秋にはスペイン北部ビスケイの沖で、両軍艦隊が睨み合う事態にまで発展したのだった。ヨーロッパ全体に緊張が走った。実際、世界戦争の危機までが叫ばれた。アイルランドの反イングランド感情を刺激して攻撃させようとの案もあったし、キューバに反英の軍勢を集めようとの考えもあった。

しかし、結局のところ、戦争は最後の段階で回避され、一七九〇年十月二十八日、不安定ながらも彼らは一つの協定に達した。南米にあったスペインの行政機関は最後まで開戦を主張したというが、ともかくもスペインが折れる形で決着を見たのだ。コルネットたちの逮捕・監禁については賠償金で処理するとされ、船は返還された。そして、アメリカ北西海岸での毛皮交易については、イギリスにもスペインにも、共に操業の自由が認められたのだった。ただし、それが実効を得たのは一七九三年二月になってからであった。スペインが払った賠償金は二一万ポンドだった。

こうした交渉が行われていた間は、大陸北西海岸はどの国が特別の権利を持っていたともいえず、誰もが自由に出入りできたから、ケンドリックたちには好都合だった。アメリカ船こそは、その恩恵を最も大きく受けたものだったから、「これはまさに、文字通りの漁夫の利ではないか」などと私は思ってしまったのだが、実はそれは事実ではない。実際にそれから最も大きな利益を得たのは、イギリスだった。

「ヌートカ論争」と呼ばれるこの一件に勝利した形のイギリスは、これに勢いを得て、ジョージ・バンクーバーを隊長とする探検隊を送り出し、太平洋における植民地の開拓へとさらに進んでいったからだ。実際にアメリカ大陸北西海岸におけるイギリスの領土権が認められたのは、アメリカとカナダの国境が四九度とされたあとの一八四九年のことであった。

「コロンビア号」ハワイへ

話をもとに戻さなければならない。

ケンドリックたちに先立って広東を目指したグレイ――。彼は、気分よく航海を続けていたはずだった。彼らがサンドウィッチ諸島（ハワイ）へ着いてからのことは、比較的よくわかっている。彼はそれまで、広東へ早く行き着くことをあれほど熱心に願っていたというのに、ここハワイに着いて、主要な島のあちらこちらを巡っている間に、つい三週間もの長居をしてしまうのである。

いうまでもないことだが、太平洋上のその諸島の存在が広く世界に知られるようになったのは、一七七八年一月十八日のキャプテン・クックの発見によってであった。スポンサーだったサンドイッチ伯爵にちなんで、それはサンドイッチ諸島と名付けられたが、一年後の一七七九年二月十四日、アメリカ大陸西海岸から再びここに戻ったクック船長が、あえなく原住民によって殺されてしまったことはよく知られるとおり。しかし、島々の所在を広く知らしめた役割は大きかった。どの国もこの島々の位置を考えれば、それを手中にしたくなるのは当然だった。スペインも特に熱意を見せていて、ことにあのエステバン・マルチネス自身が深い関心を寄せ、『ハワイ語スペイン語辞典』まで彼は作らせているのであった。ただし、今の話の時点でいえば、やはり、イギリスの方が一歩も二歩もスペインより先行していたといえるだろう。キャプテン・クックの足跡だけをとってみても、他のどの国の何よりも、ハワイにおける足掛かりとしては大きなものとなっていた。

そこへ、新たな国の、新たな船がやって来た。いうまでもなく、アメリカの「コロンビア号」であって、船長はロバート・グレイ。彼らがボストンを出るとき、船主から渡されていたメダルが、島民たちに気前よくばら撒かれている。どうして、そんなことまで知られているのかというと、このあとやって来たイギリス船「マーキュリー号」のジョージ・モーティマー海軍大尉が次のように記録にとどめていたからである。

「このアメリカ人が立ち寄ったところでは、メダルがばら撒かれたようだ。きっと、彼らは地元の人々の記憶にとどめたいと思ったのだろう。それはとてもいい考えだと私は思う。それは今後、発見の航海に出る者に真似される価値を持つものだ」

グレイ船長たちがここで三週間も滞在した理由の一つは、ハワイの女性たちの甘い歓迎だった。食べ物についても、何不自由ない。僅かクギ一本で、豚肉でも果物でも、何でも口にするできる。いや、美しい女性を船に招くことだってできた。たしかに、ハワイは船乗りたちの楽園に違いなかった。彼らはここでの生活で、すっかり気分を休めてしまっていた。

一方、ハワイはハワイで、外国人客を歓待する理由に溢れていた。ここではいま、それぞれの島の王たちによって、ハワイ統一の王に向かっての激しい鍔競り合いが行われていたからだ。彼らが、ここに来航してくる白人に望むのは、第一に銃器であった。飛び道具を持つ方が、戦には決まって勝つのである。白人たちのもたらす飛び道具は、彼らに弓矢からの離脱と、勝利への確証を意味していただろう。そして実際、島々の王たちの勢力争いは、日々激化していた。

グレイ船長のサンドウィッチ島での滞在をバラ色にした背景というのが、まさにそれであった。よほど多くの武器を、彼はここで降ろして彼らに提供していたのだろう。グレイ船長のもてはやされ方が尋常ではないのだ。最後に広東に向かって出港となったとき、「コロンビア号」には百五十頭ものブタが載せられていたことも、彼が島に残してきた物がどれほどのものだったかを物語る。このあとハワイの島々に起こる王たちの激戦に、グレイの寄港が大きな意味を持ったといわれるゆえんである。

ところで、ハワイのあとはというと、もうそれは東洋。マカオと広東だった

マカオ

アメリカ北西海岸を離れてからの計算でいって九週間ののち、「コロンビア号」はポルトガル領のマカオに着いた。慣例とされていたとおり、国旗を掲げ、大砲を放って合図を送った。

ここからは乗船してきた中国人水先人の案内で、広東へ行こうというのである。そこで交易をしたあとは、追いかけてやって来るケンドリックたちの「レイディ・ワシントン号」と合流する約束になっている。ここへ来るまでに、海賊船の出没もあったが、それも無事にくぐり抜けてきた。しかし、まだすっかり安心とはいかない。

ホッポ(Hoppo)と呼ばれる中国人税関吏が乗船してきて、荷を点検し、ポート・チャージ(入港税)四千ドルが徴収された。それが済むと、やっと六五マイル(約一〇四キロ)上流の広東へ行くことになるのだが、外国貿易を取り仕切っている商社は特定の十三社(十二社との説も)のみ。「ホング・マーチャント」と呼ばれたそれら独占企業を通さないでは何ごとも進まないのだった。「ホング」とは「商館」の意味の語である。

だが、新参者のアメリカには、これまでの実績に基づく信頼関係を持つ商社がない。新興国の悲しさだ。そのための通商の窓口になるためにと、先にアメリカから広東へと送り出されていたのが「エムプレス・オブ・チャイナ号」で、それによってサミュエル・ショーとトマス・ランドールの

賑わうマカオの港

二人が駐在となっている。しかし、まだまだ十分な権限を持つには至ってはいない。すぐに頼りにできるものではなく、ヨーロッパの大国たちのようには行かないのであった。

通商には、正規の商社を通さない闇ルートでの取引も、あるにはあった。しかし、それにはつねに危険が付きまとう。手数料や税金などの義務が巧みに避けられる反面、バレれば、よほど手きびしい制裁が課せられるはずだった。

一七八九年十一月二日、グレイたちは広東近くのワンポウワ錨地に着いた。

ここで彼らが最も驚いたのは、そこには実に多くの貿易船が停泊していたことだ。全部で五八隻。そのうちの一四隻がアメリカ船だったことが最も彼らにはショックだった。グレイがケンドリックと共にボストンを出航したあとにアメリカを出て来た船たちだ。それらは北西海岸へは行かず、喜望峰回りで、暖かいインド洋を渡ってここへ来たのだ。毛皮は持ってはいないはずだから、大した交易品は持っていなかろう。

ただし、安心は禁物。アメリカ船以外の外国船がたくさん停泊しているのだ。オランダの国旗を掲げているのが五隻。オランダ東インド会社の船だ。フランス船、デンマーク船が各一隻。残りはすべてイギリス船であった。イギリスの貿易船には護衛艦がついている。彼らの威力はまさに驚くべきものだった。

イギリス船のなかにはアメリカ北西海岸から来たものがあるかもしれなかった。ボンベイから来たのもあったし、マドラス、ベンガルからも来ていた。バタビアから香料を運んできた船もあった。大きな船の回りを目まぐるしく走り回るのは、中国人たちの小舟だ。三板平底船もあれば、艀《はしけ》もある。税関の船に運搬船……盗難監視や密貿易に目を光らせる当局の船などなどで溢れていた。

ただ、もうここまで来てしまえば、あとは辛抱強く順番を待つのみ。広東貿易で最も必要だとされている「忍耐力」が試されるときと観念し、グレイたちもひたすらここで待機を続けることになる。商売が済むころには、ケンドリックたちの「レイディ・ワシントン号」もやって来るだろう。

ケンドリックもハワイを目指す

この時期、ケンドリックはどうしていたか。

「コロンビア号」が去ったあとは、彼らは北へ移動して毛皮を集めながらも、同時に目ぼしい土地を物色していたのは先に述べたとおり。彼は今のアラスカとの境界辺りにまで行った。毛皮はかなり集めた。土地についても、ある程度の目安はつけた。お目当ての先住民首長たちとの接触によって、互いに信頼を深めることができた。

一七八九年十月、スペイン軍司令官マルチネスとの別れに際して、ケンドリックは次に再びここへ戻ってきたときのことについて、彼と約束した。つまり、次に来たときにも、これまでと同様に滞在を許可され、毛皮を集めたりできる権利を保証するというものであった。

「そうしてもいいよ」とマルチネスはそれを約束してくれた。「ただし、条件がある」とマルチネスはいって、二つを挙げた。一つは、「スペインの公式のパスポートをつねに携帯していること」というもの。別段それには異議はないので、ケンドリックは「必ずそうします」と答た。

マルチネスはさらにもう一言、条件を出した。

「ミサの儀式に用いる祭壇の装飾を二組、マカオで買ってきてほしい。そして、それに加え、私と私の部下の上級船員たちのために、ブーツを七足買ってきてほしい」

これにもケンドリックは同意した。航海は楽なものではなかった。発達した計器もなく、甲板が全長で十八メートルほどの小さな木造帆船は、常に危険と背中合わせだった。動力はいうまでもなく潮流と風力のみ。それにて大海を渡るのである。船長の任務はきわめて重大だった。サイクロンもあれば嵐もあった。船の傷みに、船員たちを襲う病気もある。おまけに、ラッコの毛皮というのは、特に管理のむずかしいものだった。波をかぶると、品質が極端に落ちる。それを防ぐために、それらはきっちりした木箱に百枚づつ詰め込まれていた。害虫からも守る必要があって、箱詰めの前にはきれいに洗い清められていた。

その毛皮というのも、自分たちのものばかりでなく、スペイン軍マルチネスからの預かり分がここにもあるのだ。加えて、船に修理すべき箇所が多く出てきた。嵐で受けた打撃のあとを、十分には直してはいなかったのだ。以前、ケンドリックはマストを二本にしようと試みたこともあったが、実際にはまだそれは達成されてはいない。

戦闘禁止の間に

船中の部下たちは、誰もが気分よく働いた。ケンドリックにとって、気心の知れた者ばかりだ。一等航海士船員ロバート・D・クーリッジ、船員ジョン・コーディス、船員トマス・フォスター、船員ジョン・マッケイ、船員サミュエル・トーマス、鉄工ジョナサン・バーバー、大工アイザック・リドラー、縫帆工ウィリアム・ボウルズ、砲手ジェイムズ・クロフォード、樽職人ロバート・グリーン、これらのほかに、名前がわからないが、十人が乗っていて、ケンドリック自身を加えると、全部で二十一名だった。

こうした構成人員で、彼ら「レイディ・ワシントン号」もまた、なんとか無事にハワイにやって来る。折りもよく、十月からは「マカヒキ」の時期が始まっていた。

「マカヒキ」とは、戦闘が禁止されている四か月のことを指す。島を出て水平線の彼方まで航海したとされる古代の神ロノを讃える聖なる時だ。「マカヒキ」とは、日本語の「幕引き」に似ていて、戦闘停止を指していたというのも奇妙な一致だ。

戦闘が止められる時期だとなると、なるほど、ここには話に聞いた「サンドイッチ島の悦楽」が、その話のままにあった。

港に入ると、褐色の肌の女性たちがカヌーに乗ってやって来た。生まれたままの姿の者もいれば、短い草を腰につけただけの者もいる。男たちのどんな要求をも、すぐにも受け入れようというのだ。長い髪を花で飾っているのは未婚の女性たちだった。前歯を取っていたのは、戦闘で主人か恋人を失った者たちだった。前歯を欠いていたのは、彼らへの追悼の意味だったらしい。こうした前歯のない女性たちは、権力のある者、強き者に向かって、特に熱心に言い寄ってきたようだ。

いまは皆が武器を置き、平和に暮らしている風があるとはいっても、それは次なる戦いの準備の時でもあったことは忘れてはならない。戦いは、一時的に「止め」られているだけで、その期間が済めば、再び戦闘は開始されるのだ。

ここハワイ島では、そのつい数年前まで、卓越した王カラニオプウによって統治されていたが、いま彼は死の床にあった。彼は後継者として息子のキワラオを指名し、軍の司令官として甥のカメハメハの名を挙げた。カメハメハはこのとき三十歳。ハワイ島にあって王カラニオプウの薫陶を受け、信仰、航海、統治、戦闘の各分野で優れていて、並びなき支配者となる定めを持つ男だった。いずれはハワイ諸島の統一の王となることをカメハメハ自身も目指していたが、当面のライバルとしてカヒキリがいる。カヒキリはマウイ島、オワフ島、ラナイ島を支配し、カウアイ島の支配権も、腹違いの弟カエオクラニと共に保有していた。

カメハメハ軍としては、海を渡ってやってくる白人たちから、銃や弾薬だけでなく、大砲も、船も買い入れたいと思っていた。ケンドリックの以前にここに着いたグレイ船長にも彼らは近づいて、武器の提供を受けた。カメハメハにしてみれば、どの国の人でもいいのだ。銃なり、大砲なり，船なりを、望むままに提供してくれる人があればいいのだ。ハワイ諸島へはさまざまな国から船が来る。イギリスやスペインだけではない。フランスも、オランダも、ポルトガルも次々に船を送ってくる。利害が合えば、カメハメハは誰とだって手を結び、自軍の進撃の糧とするだろう。たまたま時を得た協力態勢が、そのままにハワイの、いや太平洋の今後に決定的な状況を生み出すのである。何が危険といって、これほど危険な話はなかった。

白檀

ケンドリックもハワイの王たちの抗争に結果的に関わりを持つことになるのだが、もともと彼はそれに関心があるのではなかった。

ケンドリックがここの島々の中でも、上陸してもっとも大きく関心を寄せたのは、ニイハウ島でのことだった。白檀の木が多く野生しているのを見たからだ。利用価値の高いこの芳しい木材は、中国やインドで珍重され、貴重品といってよかった。その得も言われぬ芳香は宗教的儀式には不可欠だった。仏像に使われる材木としても、それは最高。ほかにも小箱、扇子、装飾品に使われ、化粧品、香水にも必要とされた。芳香はその樹液から来るものだった。中国本土にはないとされるその木が、ここには豊富に自生しているのだ。

おまけに、まだハワイの島民たちはまだそのことに気づいてはいなさそうなのだ。いまのうちにこの木材を多く確保することが出来れば、貿易において大成功が得られることは間違いなし。わざわざアメリカ東海岸から北西海岸へ行ってラッコを収穫する必要など、白檀があれば、なくなってしまう！

ケンドリックは早くもその夢にとりつかれた。カウアイ島へ行っても白檀はあった。

一説では、ハワイの白檀のことを彼に教えたのはダグラス船長であって、ケンドリックの方が一年あとだったともいわれるが、そんな有望な話をアメリカ人のケンドリックに彼が漏らしていたとなると、やはり余程の友情に彼らは結ばれていたということになるのか。今でも白檀に関しては、それを貿易品として見い出したのは、ダグラスだとする説と、ケンドリック説とに分かれる。

ともあれ、ケンドリックがハワイに来て見た白檀に興奮した。「将来、大金持ちになる自分を想像さえした」とのことだから、なみなみならぬ前途への確信だった。ケンドリックがそこで初めてその存在を「偶然に知った」とする逸話にもいくつかの異説があって、その一つは、ある女性が薪《たきぎ》として持ってきていたのを燃やしたところ、突然、思いもよらぬ芳香が漂ったことから、ケンドリックが気づいたという話になっている。

いずれにせよ、これを滅多にない幸運と見た彼は、そのチャンスに乗ろうとした。おまけに、ここには真珠が豊富にある。こんな結構なことはない。彼はすぐに決断した。少ない乗組員の中から、わざわざ三人を選んで、島に残すことにしたのだ。「帰路には必ず立ち寄るから、それまでに、白檀と真珠を出来るだけ多く集めておいてほしい」というものだった。ニイハウ島でそれを済ましたあとは、カウアイ島に移ってそれを続けておくようにとの指示も出した。それがうまくいくのなら、この島に拠点としての居留地を作る気持ちも、ケンドリックには起きていただろう。

三人を選ぶという話に際して、希望する者は多かった。楽園と見たこの島にとどまりたいというのだ。しかし、その任務は並のものではなかった。これまでの世界とはまったく違うところで、一から生活を創造し、外敵を防ぎつつ、白檀と真珠を集めておくという仕事を進めねばならない。仕事場設営から戦闘まで、あらゆる必要に対処しなければならないのだ。

適任者としてケンドリックが思いついたのは、まず大工のアイザック・リドラーだった。彼なら、屑鉄から道具を作り、木こりも釣りもでき、交易も戦闘もできる。幸い、彼はその仕事を引き受けることに大賛成だった。ボストンに妻子を残してきてはいたものの、ケンドリックの語る未来像に心を奪われ、喜んでその任務を引き受けた。

彼のほかに島に残ることになったのは、船員ジョン・マッケイと同じく船員のサミュエル・トーマス。彼らも任務の重大さは十分に理解した上での残留であった。

希望に燃える母国

ケンドリックたちが太平洋を股にかけて連日新しい挑戦を続けていたとき、母港ボストンの辺りでは、彼らの船主であるジョセフ・バレルたちも新興国家アメリカの成立に大きな支援の働きを示していた。前年には合衆国憲法ができたばかり、そして、この年（一七八九年）には第一回大統領選挙があったばかりであった。初代アメリカ大統領として、ジョージ・ワシントンが四月三十日に就任式を行った。ワシントン大統領は直ちに、ニューイングランド一帯への行脚に出た。合衆国となった十三州を巡ろうというのである。独立戦争の傷痕は、まだ各地にあり、混乱も続いていた。経済不況は特に北部で深刻な様相を呈していた。

このとき、ボストンを中心としたニューイングランド各地への大統領の視察旅行を仕切ったのが、ほかでもないケンドリックたちを航海に送り出したジョセフ・バレルだった。軍隊を迎えての式典を初めとして、ボストンでの歓待を計画する三人の委員の一人として、彼は指導的な役割を演じた。州都ボストンに次ぐ第二の都市ウスターまで馬車で大統領を案内したのも彼であった。ケンドリックたちの航海をアメリカの将来への展望と結びつけて大統領と語り合ったといわれるのが、このときのことだ。

大統領は「コロンビア号」「レイディ・ワシントン号」の出航を記念するメダルも受け取っていた。第一、アメリカの経済状態からして、ケンドリックたちの貿易に彼は大きな関心と期待が寄せていたに違いなかった。

『アメリカ史「読む」年表事典』(原書房)によると、当時のアメリカ合衆国の外国積務は元金で一〇〇七万三〇七ドル、未払い利子が一六四万七一ドルで、合計一一七一万三七八ドルであった。フランスからの借款がそのうちの三分の二、約三分の一がオランダからであり、スペインの債務も一七万余あったとある。

ケンドリックたちの貿易ルートの発見に、アメリカがいかに期待していたかがわかろうというものだ。もともと、ジョージ・ワシントンはトマス・ジェファソンと同様、「オープン・ポート」(外国通商を開いている港)に賛成で、自由貿易論者だった。人口の急激な増加が見込まれるアメリカ合衆国は、そうでなければならないと考えていた。だからこそ、彼はジョセフ・バレルから出航記念のメダルをもらったときに、こう述べていたのだ。

「いずれ遠からず、貿易品目も拡大され、このアメリカの行う交易が世界の至るところで大歓迎される日が、きっとやって来るだろう」

マカオのケンドリック

そんな本国の期待を、ケンドリックが知らなかったはずはない。貿易の効率を考えて、グレイ船長に先に「コロンビア号」で広東へ行かせたのも、そのためだったと見ていい。そして、今、彼自身が明るい夢を胸にハワイを出て、一七九〇年一月二十六日、マカオ錨地へとやって来た。もうここまで来れば、広東もつい目と鼻の先。「レイディ・ワシントン号」もいよいよ広東に接触するところまでやってきたのだ。

一五五七年以来、ポルトガルの領土となっているところだ。中国大陸南端の珠江河口に位置する半島の先、二つの高い門扉で守られた堤道で本土とつながっている。岸には地中海風の建物が並んでいた。背後には険しい山が聳えていて、そこには家々の屋根が連なっていた。そこから湾の奥に入り、パール・リバーを三十マイルばかり上ればワンポーワという湾がある。先発の「コロンビア号」は、今そこにいる。

ボストンを出て以来、ほぼ二年半が過ぎていた。すべては、この地で通商を行なうための努力であった。日本への立ち寄りのことも、もちろん計画の中にはあったが、まずは中国、広東での交渉が先だとの考えがあった。

マカオに着いたケンドリックは、早速、先に送り出していたグレイ船長へ連絡した。彼からの返事が来た。彼らは前年の十一月十六日に広東に到着していた。ケンドリックへの連絡文にはこんなことが記されていた。内容不明のところもあるが全文を引用する。

「一七九〇年一月二十九日、広東にて

ケンドリック船長へ

マカオへの無事のご到着を心からお慶び申し上げます。ただし、残念ながら、私たちの仕事がこのうえなく厄介な困難にぶち当たっていることをお伝えせねばなりません。

私たちが船荷を任せたランドール氏は、貴殿が運んできた荷の取引を行なうことを、固く拒絶しています。彼は大きな船に荷を積んだばかりで、いつそれを出航させてもいいのですが、まだ私たちの積荷の処理が済んでいなくて、船を出せないのです。私たちは輸送箱六百個分の茶をすでに船に積み込んでいまして、毛皮売買証明書が税関吏から届き次第、アメリカに向かって出発するつもりでいます。

私は、貴殿がその荷をマッキンタイア氏に委ねられることをお薦めします。氏は貴殿の持っている毛皮の、質と数量に関するリストを求めています。同時に彼は、貴殿に対し次の指示があるまでマカオ錨地で待っているようにと申しておられます。

もしも天候が悪くなり、ダーティ・バター・ベイ(注▼マカオの南西十マイルほどのところにある湾。ラークスベイのこと)に入りたいときは、ブルーシズ氏にその旨申し込んでからにしてください。税関にいるアッポ(注▼「ホッポ＝税関吏」のことか)が水先案内を務めてくれることになっています。ただし、そこへ行ったら、一層の用心をして下さい。盗賊たちの乗った船が、何隻かそこにはあるでしょうから。

さらにもう一つ、お知らせ頂きたいのは、ここで貴殿はアメリカ向けの荷を積むおつもりなのか、アメリカ北西海岸に戻るご予定なのか、あるいは船を売ってしまうとお考えなのかどうかということです。それが分かれば、次の手紙でもっとはっきりしたアドバイスを貴殿にお伝えできると思うのです。

私どもの一人をすぐにも貴殿のところへと参上させてもよかったのですが、この国で行なわれている商取引のむずかしさや煩雑さは大変なもので、自分たちで画策していては、船まで彼らの手中に巻き込まれてしまうことになり兼ねません。私たちの出発時刻は、次の手紙でお知らせできると思います。貴殿とはそちらでお会いすることを楽しみにしております。

以前から貴殿にお話ししていましたあの中国人ブローカーが、二、三週間分の日用品をツケで貴殿の許にお届けするはずです。現在のところ私共にできることといったら、それが精一杯です。

毛皮の値段は、ヤミで売って五十ドルから七十ドルといったところ。ただし、ヤミ売りには危険がつきものです。貴殿の持っている毛皮を見るために男を一人送ろうかといっている商人がいることはいます。もしもその男が貴殿の荷を気に入れば、彼はその場でそっくり買い入れるでしょう。

もしもその男が行くときには、私たちからの手紙と船主たちからとの二通を持って行くはずです。できるだけの援助はいたします。レイディ・ワシントン号の皆様によろしくお伝えください。

敬具
ロバート・グレイ

第九章　広東貿易

襲いかかる難題

ケンドリック船長がこの手紙を受け取ったとき、どんな気持ちだったろうか。「落胆」よりも、むしろ「意外」の感を持ったのではないか。長い月日をかけ、多くの労力を捧げて、やっと到着した東洋であった。彼に託されていた多くの期待を、彼は思い出さないわけにはいかなかったろうし、みずからの野心のたぎりに悩まないわけはなかっただろう。

ここで予定どおりに事が運び、毛皮を高く売ることができれば、すべてはうまくいくのだ。白檀貿易の見通しだって、そこから立とうというものだった。その目的の実現に向かって素早く行動できるときを、今か今かと待っていたところに、この手紙である。目的の広東へは、あとわずか。それでいて、ここで足踏みとは――。

グレイとは広東で会うこともならず、マカオ錨地で待っていなければならないというのが情けなかった。日用品調達の手はずをすることくらいしか援助できないといっているグレイ船長の言葉に、新参者アメリカ船が広東で受けている苦労が溢れていた。

グレイの手紙はケンドリックには十分厳しいものではあったが、まだ広東貿易のことを十分に説明したものともいえなかった。事実はもっともっと複雑にして安心がならないものだったからだ。

ケンドリックにはひどくまどろっこしく見えることではあったが、一般的にいって、広東貿易をしようと毛皮をもってマカオまで来た者が、まずはパール・リバーを少し奥に入ったワンポーワ錨地に船を着けるのは、普通のやり方だった。ホッポと呼ばれる税官吏が船に乗り込んできて、荷物の重量を計るのも、いつものこと。そして彼らの案内で広東へ行くことになるのであって、すべてを役人に任せなければならず、自分勝手なことは許されない。それ以外の方法はないのであった。

一帯の海賊は強力なので、それにも気をつけねばならなかった。特にパール・リバーの川口には、海賊がいつも待ち構えているありさまだった。彼らは二百トン級の船に百人から百五十人もが乗り、獲物と見たものを急襲する。大砲も十門から二十門を搭載していたといわれる。二百トン級といえば、「コロンビア号」クラスのものだ。それがどれほどの数あったというのか。

参考になるのは一八〇四年の統計で、マカオから広東までの間にあったとされる海賊船の数が約四百。海賊の人数は約八万とある。彼らはときには広東の外国商館を襲うこともあった。これに立ち向うことが出来たのは、独占的特許会社東インド商会のイギリス船くらいのものだったといわれる。この会社は特別で、船も大きかったし、人員も豊富。武器も豊かに持っていた。海賊なんかものともせず、逆に彼らを懲らしめたらしい。しかし、まだ生まれたばかりの国アメリカの交易船なんて、それに比べれば、児戯に等しいものだった。

これらのイギリス船やフランス船を、アメリカ人たちが海賊に対する以上に恐れている例もある。アメリカ東部からここ広東にやって来るアメリカ船が急増していることを快く思わない彼らは、ことある毎に圧力を掛けてきたからだ。彼らを怒らせないよう、アメリカ人たちはいろいろ気を遣ったようだ。イギリス東インド会社の船長たちは、ここで自社の船員が逃亡した場合、独自に捜査を展開する権限まで持っていたから、これをもとに、彼らは他国の船にも乗り込んでくることがあった。もしも彼らが、新たに入港してきたアメリカ船に関して厳しくチェックしようと思えば、彼らは容易にそれをすることできた。いい替えれば、彼らは何だって、気の向くままにすることができたというわけだ。

取引の苦心

広東で船から下ろされた商品は、独占企業十三社のどれかの倉庫に収められる。そのための建物が、水際から郊外にまで続く長く続いていた。そこでは何と、八十万人から九十万もの人々が生活していたというから大変だ(Gibson, Otter Skins & Boston Ships)。多くは国内輸送、海外貿易に係わる人たちだった。

建物はたいていが三階建て。一階が倉庫や事務所で、二階が食堂など、三階が寝室で、船の上乗

広東への入港待ちする多くの船（Peabody Museum）

り人、従業員、それに客人たちもここで宿泊できた。しかし、乞食も多く、浮浪人、物売りも周辺に溢れていて、盗難が頻発していた。毛皮の交易には、帰りの荷を何にするかという問題が重要だ。ここで騙されないことが重要だった。それにはまず、慣れていなければならないのが、言葉。

広東商人たちの使う英語というのが、本物とは相当に違った「ピジン・イングリッシュ」(pidgin English)で、要するに彼ら独自のブロークンなものだった。英語、ポルトガル語、中国語の混成語で、ときにインドの言語の要素も入っている。それを中国語文法の構文に乗せて、単調な言い方で発音されるから、外国人にはとてもわかりにくい。英語のようでいて、そうではないのだ。しかも、これはあくまでも話し言葉であって、書き言葉ではないから、確認がむずかしかった。

取引のやり方というのも、直截なアメリカ人には苦手だったようだ。手早く話を決めるのではなく、ゆっくりと時間をかける。交渉には辛抱がいる。当然ながら、市場に流入する商品の量に応じて価格は常に揺れ動くのに、彼らはのんびり、じっくり、急かず、焦らず対処する。

それでも、まだ相手が正直率直で、信頼できるというのなら、時間をかけてもいい。ところが、実際には最下層の商人から高位の役人まで、多くが不正と腐敗に取りつかれているのだった。商品の品質のごまかし、重量のイカサマは日常茶飯事。隠しドアを使ってのインチキもある。茶を売るときには、見本としては極上のものを見せておいて、すぐにそれを足元の穴に落として別のもので埋め合わせる技術も彼らにはあった。

アメリカ船でも、目方で買った鶏やアヒルの腹の中がジャリで一杯だったり、豚の胃袋が水で満杯だったしたことがあった。豚には事前に塩をたっぷり舐めさせておくという周到さだったとか。

「コロンビア号」の一等航海士ジョン・ボイトは、立派な商人も中国にはいることを認めながらも、下層の商売人たちの酷さに対し、悔しまぎれにこう記している(Howay, *Voyages of Columbia*)。


「パール・リバーの下層中国人商人ほど完璧にイカサマの技術を駆使できる者に、私たちは出会ったことがない。この航海で出会ったどのアメリカ先住民にも、そんな者はいなかった」

「中国商人というのは、とても商売に熱心で、計算も鋭い。商売のすべてを飲み込んでいる。彼らが『お買い得だよ』というときには、特に注意しなければならない。品質でのゴマカシがないときでも、数量が違っているかもしれないからだ。約束どおりにしない場合があり、(それを防ぐには)あなた自身をより鋭く見せる以外になく、(もしもだまされたときには)商売のやり方を一つ、広東で教えてもらったとして、自分を慰めるしかない。たとえ彼らが騙しをしたくても、そうはさせないようにするのが、あなたの務めということになる」

グレイからの忠告

船に乗り込んでくる役人たちがまた厄介だった。機会ある毎に手数料、税金を取り立て、贈答品、ワイロを要求する。本人だけでなく、それぞれの家族の分もほしがるのだから大変な額になる。おまけに、相手はコロコロ変わる。これでは、いっそ密輸でもするほうがずっとマシだと考える者が出るのも当然だった。

買弁(取引交渉に当たる中国人)や通訳、倉庫の係員に対しても同じことをせねばならなかった。悩みはそんなことばかりではなかった。泥棒も多かったことは先にも出たとおりだ。先着していたグレイ船長がケンドリックに出した手紙にも、いち早く忠告しているところがある。

一七九〇年一月三十日の手紙の中の文句にこんなのがあった。

「しかしながら、船長、もしも貴殿が金をそこで(広東で)得ることを選択されるなら、それも確かに一つの手ではありますが、私たちが御忠告申し上げたいのは、船にて金を運ぶことの危険性です。その方法はとても危ない。なぜなら、泥棒行為が実に頻繁に行なわれているからです」

「商売は公正にやれ」「相手の無知に付け込むな」とケンドリックに念を押していたボストンの船主たちと、何という違いだったろうか。もちろん、中国の誰もがそうだったというのではなく、高潔な人もいたのだろうが、外国から行った人たちに、決して親切とはいえない対応で迎える人たちが多くいたことは事実だろう。

それでなくても、ケンドリックは焦っていた。そのままマカオでゆっくりと停泊してあとの指示を待つという気にはなれないのである。早く荷を売る必要があったし、船の修理もあった。彼は広東へ行き着くことをあくまでも求めた。

そこへ、グレイ船長からの再度の手紙である。

「一七九〇年一月四日、広東にて

ケンドリック船長殿

こちらでの噂では、貴殿はそこから当地へ来ようとしておられるとか。

ぜひ知っておいていただきたいのは、シーズンがこうも遅くなってしまっては、はかり知れぬほどの苦労を味わなくてはいけないということ。いや、それだけでなく、たとえ毛皮を売ることができたとしても、本来の価値の三分の一も金は得られないだろうということ。一度ここへ来てしまったら、彼らの思うがままの値段でしか毛皮取引はできません。仮に時季がこれほど遅すぎていなくても、荷を積み直して再び出航して行くことなどできません。
あくまでも、そのままそこにとどまっていてください。いずれそのうちに、貴殿の荷を引き受ける商人たちが出てくることもあるでしょうし、貴殿の必要な日用品など提供してくれるでしょうから。この手紙に書きましたことは、ダグラス船長の意見でもあり、貴殿の幸を祈るすべての者の願いでもあることを申し添えます。草々。

ロバート・グレイ」

密輸者たちの港へ

グレイ船長が、わざわざイギリス船のダグラス船長の同意を書き添えているのにも、深い意味があったのかもしれない。ともかく、ケンドリックが広東に来ることには誰もが反対しているのだということを強調したかったのだろう。

結局、ケンドリックはこの地で予想外に長い時間を過ごすことになった。中国側が敷いている慣行には、うんざりであった。その独善的なことには限りはなく、合理性も何もあったものではなかった。広東が持つ独自性がその根底にあった。

中国の茶や香辛料などを欲しがる外国人に交易を許しているのは、ここ広東だけだという独占性が問題だった。当然、そこにいろんな利権が、極端な形で集中していた。モンゴルを併合して、彼らが人口を増加させていたという事情のほかにも、シルクロードによるキャラバン隊で、遠くローマにも通じている有利さがあった。

そんな広東の商業を取り仕切っていたのが、先述のとおり、一握りの独占商社。そうしたことによる腐敗は、どこのどの社会にもあるが、ここでは役人たちの堕落が加わり、さらに一般民間人の不道徳が重なっていた。ケンドリックは中国での取引に早くも絶望した。古く、そして不合理なこでの通商の慣習に、彼は怒った。そして、独自の方法で立ち向かおうとした。

彼はパール・リバーを上るのをやめた。そして、三日間の停泊ののちに、少し南のダーティ・バター・ベイ（ラークス・ベイ）と呼ばれる港へと船を移した。そこは「密輸者たちの港」と陰で呼ばれている危険な港である。費用を削るには、それしかない。

中国人のやり方が、彼にはどうにも許せなかった。いいなりになっていると、停泊に六千ドルが掛かり、さらに、その他の費用に約四千ドルは掛かる。そしてその上に、賄賂などにどれほどかかるかしれない。彼が運んできた積み荷は、ラッコの皮五百枚ほどと鉄と銅を少々。白檀や真珠などハワイの産物の見本も少しはあったろうが、大したものではない。うまく売ったとしても、全部で一万千ドルほどだろう。彼らの要求を一々受けてなんかいられるかという思いがあった。

ダーティ・バター・ベイへ船を移した彼は、すぐにその窮状を訴えて、グレイ船長に書き送った。

「あるポルトガル人商人は、このスループ型帆船（レイディ・ワシントン号のこと）を買いたいと、しきりにいってきている。その申し出に私が応じるとしても、それは私が持ってきた毛皮を売り捌いたあとのことになるだろうし、貴殿より広東での通商の勘定書を受け取ってからの話にする。

こちらの毛皮の説明をマッキンタイア氏に伝えて頂きたい。完全な形のものが三百二十枚。衣類となっているもの六十枚。切れ端となっているものが、大小あわせて百五十枚ばかり。品質は、私の判断でいうと、これまでアメリカ北西部海岸から運ばれてきたものと同等だ。何人かの中国人商人たちが、積荷を全部まとめて買いたいと申し入れてきているが、マッキンタイア氏がここ二、三日のうちにこちらまで来てくれるのかどうかを知るまでは、荷は売らないつもりだ。もしも氏が来ないとあらば一番の高値をつけたところに売る予定。

次の手紙で、貴殿の積荷の勘定についての報告と、茶の品質や値段の説明、及びどれだけの量があれば積荷として十分なものになるのか等の説明を頂きたい。同時に、索類、帆布など広東で調達することが可能かどうか、またアメリカ北西海岸へ持ち帰り交易を行なうのに何が適しているか、それに伴う費用はどれほどかについてもご通知頂きたい。

錨地では風に吹きさらされてばかりいたが、こちらに来て三日目にダーティ・バター・ベイへと停泊所を変えた。私たちは安全に係留されているが、とても淋しい。

追伸

毛皮にかかる税金のことや、一級品の毛皮と交換して釣り合うものは一体何なのかについての貴殿の意見を送って頂きたし。当方の帆船は、今や帆も帆桁もすっかりボロボロになっている。

ジョン・ケンドリック」

振りかかる災難

グレイ船長の「コロンビア号」には、二千枚以上の毛皮があったから、広東へ行くまでの費用を払っても少しは利益が残る計算が成り立ったが、ケンドリックの場合には、それは無理。現地の習慣に背く方法まで考えざるを得なかった。予定が狂えば、次々に不都合が起こるもので、このあと彼は思わぬ災難に立て続けに見舞われる。その最初は激しい発熱だった。

ハズウェルの話から引用する。

「レイディ・ワシントン号は、ワシントン島(クイーン・シャーロット島)を回って航海し、その間に多くの毛皮を集めて、コロンビア号と同じ航路をとって中国へやって来た。一月中旬、ポルトガル領マカオに着いたあと、彼らはラークスベイ(ダーティ・バター・ベイ)へ船を持っていくことにした。ワムポウアに船を入れると不必要な費用が掛かることを考えてのことだった。積荷がそう高く売れるわけではなかった。しかし、その港へ着いた直後、彼ケンドリックは激しい発熱に襲われた。一時はその生命までもが絶望的とされるものであった」

熱は、いずれは去るものであった。それよりもっと重大だったのは、彼が当局に逮捕されてしまったことだ。彼が船を停めた「密輸者たちの港」は、もちろん違法の場所。彼はここに船を入れただけではない。上陸までしたのだから逮捕は無理もなく、彼はすぐに留置場行きとなった。

ハズウェルの話の続きを聞こう。

「彼はまた中国人たちから、ありとあらゆる妨害を受けたとのこと。前ポルトガル総督は彼を助けてくれるほど親しくはなく、むしろ、逆に彼につらく当たったらしい。マカオのケンドリックの家(注▼「密輸者たちの港」から上陸して、彼が一時的に使っていたもの)は、バラバラに壊され、日用品の供給はストップされた。彼は路上で警備隊の兵士たちに捕えられ、二度と来ることのないようにと厳命された。停めてあった船にやっとの思いで飛び乗って、自船に逃げ帰っただという。ちょうど新任としてやってきたポルトガル総督が助けてくれたからよかったものの、そうでなければ、とうてい逃げられはしなかっただろうということだ」

そんな彼に、さらに手厳しい一件が起きる。マカオでの災難の最後として、それは彼には最も手痛い結果を伴うものとなった。

グレイ船長の言い訳

グレイ船長の造反であった。

ケンドリックはマカオで、グレイ船長の「コロンビア号」が来るのを待っていた。広東で通商を終えたあと、二人は出会って一緒に帰国する約束になっている。

そのグレイ船長がどうしたというのか。

彼はケンドリックとの再会を果たすこともなく、あえてそれを避けて、一人で帰路についたのだ。ケンドリックにとって、ここで受けた最も大きな災難というのが、このグレイ船長の離反だった。

もちろん、グレイはケンドリックとの再会の場所を知っていた。ケンドリックがそこでひたすら待っていること承知の上である。それていて、グレイはケンドリックのすぐ近くにまで船を進めながら、不意に船の方向を変えて、彼との接触を拒んだのであった。

そのことに、当のグレイもさすがに気が引けていたのか、弁解がましく船主には次の手紙を送っている。

「ジョセフ・バレル様　セント・ヘレナにて　一七九〇年六月十六日

現在、セント・ヘレナ島に達しているのを報告できること、うれしく思います。

船の状況は良好です。

この便りを託す船は、今まさに出ようとしているところで残念ながら詳しい話はできません。

マカオからここまで四ヵ月と三日掛かりました。私たちはケンドリック船長をマカオの南の港に残してきましたが、強風が吹いていたために彼と会うことができなかったのです。彼はア

メリカ大陸北西海岸に戻るつもりだと推測いたします。敬具

ロバート・グレイ
リチャード・S・ハウ」

合流できなかった理由を「強風が吹いていたため」とするのみだったということは、つまり、ほかには何の理由もなかったというだ。仮に、強風が本当だったとしても、それが止むまで待つだけの気持が彼にはなかった。

両者の運命が、いよいよはっきりと明と暗とに分かれるのは、ここからである。もしもこのとき、二人が予定どおりにそこで合流していたら，両者がそろって同じく歴史の上に栄誉を刻むことがあり得たのに、事実はそうはいかなかった。ボストンに帰り着く運命にあったのはグレイのみだったし、歴史に名を刻んだのも彼だけだった。ロバート・グレイ船長はなぜそんな行動に出たのか。

それを推測するのはけっしてむずかしくはない。彼は広東での通商に、一応の成功を収めていた。ラッコの毛皮を売って二万一千四百四ドルを得ていた。経費や船の修理費などを払うと、帰りの荷の仕入れに回せたのは一万一千二百十ドルに過ぎなかったとされるが、それでも、成功であったことには違いなかった。

その成功を、彼は誰にも譲りたくはなくなっていたのだろう。彼がとても功名心に駆られていたことは、これまでもケンドリックに見せつけていたところだった。彼の負けん気は、操船において

も、人との折り合いにおいても、また通商においても、歴然としていた。あのケープホーンを回ってからの暴風雨のときだって、ファン・フェルナンデス島に長く停泊して船員たちの健康を確保することよりも、ケンドリックより先に北西海岸に船を着けることを優先させたではなかったか。

ケンドリックに対するライバル心の集大成として、彼はマカオでの再会を放棄し、ひたすらボストンを目指すことにした。グレイに対して、先に広東へ行って通商をするようにと命じたのはケンドリックだった。グレイはそれに従って通商を行ったのは、先にも見たとおりである。その成功を、彼はケンドリックにかすみ取られることを嫌ったのに違いなかった。その業績をケンドリックと分かち合うことさえグレイは望まなかったということだろう。栄光のすべてを自分のものとする以外、彼には選択肢はなかった。

こうして、二人の船長は互いにまったく違った方向へと進み始める。

二本マストに変える

マカオに来てからというもの、散々な目に逢い続けだったのがケンドリックだった。不当なる商習慣との遭遇、発熱、逮捕の受難劇。当局からは、もう二度とこの地には来ないことを誓約させられてしまった。そして今、最も頼りとすべき相棒のグレイの裏切りであった。ケンドリックはほとほとこの地には愛想をつかしていたはずなのに、そんなところで、どうしてケンドリックはこのあとも滞在を続け、合計で十四カ月も滞在してしまうことになるのか。それは一連の事件の間にも進めていた船の改造が、出来つつあったからだ。それは、つまり、二本マストへと改装させるという計画だった。

一本マストのスループ船から、より船足の速い二本マストのブリッグ帆船へと改造させたいというのは、彼の以前からの熱望だった。北西海岸にいたときにも、閑期の時間を利用して改造を試みたことがあった。しかし、途中のどの場所にも、そんな大がかりな改装が出来るところはなかった。今は時期的にはよくはないのだが、将来の航海のことを考えると、やむを得なかった。

その思いを、彼はやっとここで果たしたわけだが、そのために貴重な時間と、持てる金のすべてを失うことになった。持っていた毛皮のうちの三百枚といくらかの白檀を、ここで売りさばいた。

さらには、ハワイで手に入れていた砂糖や真珠なども、すべてここで手放したようだ。ケンドリックがのちに日本へやって来たとき、毛皮はわずかに二百枚を積んでいるのみだったし、皆がほしがったに違いない白檀や砂糖は持っていなかった。日本でも使い道のあるそれらをすべてマカオで処分してしまっていたことは、彼にとっても、日本にとっても、不幸なことだったといえるだろう。さもなければ、日米通商の始まりが、そこで多少は実を挙げていたかもしれないのだ。

このときに作った借金について、彼は株主のバレル氏にこう書き送っている。

「私は何度も貴方にお便りを出そうといたしましたが、そのたびに失望を味わってきました。難儀なことが次々に起こるものです。船の改良のためにマカオの港に入ろうとしたときも、ポルトガル政府はなかなか入港を許してくれようとはせず、大いに当惑しました。日用品を得ることも、操帆具などを得ることも、とても困難であることがわかりました。

このような事情で私は残念ながら一シーズンを失い、それにより船は一千ドル近い借金を負うことになりました。私はマルチネス氏の荷も売って八千ドルを作るほかなく、また、航海を続けてゆくためには、さらに三千ドルを借り入れざる得ませんでした。

私はコロンビア号を通じて至急報を送る用意をしてあったのですが、コロンビア号は私の命令と期待に反する航海に出たために、それは果たせませんでした。きちんとした連絡をしておきたかったのですが……」(注▼日付は遅く一七九二年三月二十八日となっている)

第十章　日本を目指せ

ダグラスからの借金

「レイディ・ワシントン号」を二本マストにするには、持てる金のすべてに加え、マルチネス氏の荷を売った金を充ててもまだ不足だった。ケンドリックはこの時期、一時は「レイディ・ワシントン号」を売ってしまうことすら、考えている。たしかに、「レイディ・ワシントン号」を買いたいといってきた人がいた。それも複数だ。

もともと、貿易船というのは、積み荷を運ぶものである前に、それ自体が何よりの商品だった。特に、性能のいいアメリカ船の人気は高かった。「レイディ・ワシントン号」は二本マストに造り換えられて価値を高めていた。帆や索類もすべて新調している。これを売り払って国に帰ること、あるいは持てる商品を安値で売ってでもして他の物に換えて帰国することも、選択肢にはあることだった。彼がマカオで最後に売った毛皮の値段は、グレイが広東でさばいたときの値段より高く、

2本マストのレイディ・ワシントン号

平均で一枚四八ドルだった。もっとも高く売れたのは、マルチネスから預かっていた品質のいい毛皮で、一枚五八ドルだった。

彼は三千ドルの借金をしたのだが、一体、誰からその金を借りたというのか。

バレルへの彼の手紙には、それについては書かれていない。しかし、貸した者の名はわかっている。あのウィリアム・ダグラス船長だ。このあと、ケンドリックと一緒に紀州串本へやって来る男だ。彼とケンドリックは三年前にすでにヌートカで会っていた。ケンドリックがグレイ船長の「レイディ・ワシントン号」を追って初めて北西海岸に着いたとき、彼らはもうそこにいた。ミヤーズ隊長のイギリス船「フェリス号」と、その僚船「ノースウエスト・アメリカン号」並びに「イフィジェニア号」だった。その後者の船長をしていたのがダグラスだった。彼らイギリス人はスペイン軍マルチネスからの拒絶に遇い、追放された。他の二人の船長が逮捕され捕虜となってしまったのに反し、ダグラス船長だけはいち早く出て、マカオに戻った。中々の反骨居士、相当の策士であったことが、これからもわかる。

このダグラス船長が「イフィゲネイア号」でヌートカを出航するとき、アメリカ船のケンドリックはわざわざ自船の大工たち職人を使って、彼の船の故障箇所を修理してあげたことがあった。このことに、ダグラス船長は胸打たれたらしい。彼としては、ケンドリックがスペイン軍マルチネスと仲良くしているのが気に入らなかったのだが、ケンドリックの親切心には心底感謝した。彼に対し、多少の反感は覚えつつも、それをはるかに超える敬意と感謝をもって、ダグラスはヌートカを去ったのであった。そうした気持ちがあって、二人が再び会ったマカオで、ケンドリックが金の必要に迫られているのを見たダグラスが、その用立てを買って出たということだろう。船の改装に払った金額は、正確なところをいえば、二三〇〇ドルだった。

国も違えば船も違うという状況にありながらも、苦境になると助け合う不思議な関係が出来ていた。もともとダグラス船長には生まれにも育ちにもミステリアスなところがあって、それが魅力的になっていなくもなかった。

日本へ行け

ケンドリックが広東を諦めたあと、「レイディ・ワシントン号」二本マストにして日本を目指したとき、このウィリアム・ダグラス船長が「グレイス号」でついていた。その意味については、ゆっくりと考える必要がある。それにこの時期のケンドリックの気持ちも考えておきたい。彼ときたら、世界の歴史の中で、そのとき自分が演じていた役割について、どれほどの意識を持っていただろうか。

ケンドリックがマカオを出たあと、すぐに日本行きを決断した気持ちは、理解しやすい。一言でいうなら、「広東なんかへ行っていられるか」といったところだったのではないか。賄賂は取られる、不正はある。信頼関係が容易には確立出来そうにない。要は、そこでの通商のあり方自体が、ケンドリックの気には副わなかったのだ。このときの彼の頭の中では、ボストンを出る前に株主のバレルから渡された要望書の一文が、鳴り響いていたはずだ。

「もしも貴殿がこれを得策と思われるならば、『コロンビア号』にて西海岸から出たあと、日本に立ち寄るようにしてほしい。(中略)もしもそれが可能で、中国での通商より利益があると判断されるのなら、その場合には日本で通商を行なって下さい」

さて、日本へ行くとなると、日本のどこに船を着けるべきか。ケンドリックは考えに考えただろう。最初に彼が考えたのは、きっと堺の港だったろうとするのは、歴史家ハリー・J・S・ワイルズだ。彼は著書『東洋における外国人』(*Aliens in the East*, 1973)の中で、長崎へは、たとえ行ったとしても、オランダ人たちが彼を闇商人として捕まえるだろうという判断もあっただろうから、ケンドリックは大阪港、もしくは堺の港に入ろうとしたのだろうといっている。「レイディ・ワシントン号」は、オランダ東インド会社の傭船ではなく、正真正銘のアメリカ船だった。

堺についての情報は、古くから「日本で最も裕福で、平和な町」として伝えられていて、世界の海運関係者で知らない者はなかったろうといわれていた。一五四九年(天文十八年)に来日したフランシスコ・ザビエルが伝えた言葉として、「堺は日本の富める港にして、国内の金銀の大部分が集まるところなり」が、あまりにも有名だった。一五六一年堺に来たガスパル・ビレラ司祭が、これに輪をかける話を報告書に書いた。

「日本全国、当堺の町より安全なるところなく、他の諸国に動乱あるも、この町にはかつてなく、敗者も勝者も、この町に来住すれば皆平和に生活し、諸人相和し、他人に害を加ふる者なし」

このあとにも、後背地の豊かさや、商人の多さ、富裕層の大きさなども語られ続けた。堺の魅力は、すでに周知のものだったのだ。

しかし、そうはいっても、一七九一年(寛政三年)のこのとき、ケンドリックは堺には立ち寄らなかった。その理由として想像できるのは、堺がもはや寄港地としてはあまりよくないことを、それまでの途中のどこか、たとえばマカオで聞いていたのではなかったろうか。大和川の大がかりな修築工事がそれまでにあって、多量の土砂が海へと押し出され、港は浅くなっていたという。

ではケンドリックはどうして考えを変え、結果的にそれが紀州串本の大嶋となったものだったか。

どこへ着けるか

私は、そのヒントを与えたのも、ダグラス船長だったと思う。その証拠を示そう。

イギリスの戦艦「レパード号」の艦長で、「日本に開国を迫るべし」という説の主唱者であったジョン・ブランケットが、一七九一年四月九日に英国海軍本部へ書き送った書状に、ダグラス船長との会話が示されていた。ブランケットは、イギリス以外の国が日本との交流を始めるのを防ぐ戦術を考えていて、ダグラス船長と接触し、その話を聞いたのだ。


「ヌートカ海峡で交易に携わっていたダグラスという名前の冒険家が、アメリカ大陸北西海岸でさまざまな発見をした。期待していた水路の発見はなかったものの、彼はラッコの毛皮を集め、それを持って、日本の本土にごく近い島へ行こうとしています。本土に近い島というのは、きっと日本の本土の人たちと物流を行っているだろうから、まずはそこで毛皮への関心を見ようというわけです。私はその方面においても、通商は出来ること疑いなしと思うのですが、私たちのことを日本人に最初に知らせるのに、あの程度の男に紹介を任せることは慨嘆にたえません。一旦印象が定まってしまうと、あとでそれをいい方向に修正するのは難しいからです」

(Margaret Stevens, *Trade, Tactics & Tenacity*)

ダグラス船長に対するイギリス艦長ブランケットの評価が、これからもよくわかる。が、ダグラスも日本へ来ようとしていたことは注目に値する。それも、「島」へと考えていたとは、これにて明らか。本土に接岸したのでは、一挙に大勢の人がやってきて攻撃を加えられることも予想できる。あまり大きくない島だと、その心配はない。鎖国の国日本に着くには、まずは安全な程度に小さくて、本土との物流がある「島」にするというダグラスの考えが、このときケンドリックにも伝授されていたとするのが自然だろう。

まずはその島で人々と交流し、信頼を得たあと、島の中心人物と一緒に本土に向かい、その人の紹介で人々と接するというのがイギリスのやり方だった。世界を股にかけて走り回るイギリス船には、そうした安全で確実な方法が経験則として伝えられていたと見える。ケンドリックと同じ年に日本までやって来た「アーゴノート号」が試みたのもまたそうであった。彼らは対馬などに接岸を試みるが、これについてはのちに述べる機会があると思う。いまはケンドリックが日本の沿岸にきて、島を求めていたであろうことと、その陰にウィリアム・ダグラスがいたことを考えればいい。

この二人の船長が連れ立ってマカオ南のラークスベイを出るのを見送っていた人がいる。やはりボストンから来ていた男で、「マサチューセッツ号」の船長だったアマサ・デラノ船長だ。彼はこの直前までダグラス船長の「グレイス号」に乗せてもらっていた。彼の著書*Narrative of Voyages and Travels*(一八一七年)にちょうどこの時期のケンドリックたちについての記述がある。

「マカオの投錨地に着くと、そこには母国に向かって出ようとしている英国東インド会社の大船団があった。それらはダグラス船長のグレイス号よりも数日前にワムポウアを出発していたもので、護送艦隊と合流しようとしていた。

その護送艦というのは大砲五十門を搭載したブランケット提督指揮のレパード号と、トラウブリッジ船長が指揮をとるフリゲート船テムズ号。これら二隻の戦艦は、先にヌートカ湾においてイギリス軍とスペイン軍との間で起こったような紛争が、再び起こった場合に備えて、自国の商船を守るためにこの時期に中国に来ていたものであった。

これらの護送艦隊に守られながら、イギリスの船団は一七九一年三月二十日、母国に向けて出帆していった。ダグラス船長のグレイス号がラークスベイへと出ていったのは、そのあとだ。ダグラスが目的としていたのは、彼の旧友であるケンドリック船長を援助すること。日本へいったあと、アメリカ北西海岸まで共に航海していくためでもあった。この目的を彼は十分に果たすことになる。

一七九一年三月末、彼らがラークスベイを出る用意ができた時点で、私はこの二人の船長に別れを告げた。弟と別れたのもそのときである。二、三日して彼らは出帆した」

ダグラス船長とは

ここでデラノ船長は、ダグラス船長が日本へいったあとも、ケンドリックと共にアメリカ北西海岸まで航海していったように書いているが、これは事実ではない。彼らは日本を出たあと別々になるのは、このあとに見るとおりである。

ともあれ、こうして見ると、「レイディ・ワシントン号」にぴったりとくっ付くようにして日本に来ていたウィリアム・ダグラス船長という人が、ますます気になってはこないか。また、「グレイス号」という船についても、疑問が湧く。

改めて断っておくが、ダグラス船長という人は、非常にわかりにくい人である。また「グレイス号」という船も、得体がしれない。ダグラス船長といえば、かつて二十年ほど前、私がケンドリックの現存する子孫たちを探してはアメリカ中を訪ねて歩いていた頃のことを思い出す。ニューハンプシャー州ウエスト・スプリングフィールドに、ケンドリックの一族であるドロシー・ケンリック・エルドリーンさんという女性がいると聞いて、訪ねていった。

彼女は私に会うなり、「グレイス号」でケンドリックと一緒に日本へ行った「ダグラス船長のことはわかりませんか」といったものだ。自分の先祖ジョン・ケンドリックのことについては少しはわかるとして、友人と見えるダグラス船長のことや、そのときの船『グレイス号』のことがわからないというのだ。「いくら調べても、何も出てこなくて……」と嘆いていたものだ。

肝心の「レイディ・ワシントン号」の航海日誌もケンドリックの日記も消えてしまったとあっては、彼らの航海のこと、特に日本訪問に関することで書かれているものがあるとすれば、それはダグラス船長のものだけとなる。「グレイス号」に何もなければ、本当に何もなくなるのである。だからこそ、何とかそれらを突き止めたいと彼女は考えていたのだろう。

その思いは私も同じだったから、私も出来るだけの調査はすると約束し、それからはニューヨークへ行く度に、マンハッタンの南端部を訪れてはさまよい歩いたものだった。「グレイス号」の船籍について、ほかでもないダグラス船長自身が「ニューヨーク船籍」を言明していたからである。

しかし、結論をいえば、それは彼の便宜的な創作表現の一つだったようだ。海事資料館にも歴史協会にも、それがニューヨーク船籍の船だったことを証明するものは何もなかった。

ウィリアム・ダグラスの出自だって、よくはわからない。自称するところはスコットランド人というが、事実だったのかどうか。というのは、ダグラスという家名は、スコットランドの名門貴族中の名門。彼と同名の「ウィリアム・ダグラス」だけでも、何代にもわたってあり、何人もが歴史に名を残している。多くがイングランドへの抵抗を見せたことで知られる人たちだ。そういえば、一九六三年に英国首相になったヒュームも、本当の姓はダグラスヒュームだといわれていたことを思い出す。(ダグラス家について詳しく知りたい方は、研究社の『英米史辞典』に二頁にわたる記載がある。そちらをご覧頂きたい)

グレイス号とは?

彼が本当にダグラス家系の人であったのかどうかは、わからない。しかし、もしもそれが本当だというのなら、イギリスの毛皮貿易船に雇われて乗るのも不思議だし、先のブランケット船長の英国海軍本部への書状に、「私たちのことを日本人に最初に知らせるのに、あの程度の男に紹介を任せることは慨嘆にたえません」とあったのを、思い起こさざるを得ない。

何でも起こり得るのが人の世だから、彼が本物のダグラス家の出だった可能性もまったく否定してしまうことはできないが、それならそれで、もう少し、素性のよさといったものが、どこかに出ていてもよかったのではないか。ヌートカでスペイン軍に捕らわれたときには、「これはポルトガル船だ」といい張り、身分を聞かれると、「自分は船長でなく、積み荷を扱う上乗り人」だと弁明した。マカオに戻ってからはイギリスとの雇用関係を解消して独立。買い入れた「グレイス号」という船は、どうやら船籍を持たない無免許船だった。タクシー業界の言葉にある、「白タク」と同じモグリ船だった。

それを大胆にも「ニューヨーク船籍」と表明したのは、中立国を名乗ることで、イギリスとスペインの紛争の外にいられることを期待してのことだったと思われる。特にイギリス船に乗っていてスペイン軍から手厳しい扱いを受けたことを彼は忘れてはいない。当分はケンドリックと行動を共にすることからしても、アメリカ船を装っていることが何かに便利としていたのだろう。

ともあれ、彼が本物のダグラス家の者であったろうと、なかったろうと、この男の人生は波瀾に満ちていて、面白いことは面白い。時代がちょうどダグラス家が衰退して滅亡した、まさにそのときであったことから、これを見て彼がその家名をかたっていたとするなら、その頭の良さにも驚かされる。

ただし、何度もニューヨークで無駄足を踏まされた私としては、彼への恨みと共に、今でもときどき思うことがある。実際にダグラス船長がケンドリックと同じアメリカ人であって、「グレイス号」が正式の「レイディ・ワシントン号」の僚船として来日していたのなら、どんなによかったことだろうと。同じ意図のもとの航海、そのすべての記録をもしも残してくれていたなら、私たちはどんなに多くのことを知ることが出来たろうかと。歴史の探究に「タラ」「レバ」は無用と知りつつも、それはきっと当時のアメリカの意思と、ケンドリックの航海の意味を正確に伝えていたはずで、その史料の消滅を惜しむあまり、ついこんなことまで書いてしまった。

アメリカ船ではなかった

私が今いいたいのは、ケンドリックと一緒に日本へ来ていたダグラス船長の「グレイス号」について詳しく知るためには、私たちはもっと慎重な態度を持たねばならないということだ。

一般に、それは彼自身が望んでいたように、アメリカ船だと見られていて、有名なハワイ大学サカマキ教授の *Japan and the United States 1790-1853* でも、そうなっている。一九三九年出版という古い本で、これを引用する者も多かったことから、そう伝える本が多く出たのだろう思う。私自身も長くそれをアメリカ船だと思い、そう書いてもきた。私も深く謝らねばならない。

それがアメリカ船だというのは、あくまで彼の自称でしかなかった。では、どこの船だったかといっても、今のところは「どこの国のものでもなかった」といわねばならない気がする。もしも、敢えてどこかの国のものにしなければならないとしたら、それはやはりイギリスのものだったということになるのではないか。それまでの経緯からしてそうなるし、彼の意識においてもそうだったと私は思う。

「グレイス号」をはっきりとイギリス船として書いている本には、オレゴン州歴史協会が一九九〇年に出版した *Soft Gold* がある。二人による共著で、一人は同協会の理事長トマス・ボーン、もう一人はワシントン大学バーク博物館のビル・ホウム名誉館長である。アメリカ北西海岸での毛皮貿易に関しては最も権威あるとされる本の一冊だ。なお、書名 *Soft Gold*（柔らかい金）とは、ラッコのことを指す語であったことは先述のとおりだ。

そうしたことを認めたうえで改めて「グレイス号」を見ると、今更ながら深い疑念に襲われる。ケンドリックへの友情から、あるいは彼への感謝から、それが「レイディ・ワシントン号」に付き添って日本へ来ていたとするのは、あまりに単純な考えではないかと思えてきた。ましてや、ケンドリックが日本での通商に成功した場合、彼に貸している金をそこで回収したいということでもなかった。彼はケンドリックの行動自体に注視していたのだ。

ケンドリックたちアメリカ船の日本行きは成功するか？　日本での通商は可能なのか否か？　そのやり方は？　住民の反応は？

そのイギリス船が関心を向けていたことにはたくさんあったろう。そう思ってみると、「レイディ・ワシントン号」に付き添いながら、実際には「グレイス号」は何をするでもなく、あくまでも静かにケンドリックたちの行動を見ているのが、余計に意味深く見えてくる。

島を探せ

ケンドリックはしかし、そのときダグラスについて、どれほど関知し、何と思っていたことだろう。今はただ、日本へ行き着くことに頭は占められていて、他船のことにはあまり関心がいかなかったということなのか。日本については、まだまだわからないことだらけなのだ。

期待はケンドリックの胸にあつくあった。彼はダグラス船長の「グレイス号」を従えつつ、「レイディ・ワシントン号」を日本に向けて北上させていた。

それまでに日本に来たロシア船やフランス船は、もっぱら日本海を通っている。しかし、アメリカはさすがに太平洋上のお隣りの国だ。彼らは日本の太平洋岸目指して船を走らせた。目的は本州。ただし、四国を過ぎていよいよ本州に接近した。

目の前には紀伊半島が聳えてきた。話に聞く堺港は、すでに述べた理由で諦めた。しかし、和歌山に着くのも考えものだった。徳川御三家の城下町、サムライが多くいることが予想できた。

彼らは方向を変えねばならなかった。半島の沿岸伝いに南下した彼らは、目を凝らして島を探し続けたことだろう。ある程度の人数の人々が住んでいて、本土と物流を持っている島はないものか。そこにいい港があればいいのだが……と、彼らは目を凝らしていただろう。しかし、いかんせん、この一帯に島は見当たらない。日の岬、御坊、切目、岩代、南部、田辺、白浜、日置、周参見、江住……と海岸沿いに行くが、島らしい島は一切ない。陸地のほかは紺青の海があるばかりなのだ。

地図を見て頂ければ、わかってもらえるだろう。本州の南側には伊豆半島沖までそうした島はないのであった。江住のあとは、見老津、田子、有田と来て、とうとう紀伊半島の先端、串本である。ここでやっと見つけたのが紀伊大嶋だったというのではなかったか。

いくつかの村落が見え、人家がある。一定数の人数はありそうだが、極端に多くはなさそうだ。森や村の姿から、清流の在りかが読める。彼らは島を巡って、それを確かめた。ところどころで水深を計った。近くに見える本土の海岸には、より大きな村落がこびりついていた。仮に、彼らが大挙してやって来ても、ケンドリックたちには逃げおおせる自信があったはずだ。二本のマストは立ち上がったばかりなのであった。

時は三月二十六日(新暦の四月二十八日)。ダーティ・バター・ベイ(ラークスベイ)からの航海に、ほぼ一カ月が掛かっていた。船には、アメリカ北西海岸で集めたラッコの毛皮のうち、マカオで売れ残ったのが二百枚ばかりあった。これをどこかで売りきってしまいたい。そして、できれば、それを今後の通商の足がかりとしたい。まずは大嶋の西の先、太平洋側にある樫野浦に船を止めた。

彼らのことについて、記録として日本側に残されているものには、どんなものがあるのか。そこには何と書かれているのか。

『紀南遊嚢』の記録

日本に残る記録では、どうなっているのか。

彼らの行動や地元民の姿をわかりやすく伝えてくれているのが、信州高遠藩士で砲術家であった坂本天山が書き残した『紀南遊嚢』という書物である。これは彼が寛政十年（一七九八年）から十一年にかけて紀州の太地で捕鯨の状況を視察し、伊賀を経て大阪に帰るまでのことを書いたものであるが、その中に、東牟婁郡高芝村（現・下里町）に住む医師の伊達李俊から聞いた話として、次のような内容のことが記されているのだ。

お役人たちのものや、彼らへの通知文にはない島民たちの動きがここにはあって貴重なものだ。

「この異国船のことは、江戸からの噂として、私の故郷信州高遠にも伝わっていたことだった。このたび私は紀州へ来て、そのとき異国船に行ったという伊達李俊に直接会って話を聞いた。彼の話というのは、こうだった。

大島の沖へ来たその船は、十三段に帆をかけたものだった。高芝村からも見えた。どの港に入るのかなと思って見ていると、大島の沖にしばらく船を止めていた。それから銅で作った小舟に二、三人が乗り移り、重りをつけた縄を下ろして水深を測った。しばらくして大島の内海に船を入れようとしているので、村人たちは驚き、あわてて李俊を呼びに来たのだった。読み書きの達者な者は、李俊以外にいなかったからである。

さし迫ったことであったので、李俊も大急ぎで用意、とりあえず筆と紙とを余分に持って船に乗り、五里(二十キロ)を行った。行ってみると、まず船の作りが珍しかった。船は二隻あったが、一隻の船首には、身長一丈(約三メートル)もの大男の像がつけられていた。それは鎧と兜をつけていて、長い剣を横に、その剣を半分抜きかけている姿となっていた。色は金色、銀色、朱色。その彩りは日の光に映えて、いかにも勇壮だった。

もう一隻の方には、長さ八尺(約二メートル四十センチ)ほどの美しい女性の像があった。髪に緑色の玉を飾り、うしろ髪を長く垂らしていた。身にまとった薄い美しい布は、海面につくほどであった。そして手に釣り竿を持ち、一心に魚を釣っている姿をしていた。

二つの像とも、真にせまった精巧な細工であったとか」

村人を「船中に招き入れ、酒を飲ませ、食事をさせ、紙を与え」

後者が持っていたという「釣り竿」とは、英語でいうセプター(scepter ＝ 笏)のことではなかったかと思われる。王権の表象として王が持つ棒である。「釣り竿」であった場合ももちろん考えられるが、セプターだったことが多かったからだ。

なお、ケンドリックたちは投錨の前に慎重に水深を測っているが、進入は島の南をぐるりと回って、東からであることが分かる。それでなければ、高芝村から見えるわけがなかった。

「船に乗っていた人は、身長六尺（一八〇センチ）あまりの大男で、鼻の先はとがっていて高かった。眼の中は赤く、手足は長かった。村民の葛氏たちが釣船に乗って見物に行った。彼らは見物人たちを船中に招き入れ、酒を飲ませ、食事をさせ、紙を与えるなどをして楽しんでいた。

李俊も行って船に移ろうとしたとき、李俊を見て船中から三人舷側に出てきて布のようなものを振って、船に乗ることを好んでいない様子。控えているうちに、船に乗っていた村民の一人が、船から垂らされている梯をつかみ、その中段にまで昇って船の中をうかがい見ようとした。すると、船中から猛犬が走り出てきてこの男の右の袖を喰い切った。肉までは喰われなかったが、その勢いに恐れて、早々に梯を下りてきた。李俊が字を書いて贈ると、

『本船亜墨利加《アメリカ》船也。入港口而候東風耳』

と書いてきた。もう一通手紙を書き贈ったが、これは受け取られなかった。すぐに去れというように布を振ったので、少し退いて一町（約一〇九メートル）ばかり離れて見物していた。

ちょうどその折、鴎が多く飛んでいた。船の上の一人が舷に並べていた鳥銃の一丁をとって、片手でそれを廻し、頬へもくっつけず、見当もつけず、火縄も加えずにどんと撃った。三度に二度は、飛んでいる鳥にあたり、鳥は空から海に落ちた。さきほど述べた猛犬が海に飛び込み、泳いでいって鳥をくわえて船長に届けていた。なんとも奇怪なことだったという」

他の者を受け入れているのに、李俊の乗船を彼らが拒んでいるのは、彼を官憲の一人と見たためではないかとは、郷土史家浜健吾氏の意見である。銃を撃って鳥を落としているのは、その腕前の誇示と見るべきか。それにしても、島民が特に恐れおののくこともなく彼らに接近し、彼らも見物に行った者を船中に招き入れて、飲食をもってもてなしているあたり、友好の時間があったと見るべきだろう。

このあと、医者の玉川養浩が紀州代官の命令で筆談にやってきたので、李俊は退く。

李俊の話の続きには、船の中には鉄工がいたようで鉄を叩く音が聞こえたこと、十一日の停泊の間に船員たちが島に上がり、木を切って薪として船に積んだことが語られている。その折、それを制しようとした須江村の百姓との間でいささか物騒なことになり兼ねない一件はあるが、その程度のことがわざわざ語られるのは、それ以上の問題はなかったということでもあり、とりたてて語られるべき話ではないだろう。抵抗というのも多少はしたことにしておかなかったなかったら、お上への顔向けができないという風もあったかもしれない。

大砲の音は夜毎聞かれたという。その響きは十里の山海に及ぶものであった。昼夜で三十七、八発もの響きが聞かれた日もあったとのことだが、このあと長崎に入ってくるオランダ国旗の下のアメリカ船は、四十九発も砲声を放つことがとり決められている例からみて、大嶋の場合が異常に多いというわけではない。

第十一章　その他の記録

「遠見番記録」

紀伊大嶋には遠見番はいなかったから島の記録として正確なものはない。本州側にはあったが、その「遠見番記録」では、彼らが最初に停泊し上陸した海側からの様子は知られない。『熊野誌』第四十三号で元古座町教育長山出泰助氏が発表されているところを見ると、ケンドリックたちの船を西洋からの船とは思いもかけず，「唐船体ノ船二艘」としているところが目を引く。

三月二十七日ハ辰巳風大風雨ニテ、霞掛リ、沖合一向相分リ不申候然処、雨間少シ晴レ、遠見仕リ候処樫野崎ヨリ二里斗沖辰巳へ当リ、唐船体ノ船二艘相見へ申候　右船弐艘共東ヨリ参リ哉、又ハ西南何連之方ヨリ参候トモ
前段ニ申シ上ル通リ、辰巳風ニテ雨添、霞掛リ候故、沖合一向難

相分候間、相知レ不申候、先見当リ候所ハ、樫野崎沖
辰巳へ当リ、二里斗沖合ニテ初テ見当リ候ニテ御注進
申シ上候儀ニ御座候、夫ヨリ段々高山へ上リ、遠見仕リ候処
樫野崎ヨリ内へ、段々浮流仕、かな山ヨリ二十町斗相隔リ、
黒嶋沖ニ、汐掛リ体ニ相見へ申候、猶又漂流仕、乗出シ候迄ノ
模様ハ？　々御申上候通リニ御座候、然処右船弐艘共四月
六日、西風ニテ大嶋浦上ミノ口ヨリ、同日卯刻頃下モ筋
卯辰向、(走リ)出シ候ニテ、段々遠見仕リ候処、同日午刻頃
ニハ遙沖合へ乗出シ、最早帆形一向相分リ不申、夫ヨリ
行方相知レ不申候、依之右御尋ニ付御達申上候　以上
四月十六日
小山段右衛門
野田　伴蔵
嶋　源右衛門様　郡奉行衆
富元□右衛門様　御代官
稲葉七左衛門　御目付衆
右書付ハ半紙へ認、書状ニイタシ無印ニテ相達申候、尤右三人

之衆、串本へ被詰被下、同趣ニテ相認達申候、右書付ハ
絵図へ添、若山へ相達申候

『時来記』の記録

また本州側の記録に、津荷区〔現・古座町〕の庄屋彦左衛門が記した『時来記』がある。黒人のほか中国人も乗っていたことが記されている。

一、同(寛政)三年亥三月二七日、紅毛船弐艘、辰巳沖より　走り来、大島領かな山近所に汐懸いたし、見届けの船遣わす也。
様子相尋候処、水柴に切候故、五、三日此所にて求之と言、船長ケ三百石積位に相見、船壱つつ有、荷物鉄銅と申候得共、委細不分り、人数両艘にて百人程、但し、くろぼう弐人つつ、南京人と相見へ弐人つつ乗有
此弐人にて通じ相分かる、余は相分不申、鑓鉄砲多く積有、鉄砲多く撃つ、四月六日出帆失る、和歌山より諸役人衆大勢串本迄御越、四、五日御滞留拔遊にて弥、行衛相不知に付、御帰り、十一日に御出立ちの由、
浦々御定之通、弓鉄砲構る御道具、石火矢弐筒、大筒、御鉄砲数多御指越、御早船参艘御指越也

「ここは串本、向かいは大嶋～」島の左端が樫野崎

乗組員の内訳については、『通航一覧』巻三にも「百二十一」とあって、これも数が多い。紅毛人五十人のほか、黒人二十人、中国人五人ほどが乗っていたとあって、事実を超えている。

酒を飲み、踊りのようなことを毎朝やっていたとの記述もあるが、次の行動には興味がひかれる。

「大嶋の水これある所にて水を取り申候。端舟を磯へ付置、白き木綿を長く引き、水源より木綿樋にて端舟へ水を抜きやり申候由。漁舟を招き一径書を贈り申候」

彼らは、ホースのことと思われる「木綿樋」で水を取った。そして、漁夫に一書を渡しているのだが、これは一体、何だったのだろうか。普通、経書といえば、四書五経などを指すが、ここはアメリカ船。何であったから不明だが、彼らには重要な書き物であったことは確かで、ひょっとすれば、アメリカ建国の経緯を書いたもの、あるいは彼らの憲法などでもあったろうか。

「鳥銃を以て飛鳥をうち候手段妙なるように相聞き申候候、右剣を帯居申候、剣は薄き物にてたわみ申候由、是は先年見及候紅毛剣と相見へ候、右の外別に怪しき事無之候」

たわむ程の薄い剣とは「サーベル」のことに違いない。銃で鳥を撃ち、右にサーベルを吊るしてはいるものの、「これ以外に怪しきことは何もない」と言い切っているのだ。少しでも怪しむべきことがあったのなら、きっとここに書かれて居たはずであった。自分たちの用心の整っていたことを主張する意味からも、そうしていたはずのものと思われる。

「南紀徳川史」の記録

これらの記録では、ケンドリックの関して、特に「漂流」を示唆する言葉はないのだが、その意味で『南紀徳川史』の記載にはそれがあり、最もよく引用されるものだ。これはある意味、歴史を変える文言だったといえるかもしれない。船長名を「堅徳力記」と書いてケンドリックだったことを明記しているのもまた貴重だ。

寛政三年(一七九一年)四月四日、口熊野古座組樫野浦へ、異国船渡来ノ飛報　到達、即日有司ヲ派遣ノ処、既ニ退帆シテ行道知レズニ付、十九日一同帰着ス。
右ニ付、左ノ面々五日朝出発。
御目付　岸和田伊兵衛、添奉行　伊藤又左衛門、
添奉行　宇野善右エ門、郡奉行　太田銀平、
伊都奉行　小出才大夫、御鉄砲役　勝田甚之進、
海士郡地士　九人
右八日串本浦着ノ処、異国船全ク一時潮懸りニテ、既ニ退散シテ行衛知レズ、念ノ為十二日迄滞留、本記ノ如ク帰省ストイフう
外船左ノ一書ヲ遺シタル由
本船ハ紅毛船ナリ、地名ハ花其載、貨物ハ銅鋏及び火砲五十門アリ、中華国ニ赴キ皮革ヲ交易シヨウトシタガ果サズニ去ル。偶々風浪ニアイ、漂流シテ此所に到着シタ。貴地ニ在ッタノハ、三十五日間以内デアッタ。風向ガ好クナイノデ、ココニ滞在シテイタ。好風ガ来タノデ即チニ去ル。本船ノ乗組員ハ百名、貨物ハ銅鋏ノミデ外ノ物ハ何モ無イ。船長ノ名ハ堅徳力記デアル。

これによれば、異国船渡来の報らせを藩が受けたのは四月四日。大島近くに入って来たのが三月二十七日(『津荷文書時来記』)なのだから、連絡は決して早くはなかった。藩では目付役をはじめと

して鉄砲役までを、五日朝に送り出した。藩都和歌山を出て四日目に串本着。船はすでに去っていたというのだが、これにはうがった見方もできる。

海路を使えば、一日か、二日もあれば十分なところを、わざわざ陸路にて来ているところから、彼らは異国船との接触をあえて避けたと考えられるからだ。早く来て彼らを見つければ、鎖国時代の当然の措置として、彼らを取り調べるだけでなく、拘留しておくことも要求されただろう。それはとても厄介なことであってあったから、できれば避けたいとする意向が、彼らに最も遅い到達手段である陸路を取らせたのではないか。「来てみれば、彼らは去っていた」とすることほど、この場合のお役人たちには都合のいいことはなかった。

語句の説明も、ここでは要るだろう。右の文中の「潮懸り」とは、潮時を待つために船を停泊させることをいう。なお、乗組員を百名としているのは彼らが虚勢か。実際にはレイディ・ワシントン号に乗っていたのは三六名(Scofield)で、グレイス号の方を併せてもそうはいかなかったはずだ。

ともかくこの記録からすると、異国船は、みずからを「紅毛船」と呼び、中国へ毛皮を売りに行った帰路、風浪をのがれるために偶々立ち寄ったのだとの言い訳を残していったことになる。地名の「花其載」とは「ボストン」のはずであった。船長名「堅徳力記」とは「ケンドリック」でなくて何であろう。通訳として筆談したのは、医生玉川養浩で、乗組員の中に含まれていた中国人と漢字をもって意味を通じ合った。

黒人が乗っていたことは間違いなかった。二人いたというのがあるかと思うと二十人ともあって一定しないが、少なくとも二人はいたということにするのがいいだろう。黒人が白人たちの船に乗って一緒に航海するのは、当時としては珍しかったかどうかについて、少し述べておきたい。調べてみると、それは決して珍しくはなかったようだ。

独立戦争から南北戦争までの間、実に多くの黒人たちが海運に働いていて、その数は他のどの産業におけるよりも多かったという話もある(Mary Mally)。一七九六年までは、身分証明を持たなくても乗務員になれたから、中にはどこかの寄港地で逃亡するのを目的とした「脱走奴隷」もいたが、たいていは実直に働いた。船内での仕事は、普通はコックか給仕。アメリカ東部からの貿易船のほとんどすべてでそうだったことを思えば、「レイディ・ワシントン号」にいるところを見られている黒人というのも、やはりそうした仕事の人たちだったと見ていいと思う。

当時の樫野地区

ともかく、初めて異国人を目にした大嶋の人たちは、さぞかし驚いたことだろう。当時の大嶋東端、樫野地区にはどれほどの人が住んでいたのだろうか。

天保年間(一八三〇〜一八四三年)に紀州藩が学者を動員して編さんした『紀伊続風土記』(第三輯)によればこうである。

「田畑高六十四石二斗四升四合、家数三十八軒、人数百六十九人」

いまでは人家は丘の上にあがっていて、海辺の一帯には田畑しか残されていないが、それでも当時の人々の生活の跡は確かにあり、今も清冽な流れがある。天保年間でこの人数だから、それより四十年ほど前の寛政の時代であれば、これより人の数は少なかったか。海に出ては魚や貝をとり、陸にあっては丘の下のわずかの田を耕して、半農半漁の生活であった。

ついでに、島最大の港のある大島地区についてはこうである。

「田畑六十二石二斗四升六合、家数百四十四軒、人数六百五十六人」

小さな島のことである。不意の二隻の外国船の来航につづく船員たちの上陸ときては、島民たちの驚きはどれほどのものであったろうか。彼らの中に、異人たちの語る言葉の一言半句でも理解できる者がいればよかったが、それは望む方が無理というものであった。

これより九十五年もあとの明治十九年、イギリス汽船「ノルマントン号」がこの近くの勝浦近くで沈没しているが、そのときでさえ次のような始末だった。

「英語を解する者一人もなく、鳥語蛙語と一般唯音響の鼓膜を激動せしむるのみにして其の意を解するもの一人も無く、手擬足摸、僅かに彼此の情を通ずるを得しも、是単に憶想の上より断定を下して事を便せしまでなれば、其不便云ふべからず」(『串本のあゆみ』)

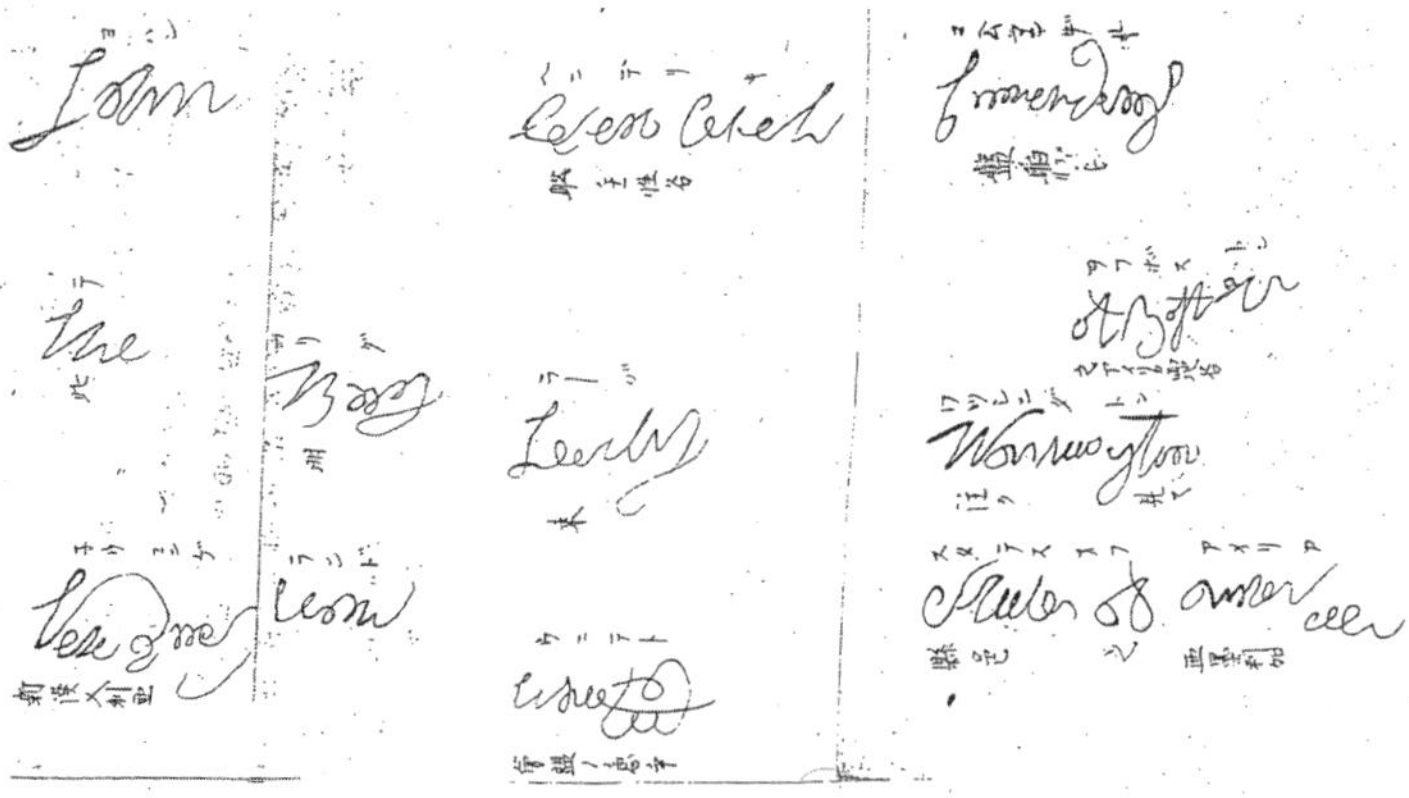
欧文サインを真似た書に漢字やかなを書き込んだもの

ケンドリックの来航話はこれより一世紀ほど昔のこと、「紅毛人」たちの「鳥語蛙語」の難解さは、これに輪をかけたものであったはずだ。それでも島民の一部は船に招かれ、共に酒などを飲み、交流を果たしているのであった。大島のどこで、どれほどのことをしていったかは、今となっては定かにはわからない。

しかし少なくとも、建国間もないアメリカが、そのスタートの時点で早くも日本との通商の意志を持って臨んでいたということである。それを証明するのが、村人が書き写した一枚の紙だ。

『外国通覧』にも残るその文字は、くねくねとしていて、とてもまともなものとは見えない。それもそのはずで、これは船長が書いたサインを見て、村の誰かが見よう見真似で書き写したもの、もしくはなぞって書いたものだ。ABCも知らない人のものだから、筆跡に力がみられないのも当然だろう。フリガナの助けで何とか読んでみると、こうである。

「John Kendrick Commander
of the Brig Lady Washington of Boston, New England
United States of America

司令官ジョン・ケンドリック
ブリッグ(二本マスト船)レイディ・ワシントン号
ニューイングランド、ボストン
アメリカ合衆国」

新興国アメリカの名を伝え、出港地、船名、船長名を明記している。第一回の来航で通商がたとえ叶わなかったとしても、今後のために交流の意図は伝えておこうという考えが明らかではないか。その気がなければ、ケンドリックはこんなことを書きはしなかったろうし、村民が書き写すこともなかったろう。

なお、ケンドリックの肩書にCaptainではなく、Commanderと書かれていたのには意味があると思う。Commanderとは「司令官」を意味する語で、「商戦と見えるでしょうが軍艦をも兼ねているのですよ」とのメッセージが含まれているからだ。ジョン・ケンドリックが日本でした行為について語られるとき、実質的な通商が行なわれなかったことがよく指摘される。それは事実だ。しかし、実際の通商がなかったことを重視するあまり、彼らが伝えていった意図まで見逃してはならないと私は思う。通商が実際に行なわれたか否かを問題とするより、彼らがアメリカの国旗を掲げてここに至り、国名を告げ、その新興国の存在と彼らの意思を書き置いていった事実をこそ、問題にすべきだと私は思うのだ。

一七八七年、ボストンからの出航のとき、船主たちはケンドリックに日本に立ち寄ることを計画の中に含んでおくよう、念を入れて伝えていたが、確かにそのとおりに彼はジャパンに来て、今後の交流の可能性にかける意志を伝えていたのであった。

あの紙は、日本語の知らないジョン・ケンドリックが、「よろしくね」というつもりで書いたものの引き写しだった。

漂着なのか

日本にある記録の中には、「漂着」とされている彼らの来航について、本当のところはどうだったのかということを、わからせてくれるものがある。

その一つが、肥前平戸藩主松浦静山の著した『甲子夜話』の中の一文だ。『日本の歴史』(小学館)から引用する。

「文化十四年(一八一七年)ごろから、水戸浜より五五里ほど沖合の横磯の外に、異国船六、七艘ぐらい、夏より秋ごろまで見うけられた。しかし、異国船を見うけたなどと噂をすると、地頭よりよびだされ、吟味などをうけ、漁猟にさしつかえになる、と一同申合せをして、口外しなかった」

ほかでもないこの紀州でも同様のことが行われていたようで、先に紹介した坂本天山の話のあとにも、彼は次のように記しているのであった。

「三十里も沖へ行きなば、四五十里の内には毎度夷船を見るなるべしと数人語れり、去年七月十六日にも夷船二艘泰地（注▼串本の近くの太地のこと）の沖へ来たりて、清昼二時ばかり我邦の山水を望むの体にて、望遠鏡を以て四方を伺へり、鯨舟のものどもを招き、銛を見て笑ひしが、舟も銛もみな図に写して去れりと加子の者語れり。是等は一向に訴へずに事済ましたり」

要は、異国船を見たとか、それと交流したとかいうと、お咎めを受けたりして厄介なことになるから、それを避ける手段というものを、地元の人たちはとうにわきまえていたということなのだ。ケンドリックたちの件についても、「漂着」とするのが最も無難な方法だったと見るのは、そういう観点からだ。

従って、「南紀徳川史」の中の「漂流至此」の四文字は、ケンドリックのそのときの言葉を記録したというより、こちら日本側の判断で書かれたものだったともいっていいのではないか。彼らが実際に大嶋に来航し、停泊し、船員たちが上陸している以上、厄介の生じる可能性は十分にあった。そうした者への扱い、処遇、すべてに前例がないのだ。できれば詳しく調べることなく、無事に一件を処理したい。それには「漂着」が一番好都合だった。通報を受けた紀州藩が、短時間で来られる海路ではなく、あえて時間の掛かる陸路をとって現地に赴いているのも、この事情を示すものかもしれない。お目付け役や鉄砲方などが到着したときには、すでに船は姿を消しているという、絶妙の寸法であった。

あえていえば、これには他の解釈も可能で、例えば、太平洋側へ出てきたばかりのケンドリックが嵐にあって、やむなくファン・フェルナンデス島に漂着したときの経験が、ここで役立ったとする見方だ。あのときは、本当に漂着だったが、それを理由にすれば、どこにでも着けるとの確信を彼がそのときに得ていたということもあり得た。

事実はわからない。今後、その理解につながる何か新たな史料の発掘があるかもしれない。

「最大限の歓迎を受けた」

それより、私が最も重要に思っているのは、アメリカにおける資料だ。日本側に残るのは、すでに示したような控えめなもの記録なのだが、アメリカは、はっきりと「日本の南の海岸で最高の歓迎を受けた」とあるからだ。

オレゴン歴史協会発行の Frederic Howay 編集の大著 *Voyages of Columbia* の中の「ホスキンズの話」にそれがある。彼自身がケンドリック船長から直接聞いた話として記したものだ。細部にまで記述は及んでいないが、航海の当事者からの話に基づいて書いた点では、もっとも重要視されるべき記録であろう。

「ケンドリック船長は、ニューヨークのダグラス船長の乗るグレイス号を伴って三月にラークスベイを出た。彼らは日本の南の海岸に到着、そこでその土地の人々からこの上ないもてなしを受けた。ケンドリック船長はここでアメリカ国旗を掲げたが、この方面でアメリカ国旗が翻ったのは、恐らくこれが最初のことだろう。彼らは中国から日本へ極上のラッコの皮をおよそ二百枚運んでいたのだが、日本人はその使い方を知らなかった。このあと二、三日航海して、ケンドリックたちは一群の島を発見。島民たちが水を売りに出てきたので、この島を「水の島」(Water Islands)と名づけた。それらは現在のどの海図にも書かれていないものだ。日本人たちはもちろん、この島の人々、それに中国人たちとは話で通じ合うことはできなかったが、字を書けばよく理解し合えた。これらの島での彼らの滞在は短かった。この二隻の船はそれぞれがアメリカ西海岸に向かってまっしぐらに進んでいったのち、離れ離れになった」

(Captain Kendrick left Larksbay in March in company with the Grace of New York Captain Douglas.

They went into a harbor on the southern coast of Japan where they were received by the natives with the greatest hospitality. Here Captain Kendrick displayed the American flag which is probably the first ever seen in that quarter. They carried from China to Japan about two hundred prime sea otter skins but the Japanese knew not the use of them. A few days sail from this they discovered a group of islands to which on account of the natives bringing water off to sell was given the name of Water Islands,they not being down in any chart extant. The natives of these Islands as well as those of Japan and the Chinamen could not understand each other in talking but in writing they could well. Their tarry among these islands was short. The two vessels parted company soon after leaving them each making the best of his way to this Coast.)

アメリカが認める日本到着

彼らが最高のもてなしを受けたというのが、日本の南の海岸というだけで、どこかとは書いていていないのであるが、日本側の記録からして、紀州串本以外のところではあり得ない。串本以外に、これら二隻の帆船が着いているところがないからである。彼らが受けたと書かれているhospitalityとは「もてなし」「歓待」「厚遇」を意味する語で、さらにその前にgreatest（最大の）という形容詞までついているのだから、まさに「この上ない大歓迎」。特に注意しておきたいのは、当のホスキンズがその手記を書くに当たって、最初にこういっていることだ。

「（航海には）さまざまな出来事がありましたが、それを順序正しくここに書いたとはいえません。私が注意したのは、それを順序よく書くことではなく、事実を、それが消え去る前に、そのまま飾らずに書き残すことにしたからです。といいますのは、この種の書き物に要求されるのは、丁寧な言葉づかいや構成の妙ではなく、意味が素直にわかることだと思うからです」

BULLETIN

THE AMERICA-JAPAN SOCIETY, TOKYO

Vol. XIX　February-April, 1971　No. 4

LUNCHEON FOR MR. HOWARD F. VAN ZANDT
VICE-PRESIDENT, THE AMERICA-JAPAN SOCIETY
AND MRS. VAN ZANDT

Mr. Howard F. Van Zandt, Vice-President of the Society, delivering a lecture at the Society's luncheon held in his honor on Friday, February 26, at the Industry Club of Japan. From left: Mr. Kiichiro Satoh, Chairman of Council, Keidanren; Mr. Van Zandt (standing); H.E. Armin H. Meyer, U.S. Ambassador to Japan and Mrs. Howard F. Van Zandt.

The America-Japan Society held a luncheon meeting in honor of Mr. Howard F. Van Zandt, Vice-President of the Society and Vice-President of ITT Far East & Pacific, Inc., and Mrs. Van Zandt, on Friday, February 26, at the Industry Club of Japan. One hundred and fifteen members and guests attended. Besides the guests of honor those who were seated at the main table were: H.E. Armin H. Meyer, the United States Ambassador to Japan; Mr. David L. Osborn, Consul-General, Hong Kong; Hon. Haruki Mori, Vice Minister for Foreign Affairs; Hon. Takashi Hayakawa, Member, House of Representatives elected from Wakayama Prefecture; Mr. Kogoro Uemura, President, Federation of Economic Organizations; Hon. Shinsaku Hogen, Deputy Vice-Minister for Foreign Affairs, and Mrs. Hogen; Mr. Kiichiro Satoh, Director of the Society and Chairman of the Council, Keidanren; Mr. Tomohiko Mizuno, President, Nagoya America-Japan Society, and Mrs. Mizuno; Mr. Sadao Iguchi, former Ambassador to the United States; Mr. Masao Tanimoto, Head, Tokyo Office, Wakayama Prefectural Government; Mr. Rokuro Shiozu, Mayor, Kushimoto Town, Wakayama Prefecture, and Mr. Joji Kawaguchi, Chief International Section, Wakayama Prefectural Government. H.E. Armin H. Meyer introduced Mr. Van Zandt. Mr. Van Zandt, the guest speaker, is an authority on American contacts with Japan.

Mr. Kiichiro Satoh presided.

ヴァンザント氏の証言を伝える「日米協会会報」

私がホスキンズの話を信じている理由の一つがこれにある。それは私だけでなく、多くの人々の見ているところだ。第一、この「ホスキンズの話」を信じないでは、彼らが上陸したとされる紀州大嶋の樫野崎に、一九七四年（昭和四九年）三月に「日米修好記念館」なるものが建てられることもなかったし、日米協会副会長のハワード・F・ヴァンザント氏が、一九七一年二月二十六日、日本工業倶楽部日米協会で次のようにスピーチすることも起こり得なかった。それはケンドリックたちの来航から百八十年を記念したもので、「アメリカ人による日本への最初の接触」と題されていた。出席していたの日米協会会員百十五人のほかに、マイヤー駐日大使、オズボーン総領事に加え地元から迎えた来賓であった。その講演の記録にこうある。

「今日私が皆様にお話しようとしているのは、ペリー提督や、タウンゼント・ハリスのことなのではありません。私がお話したいのは、ペリーよりも前に日本にやって来た多くのアメリカ人についてであり、ペリーとハリスの前に訪れたアメリカ人についてであります。

和歌山県、それに串本町からの友人を本日ここにお迎えして、私は特にうれしく思います。なぜなら、最初にアメリカ人が日本に来たのは、一七九一年五月六日(注▼正しくは四月二十八日)、和歌山県串本町の辺りであったからです。船は二隻でした。一隻はレイディ・ワシントン号(The Lady Washington)、あと一隻はグレイス号(The Grace)。前者の船長がジョン・ケンドリック(John Kendrick)、後者のそれはウイリアム・ダグラス(William Douglas)でした。『レイディ・ワシントン号』は、わずか九十トンの小さな船でした。私はその絵をマサチューセッツ歴史協会のコレクションの中で見たことがあります。『グレイス号』もまた小さな船でした。

これらの船は、アメリカ大陸の太平洋岸北西部においてラッコの皮を積み、それをこの極東の地で売ろうとしてやってきたのでした。嵐からの避難を理由にして樫野浦に入り、十一日間そこに停泊しました。

いかにもヤンキーらしく、船長は日本人と取引をしようと考えたのでしょう。交易ができればお互いの利益になるというわけです。中国で一枚百ドルもするその毛皮をここで売ろうとしたわけですが、日本人はその種の通商には馴れていなかった。毛皮は売れず、積んでいた鉄砲もここでは売れなかった。しかし、日米関係を最初に開いたのは、たしかに彼らでありました。昨年（一九七〇年）、日米の間の貿易額は百億ドルに達しておりますが、何ごとにも最初というものがあるように、これにも最初があったのです。今述べましたこれらの二隻の船が、日米通商の最初であったのです……」

「グレイス号」をアメリカ船と見ているのは間違いなのだが、ケンドリックが日米通商のために来た最初のアメリカ人だったことを強調していた点で、このスピーチの持っている意味は大きい。この時点で、きちんとした研究をもとに、日米交流の最初がそれであったことの確認が正式になされるべきであった。折角、ヴァンザント氏から証言を得、記念館まで建設しながら、私たちがそれに「魂」を入れることをせず、ケンドリックの来航を漂着としたまま多くの日を送ったことは、返すがえすも残念なことであった。

第十二章　グレイス号とアーゴノート号

グレイス号とは

ジョン・ケンドリックとウィリアム・ダグラス――。この二人は日本へ来たあと、一体、どうしたか。

ホプキンズの話では「アメリカ北西海岸に向かったが、途中で離れ離れになった」とあった。ケンドリックはハワイへ、そして「グレイス号」はマカオへと去ったのではなかったか。

彼らはいずれもが、その後もアメリカ北西海岸と東洋とを結ぶ交易を続けるつもりだった。そのためのルートの確保、商品の見通しを常に念頭においていた。

紀州串本まで来たあの「グレイス号」についての考察はすでに述べた。その船が公式の船籍を示す書類を持たないモグリのものであったことも指摘した。ウィリアム・ダグラス船長は、何を考え、何をしようとしていたのか。それらは一切知られない。

第一、それについての記録が、日本にはまったくないのだ。その船長についても、船自体についても、ほとんどといっていいほど書かれていないのである。

ケンドリックと「レイディ・ワシントン号」についてだって、記録は決して多いとはいえないのだが、それでもまだ少しは記述があるというのに、「グレイス号」とダグラス船長については、まったく無視されている。「レイディ・ワシントン号」と一緒に来たのに、この違いは何なのか。

「本船ハ紅毛船ナリ……」に始まり、「船長ノ名ハ堅徳力記デアル」で終わるあの『南紀徳川史』の記録にも、ダグラス船長たちについての言及はなかった。船に乗り込んでいって、船の中の中国人と筆談した李俊の話にも、「グレイス号」の話は語られていない。村民が鼻の先のとがった大男たちに招かれ、飲食までさせてもらい、紙を与えられたというのも、ケンドリックの船「レイディ・ワシントン号」上での話である。

先に示したケンドリックの文字の書き写しにも、「グレイス号」については、まったく何の説明もなかった。国名、地方名、船名も、人名も、すべて「レイディ・ワシントン号」に関するもののみであった。これでは、まるで「レイディ・ワシントン号」のみが日本へやって来たというのと、同じだった。

いや、同じだったといい方はおかしい。実際、二隻の船が連なって来ていたとはいっても、歴史的な意味では、本当に「レイディ・ワシントン号」だけが来ていたのだ。「ケンドリックと一緒に来たのだから、きっと『グレイス号』は僚船のアメリカ船だったのだろう」とするのは、一般の勝手な思い込みにすぎない。
書籍における説明でも、「グレイス号」をアメリカ船と記載してことが多いことも、そのカン違いを補強している。ハワイ大学サカマキ教授の名著 *Japan and the Unitede DStates 1790-1853* にもそうあった。彼が日本に来たときには、もうイギリスの船を去っていたのだが、もともとがイギリスの「アーゴノート号」の僚船「イフィゲネイア号」の船長として雇い入れられた船長だった。英国国王任命の法務官吏となったジョン・ミヤーズから「アーゴノート号」のコルネット船長に与えられた書状にもこうあった。

「一七八九年四月十日、マカオにて。
私ジョン・ミヤーズは、権限をもって、『イフィゲネイア号』(ウィリアム・ダグラス船長)と『ノースウエスト・アメリカ号』(ロバート・ハンター船長)の指揮を、ジェイムズ・コルネットに委ねます」

ウィリアム・ダグラスがイギリスの商社と深い関係にあったのは疑いもないところで、ケンドリックと一緒に串本へ来たときにはコルネットたちとは離れていたとはいっても、時間的にも引き続いてのことであって、彼らの関係は何らかの形で残っていたと見ていいのではないか。現に、コルネット船長の「アーゴノート号」も同じ年の八月には日本へ来ているのだ。ウィリアム・ダグラス船長をケンドリックに付き添わせたのには、イギリスのアメリカに対する警戒、ケンドリック船長の行動監視といった意味もあったと見るのが自然だろう。そういう見方をすれば、この「アーゴノート号」のこともまた違った重要性をもってくる。

日本を狙うイギリス

「アーゴノート」(argonaut)とは、金の羊毛を求めて出発したガレー船の勇士たちを意味する。黄金を求めるイギリス人たちの気持ちをよく表した船名だった。日本では「アルゴノート」と記されることがあるが、発音は「アーゴノート」が正しい。

当時のイギリスの世界制覇に賭ける情熱は大変なものだった。太平洋に乗り出して来ていたのも、単に茶や香辛料の貿易を独占的に支配したいという狙いのためだけではなかった。東洋における通商全体を独占しようとしていたのだった。

ケンドリックより先に広東へ行って通商の任務にあたっていたアメリカ人サミュエル・ショーも指摘していた。イギリス人がマカオにも居留地を持つことを計っていたり、インドにおいてはイギリス人以外に船を売ることを禁じたりしていることを見ても「彼らイギリス人は地球上の通商の権利を独占しようとしているのだ」と。

いうまでもないことだが、イギリスもまた、古くから日本との交易を懸命に模索していた。一六七三年七月には、長崎に「リターン号」を送って、貿易を求めたことがあった。しかし、そのときには、一カ月も熱心に交渉したけれど、許可は得られず、虚しく退去した。一七八七年になって、ジョン・ミヤーズ隊長のもとで再び日本へ行くことが計画され、わざわざ「日本へ行くために」と目的を限って、マカオで一隻のポルトガル船「シーオッター号」(SeaOtter)が購入された。しかしこれは、いざ出航となってから、船に不都合のあることが判明し、彼らはその計画を断念した。

そして次に買ってきた船が「アーゴノート号」だった。日本へ行く目的を持ちながらも、まずはその前にとアメリカ北西海岸に向けて出るとき、マカオで雇い入れられた一人が、「イフィジェニア号」のウィリアム・ダグラスだったというのだから、彼との縁は浅くない。ダグラス船長の日本来航を、ケンドリックとの個人的な関係のみで見ようとするのは間違いと見なければならない。それよりはるかに大きな力でダグラスを動かしていたのは、そこにあったイギリスの意思だった。彼はイギリスによって利用されていたといえるかもしれない。

イギリスはアメリカの独立によって大陸東海岸のニューイングランドを失った。そして先年、今度はその北西海岸で、スペイン軍と対立し、結果として追い出された。それは、単にその大陸での居留地作りに、彼らが失敗したということにとどまらない話だった。アメリカ大陸を一つの拠点としたアジアとの通商の独占、ハワイの開拓、日本の門戸開放といった狙いが、すべて怪しくなることを意味していた。日本への思い入れがここにきて一層あつく、にわかに高まったのも当然だった。

彼らには、鎖国日本を開国させ、国際的な通商の場に引き出すことは、日本人を喜ばすはずだとの考えがあった。ジョン・ミヤーズと同様に東インド会社の貿易船の船長を務めたリチャード・エッチズは、母国の科学者ジョセフ・バンクスへの手紙(一七八八年七月十七日付)で、「私たちの狙いは、イギリスとアメリカ北西海岸及びアジアの国々とを直接結ぶ通商のシステムを恒久的に打ち立てることだ」と書き、そして続けて、「そうなると毛皮の市場も大きく広がるわけで、日本列島に当たってみてもきっと大成功することだろう」としていたのだった。

アーゴノート号の来航

そんなイギリスが、アメリカのケンドリックが日本を目指したと聞いて、じっとしているはずがなかった。ダグラス船長をそれに添って行かせたのも、コルネット船長の「アーゴノート号」を送り出したのも、アメリカに出し抜かれてはいけないとの思いだったと思う。もともとイギリス人たちが持っていた日本開国への野心を、アメリカ人に掠め取られてしまうわけにはいかないのだ。

ケンドリックが串本・大嶋に来た同じ年の八月に、「アーゴノート号」が日本に来ていたというのは本当か。ならば、彼らはどうしていたか。

どんなリストでもいい。この時期の外国船来航の表があれば、是非確認してみてほしい。ケンドリック来航の年のところには、きっとこのような記述があるはずだ。

一七九一年四月　「レイディ・ワシントン号」(ケンドリック船長)
「グレイス号」(ダグラス船長)

同年　八月　「アーゴノート号」（コルネット船長）

つまり、それはこういうことなのだ。

一七九一年という年には、日本に三隻の西洋の船が着いた。「グレイス号」は実質的にはイギリスの意向を体していたからイギリス船といってもよかった。それらのうちの二隻がイギリス船であって、アメリカ船「レイディ・ワシントン号」はイギリス船に挟まれるようにして日本に来ていたということ。ケンドリックに託されていたアメリカの意思と、コルネットとダグラスに委ねられていたイギリスの思惑とが、この年日本でぶつかり合っていたということなのだ。ダグラス船長本人の考え、あるいはケンドリックの受け取りようについては、詳しくはわからない。しかし、イギリスの意志は「アーゴノート号」の行状から見当をつけることが可能だ。幸いなことに、「アーゴノート号」船長だったウィリアム・コルネットは、日記や書簡類をしっかり残しているのだ。彼らの航海を記録したその日誌（*The Journal of Captain J. Cornett, 1940*）までが出版されているのである。

船のオーナー（ダニエル・ビール）からコルネット船長への航海命令書が残されている。

一七九一年七月二十五日、マカオで書かれたそれには、初めから日本へ行く上での注意ばかりが長々と書かれていて、端的にまとめようとしても、とても出来ないほどのものだ。一部に限るが、必要なところをそれから引用することにしたい。

コルネット船長への航海命令書

「ジェイムズ・コルネット船長殿

コリア及びジャパンへの航海をするのに必要だと貴殿が列挙したものを私は提供しました。それらを貴殿に受け取って頂いた今、風向きと天候がよければ、すぐにも出帆して頂きたく思います。

これから貴殿が行う航海について、あらゆる状況下での細かい指示を出すことは困難です。従って、ここにあるのは奨励、お勧めというものであることをご承知頂いて、状況に応じて臨機応変にやって頂きたく存じます。

私は、ジャパンが、ラッコの毛皮が売れる可能性の最も高いところだと思っています(I consider Japan as the most probable place at which you will meet sale for Cargo of Sea Otter Skins.)その理由というのは、これまでも相当な量の物品が北の港からそこへ輸入されているが、ヨーロッパからといってもオランダ以外の国からは行ってなさそうだからです。貴兄には直接対馬へ行って貰いたいと思います。対馬は日本本土と物品の交流があるからです。対馬へいってみて、そこに日本本土からもコリアからも人の流れがあるということがわかれば、船荷が最も高く売れるのはどこかもわかりますし、コリアの南の港に入る方がいいのか、日本の首都江戸へ行くのがいいのかもわかろうというものです。

日本の中で、貴殿が入港するのに最も適しているのは江戸だといっておきます。というのは、日本と交易する特権を唯一有するオランダが、貴殿がもしも長崎へ行って交渉するとなると、きっと妨害するだろうからです。首都からの許しを得た者でなければ、長崎へは入れません。貴殿が日本へ行ったとき、日本人がまったく威張らずに貴殿を尋問するのか、あるいは、直ちに退去を命じるのかは、はっきりとはわかりません。しかし、もしも、幸いにして前者だった場合、特に注意して、次のことを日本人にわからせてください。すなわち、貴兄たちがイギリス人であり、船がイギリスの船であること。また、宗教については(聞かれた場合だが)、オランダ人たちと同じであること。長崎、あるいはどの港に行くにしても、目的は毎年交易に来ることの許可を求めるものであること。船荷を集めるために北に向かって進み二年も掛かったこと。マカオでは船の修理をしてきたこと、等々。そういうことになると、貴殿は受け入れられ、オランダ人たちと同様に荷をさばくことが出来るものと期待できます。貴殿より先に長崎へ行ったイギリス船の場合、入港が断られたのは、イギリス人が嫌われたからというより、オランダ人による陰謀、もしくは誤った伝え方によるものでした。時間はそれから相当経っているから、偏見はまったく消えてしまってはいないまでも、かなり弱まってはいるはず。その偏見を確認するのも打ち破るのも、貴殿次第です。(略)

幸いにして日本の港へと入れた場合、必ず相手に次のことを伝えてください。オランダが運んで来ているのと同じ羊毛、ラクダ織り(分厚い防水布地のこと)、錫、鉛、鉄、その他、香料を除く諸々のものを提供できる国を代表して、貴殿が日本へ来たのだということです。また、日本人が置き時計や腕時計を使っているかどうかをよく見てきてください。もしも使っているのなら、これからあとは特に最良の品質のものを提供して、ご使用に供することを伝えてください。（略）

積み荷と交換してくるものは、金か銀。

金や銀のほかにも、手に入るいいものは、出来るだけ獲得することとし、イギリスで生産されているものよりいい製品に、どんなものがあるかも調べてください。

羊毛やラクダ織りが望まれた場合、好まれる色や材質を確認してください。（略）ラッコの毛皮の輸入を禁じるなどということは、想像も出来ないことだし、守っていられるものでもありません。たとえ、輸入禁止に逢って、船のオーナーたちの損害になることはあったとしても、相手国の商業の一つの部門を切り開くこととなったら、一人として喜ばない人はいないと思います。少なくとも貴殿は、敬意と度量をもってする通商の開始を目的に、日本へ行った唯一の英国船の指揮を任されたことに、きっと満足を感じられるはずです。ジャパンにしろ、コリアにしろ、貴殿がこれまで人の訪れることの少なかったところに行って交渉し、そこの住民たちにヨーロッパ人、特にイギリス人への好印象を植え付けられることを、私は期待しています」

このあと、飲酒への注意などがあって、船員全員への注意を続けている。特に日本へ行ったときのことに触れているのが興味を引く。

「出港しましたあと、出来るだけ早い機会をとらえて、乗組員たちに航海の目的と各自の役目を心に刻むようにしてくだい。すぐには修得できることではありませんが、中国人、日本人、及び他の東洋の国々に関して、彼らの行動の規範となっていることや国外追放の重さ、清潔さ、威厳ある振る舞いなどの特質を、乗組員に徐々に実地に教え込んでください。それらの教訓を例証するのが貴殿の義務となります。

船体は絶えず洗って、出来るかぎり、清潔に保ってください。船荷については、特にこの点に留意してください。要は、何事においても、ヨーロッパ流の礼儀と慣習が相手に好意的に受け入れられるよう心掛けてほしいということです。(略)

帰路には(マカオから二、四リーグ南の)ラークス・ベイに停泊し、そこから信用できる人に私宛の手紙を託してください。私たちが共に広東にいた場合は、マッキンタイア氏からそこで受け取ることにします。

ご健康、ご多幸、そして無事のご帰還をお祈り致します。

「アーゴノート号」オーナー　ダニエル・ビール

一七九一年七月二十五日　マカオにて」

六カ所で上陸を試みる

その日誌のうち、日本に接近したところをを抜粋したい。八月、対馬への上陸を試みる辺りの記述にこうある。彼らが島を目指していたことは、前にも記したとおりだ。

「港がどちらの方向にあるのかは、すべての船の進み具合でわかったが、どの船も乗陸を許してくれない。いろんな身振りでサインを送ってくるが、意味がわからない。『長崎』(Nagasacki)といって指さす方向も、ある者は一方を指し、またある者は他方を指す。私たちの通訳も、彼らの言語を一言も理解できなかった。忍耐もついに限界に達して、私は船を岸沿いに走らせることにした。やがて船は砂州のある港か川口にある大きな町の沖合に着いた。岸から五、六マイルといったところで、水深は十三尋。上陸のためボートを出すも、沿岸の警備の船に止められる。何の情報も得られず、交渉もなかった。彼らの船の者たちは『Curre-curre』と叫んでいたようだ。そう言いながら、彼らは立ち退くようにとの指図を示した。この『Curre-curre』の意味が、私にはわからない。日本の南の地方へ行ったことのある者は意味がわかるというのだが……。私の考えでは、それは彼らと共に生活したポルトガル人かスペイン人から彼らが学んだ、「行け」とか「急げ」とかいう意味の言葉ではないかと思う。上陸しようとすると身振りで脅し、もしも立ち去らないのなら、首をちょん切るぞと威嚇する。私は十三日の土曜日まで待つことに決めた。それまでには彼らも考えを改めることを期待したのだ。夜が明けると、彼らのボートがこちらに近づいて来たので、期待どおりになったかと思ったのだが、近づいて来るにつれ、その身振りで私たちに去るようにと要求していることがわかった。私は去ることに決めた」

対馬で彼らが浴びたという『Curre-curre』という言葉は、そのままではわかりにくい。「クレ!」も「カレ!」も日本語にはないからだ。私はそれは「コラ、帰れ!」だったのではないかと思っている。あるいは、「帰れ! 帰れ!」だったか。二つの語がハイフンでつながっているのも、二つが続けて叫ばれたことを示している。

これらのいずれかだとすると、彼らの動作と一致するし、第一、こんな場面で最もよく叫ばれそうな言葉ではないか。ポルトガル語かスペイン語だろうという推測は当たっていないと思う。

ともかく、「アーゴノート号」は日本までやって来て、合計六個所で上陸を試みながら、結局は成功しなかった。対馬のほか、福岡、平戸などでのことだったらしい。木材や食料は得られたというが、その代金は受け取ってもらえなかった。コルネットの不満はほかにもあった。オランダ人から貰っていた海図というのが、間違いだらけだったことだ。オランダ人たちはコルネットを誤導するために、故意に間違った情報を与えたのだろうというのだ。水深も水路も、すべての情報が間違っていた。

それはともかくとして、イギリスの「アーゴノート号」がこれほどまでに日本と接触しようとしいる背景には、ケンドリックたちアメリカ船の行動が刺激になっていたことはいうまでもない。このコルネット船長との関係の深いダグラス船長のことだ。あの「グレイス号」の串本来航ももアメリカ船への監視の意味だったと受け取るのが正当というものだろう。

大嶋樫野「前の浜」

私はここで、イギリス船とアメリカ船の日本寄航の様子の違いについて、改めて書いておく必要を感じる。イギリス船「アーゴノート号」の日本接近の場合と、アメリカの「レイディ・ワシントン号」の場合との比較だ。そこには、あまりにも大きな違いがあった。

ケンドリックたちの日本寄港が大成功だったというわけにはいかないが、少なくとも、「Curre-curre」と罵られてはいないし、「首をちょん切るぞ」と強く威嚇されたりすることもなかった。薪を取りに来たアメリカ船員に地元の者が抵抗の姿勢を見せた記述があるが、対馬の様子とはまったく状況を異にする。それはむしろ、自分たちがいかにまじめに鎖国の体制を保とうとしたかを示す証拠作りのために書き残したとも考えられる。本気で拒否するのだったら、上陸を許さぬ激しさが現れていなければならない。

「レイディ・ワシントン号」の場合は、先述のとおりハズウエルの記録に「日本の南の海岸で、最大級の歓迎を受けた」とさえあるのだ。

もちろん、大嶋の人たちも彼らの出現に大いに驚いたことだったろう。思ってもいなかった二隻の巨大な帆船だ。「レイディ・ワシントン号」も「グレイス号」も海にあってはごく小さな船だが、樫野の「前の浜」の人たちには、巨大に見えていたはずだ。人々は驚き、かつ恐れながらも、それに接近し、船に上り、一緒に酒など飲んでいるのは何とも大きな違いだといえる。続いて船に上がろうとした者が拒絶されていたのは、一度には多勢を入れない彼らの習慣から来ている。

先述のとおり、それまでの異国船は日本海側を通るのが通例で、そのときには対馬が接触を試みられる島になるのもまた通例といってよかった。従って対馬の彼らには異国船に対する備えが常になされていたという事情があったろう。

丘の上から樫野村を見る。中央右手の小山に雷公神社がある

串本は違う。だいたい太平洋岸伝いには、あまり異国船は来なかった。警備の意識でも、かなりの違いがあるのは当然だった。そうした違いを承知した上で、私は一つの素人考えをここに持つ。それは「前の浜」に直接隣接している雷公《なるかみ》神社に関することだ。証拠があっていうのではないが、この神社に伝わる「走り祭り」の影響もあったのではないかと思うのだ。

紀伊大嶋・樫野。ケンドリックたちがやって来た「前の浜」のすぐ近くに、雷公神社なる宮がある。簡素な神社だが、浜からは直接数十段の石段があって、ちょうど樫野浦を至近距離から見下ろす位置にある。

もともと、浜に続く平地には集落があり、農地も多少はあったようだが、台風や津波の難を逃れるために人々は高台へ上がってしまい、今ではひと気はまったくない。もしも今、何かの縁でここを訪れる人があったとしても、そこに赤い鳥居を見るだけでも、奇異な感を持つかもしれない。それでも、十月八日になれば、ここにも人が集まる。

例祭の宵宮に営まれる「走り参り」という伝統行事があるからだ。松明を持った若者たちが、火の粉を散らしながら、地区を勇壮に駆け抜けるのである。

雷公神社　聞き捨てならないその由来

嘉承二年(一一〇七年)、鎮座地の下の浜に、神様が流れ着いたとき、近くの大龍寺の住職が松明を持ってお迎えに行き、神社に祭ったことに始まるのだという。「よくぞ来て下さった」という思いから、彼は浜辺まで走って行ったという故事から、いまも全員が走る。「走り参り」と呼ばれるゆえんである。村の青年たちの数も減ってしまって、今では大島駐屯所の自衛官が加わって走っているという。

浜辺に流れ着いた神を迎えに、火を持って走って行く祭り。こんな祭りを守っている村人が、たとえ突然来航の異国船を見たとしても、彼らにいきなり「Curre-curre」(「コラ！　帰れ！」)という言葉を発するだろうかと思うのだ。

見たこともない巨大な船と青い目の男たちに、人々はきっと驚きはしただろう。しかし、最初の衝動としての「帰れ！」の絶叫はあり得なかったのではないか。

とっさに村人たちの頭をよぎったのは、あの火祭りのことがはなかったか。もちろん、一瞬の判断ののちに、「今頃ここに神が流れ着くわけはない。あれは昔話だった」と思い直しはしたに違いないが、少なくとも、最初の一瞬には、神のことがあったのではないか。たしかに、いえることは、彼らには「敵が来た！」との思いは、ほとんどなかったろうということ。当然、それは彼らの反応に出ている。それでなくて、村民たちは彼らの船に登っていくはずがないし、一緒に酒など飲むはずもないのだ。

樫野浦にある雷公神社の石段の著者

いうまでもないことだが、ケンドリックたちはそこにそんな祭りが伝わっていることなど知らない。となると、これはまったくの偶然ということになるが、もとより熊野の海岸にあって、海を眺めて暮らすこの地の民には、「いいもの」「尊いもの」は海の彼方から寄り来るものだとの信仰があった。折口信夫の「マレビト」の思想もそうである。神武天皇が東征の際に上陸したのも熊野だったという神武伝説もまたこれに呼応する。

ひょっとすれば、この話にハワイでのキャプテン・クックのことを思い出された方もおられるかもしれない。彼がケアラケクアの浜に上陸したのは、その名が「神の通り道」という意味であることを知っていたからだといわれている。クック船長は身の安全のためにその情報を活用したのだったが、皮肉にも彼はそこで殺されている。

それはともかく、偶然ながら〝神がかり〟の浜であることにも気づかず、偶然ここに着いたアメリカ人たちは、キャプテン・クックのように村人に殺されることもなく、また「アーゴノート号」のコルネットのように追い返されることもなく、村民と自然に接触した。

「レイディ・ワシントン号」が停泊し、船員たちが上陸してきた樫野には、当時はまだ「前の浜」から続く村落が存在していた。その跡の様子は、今行っても多少は見られる。畑なども少しはあったようだ。しかし、その後の嵐や津波など自然災害に耐えられずして、人々は丘の上へとそっくり移動してしまって、村は神社を残して消滅した。村の首長はケンドリックから、身分証明として差し出されたメダルやその他記念の品を受け取っているはずなのだが、いまやその当てもまったくない。そこの土の中に今も埋められているのだろうか。

それからもう一つ空想のついでに書き加えれば、もしもそのとき、この地に相手に説明できるほどの意思疎通の手段を持つ者がいたなら、捕鯨のやり方の話を持ち出して、両者はきっと肝胆相照らす仲になっていたのではなかろうか。アメリカ大陸北西海岸にあって、地元の大首長マッキーナと一瞬にして仲良くなったのも捕鯨の話をしてからだった。捕鯨に関しては一家言を持つケンドリックのこと、熊野の海岸に伝わる独特な「網掛け法」のことを聞けば、必ずや深い興味を示したと思う。

アメリカ船を名乗り続けるグレイス号

一緒に来ていた「グレイス号」のダグラス船長については、もうこのあとはほとんど話に出てくることはないから、ここで総括的にある程度の結論を私なりに出しておかねばならない。

彼は、紀州串本の大嶋では、何も特別なことはしなかった。ケンドリックたちのように地元民を船に招いて酒を飲み交わしたりしなかったし、積極的に彼らと交流しようともしていない。官憲にもしも捕まってしまったりしたら、余計に面倒なことになるのを極度に恐れていたものと見える。船籍を証明する正式書類などを、彼は持っていなかった。だからこそ彼らは、ケンドリックの「レイディ・ワシントン号」について来ていながら、少し離れたところからケンドリックたちの行動を監視だけしていたのである。

「監視」という言葉が大きすぎるというなら、「関心をもって見守っていた」と言い換えてもいい。ケンドリックがどんなことをするのか。地元の人たちはどう反応するのか。ダグラスがそれを見ようというのであって、自らは通商を試みたり、自分の立場を表明したりしようとはしなかったわけである。

ダグラスの乗っていた「グレイス号」は、アメリカが国家的な意図を託した船では決してなかったし、その将来を懸けた貿易ルートの開拓を目的とした船でもなかった。

彼らが、「レイディ・ワシントン号」とは違って、白檀を少々船荷として積んでいたというのは、皮肉なことであった。ダグラスもハワイで白檀を発見した一人で、ケンドリックにその存在を教えたのが彼だったとの説もあるほどだ。見本としてなのか、彼は「グレイス号」に何本かを積んでいたが、もしもそれをここで見せていたらどうだったか。毛皮よりははるかに大きく地元民の興味を引いていたのではなかったろうか。それもしないで、ダグラス船長はじっとケンドリックに目を注いでいた。その底にはアメリカ人に対するイギリス人の宿命的な警戒心があったといえそうだ。このあと、日本にやって来るフランス船を追って、やはりイギリスの「プロビデンス号」(ブルートン船長)が、その行動の偵察のために来日している(Aliens in the East)ことを見ても、これは理解できることだ。

いささか極端な話をするなら、ダグラスはイギリスの関係者から、場合によってはケンドリックをこの世から消してしまう計画をすら話されていたのではなかったか。「場合によっては……」というのは、ケンドリックが日本での交渉で確実な成果を挙げていて、両者融和のもとに今後も発展しそうに見えた場合である。

実際には、そんなことは起こらず、ダグラス船長も静かに日本を離れたのだが、この三年半後のハワイでのイギリスたちによるケンドリックに対する仕打ちをみれば、これも奇想天外な考えともいえないと思う。

第十三章　グレイの栄光とケンドリックの不運

白檀の夢

日本を離れてからの「レイディ・ワシントン号」には、アメリカ北西海岸へ戻る前に途中でハワイに立ち寄る必要があった。

ケンドリックの必要とは、いうまでもないだろう。そこに残して来た三人に会わねばならない。実は、このあとのケンドリックには、思いがないことが三つも湧き起こるのだが、その最初はここハワイで起きることになる。

以前、彼らがニイハウ島に来たとき、そこに白檀が自生しているのを見て歓喜したものだ。中国で貴重品の扱いを受けているこの木を多く確保することにより、すぐにも貿易の大成功が得られる夢を見て、大喜びしたものであった。だからこそ、彼は少ない乗組員の中から、わざわざ三人を選んで島に残してきたのだ。白檀を出来るだけ多く切っておくようにといい残していた。

三人が命令通りに働いていれば、白檀の山は、彼の名において大きく積み上げられているはずである。この島々の白檀については、西洋人で気づいている者はほとんどいない。野生のその木を自由に、そしてふんだんに集めて、三人はケンドリックにその堆積の大きさを誇るにちがいない。ケンドリックはそう信じていたし、他の船員たちにしてもそうだった。ところが、実際に彼らがここに着いて見たものは何であったか？　白檀の山はなかった。三人の姿もなかった。白檀貿易による成功の夢は、ものの見事に消えていた。

この背景には、日夜続いていたハワイの族長同士の間の勢力争いがあった。多くの部族の間で、つねに血で血を洗う戦いが繰り返されていたのだ。族長たちが求めるのは、文明人たちの所有する武器や、その他の道具である。先に飛び道具を得た者が、ともかくも相手を倒すことができた。

三人の船員たちは、ケンドリックの期待通り、山に入ってゆっくりと木を切ってなどしていられなかったのだ。彼らの持っているピストルや鉄の道具が、先ず狙われた。これらのために生命までが狙われた。とうていのんびりなどしていられなかった。ケンドリックは彼らの逃亡を知って愕然とした。

その三人がどこへ消えたかについての話が、イングラハムの記したところにある。彼は「コロンビア号」がボストンを出たときには二等航海士として乗り込んでいた男だが、途中でウッドラフの代わりに一等航海士となっていたことは既に述べた。しかし、もうこのときには「コロンビア号」を降りていて、他の商船に雇われ、「ホープ号」の船長としてハワイへ来ていたのである。

一七九一年五月二十三日の記述の中から引用する。

「私はカイアナの族長ティアナにたずねてみた。あのケンドリックたちとは、あれからあと会うことがあったかどうか、それにあの三人はどうしたかと。族長の返答はこうであった。自分はその後、ケンドリック船長とは会っていない。彼が残していった三人のうちの二人は、ダグラス船長の船でマカオに行ってしまった。一人だけがオアフ島で族長のティティエレと共にいる」

「二人がダグラス船長の船でマカオへ行った」という事情がよくは理解できないし、もう一人のこともはっきりとはわからない。族長のもとに身を寄せて保護してもらっていたとの話もある。はっきりしたのは、三人が消えていたということ。白檀の山の夢も、彼らと共に霧散してしまったというわけだ。

ハワイを拠点とした三角貿易を立案し、それに賭ける気持ちの強かったケンドリックだが、その計画はものの見事に頓挫した。

白檀はたしかに貴重な木材だが、香りの高い部分というのが根に最も近い部分。幹ならどこでもいいというわけではなく、一番低い位置のところなのだった。ということは、つまり、それを採るには木を根こそぎ取ってしまわねばならない。無駄の多い木材だということがわかった。それに、成長もまた遅く、達成までには四十年も掛かるのだった。

結局、ケンドリックの夢は、のちに彼の同郷の後輩であったジョナサン・ウインシップとその弟によって果たされることになるが、一時期は産業として大いに栄えたものの、乱伐のあとに急激な衰退が待っていたのも当然だったか。

第二の当て外れ

ケンドリックにとっての第二の当て外れは、一七九一年七月十二日、ケンドリックたちの船がバレル海峡(ヒューストン・スチュアート海峡)から南進し、再びヌートカへとやって来たとき、信頼していたあのマルチネスが、もはやそこにはいなかったことだ。

ケンドリックは前回ここを離れるとき、東洋へ行ったあと再びここに戻ることをマルチネスに告げていた。戻ったときには、前と同様に寄港を許してもらう約束にもなっていた。マルチネス自身がそれを許してくれていたのだ。だから、ケンドリックにすれば、今こうして北西海岸に戻ったのは、すでに予定の行動だったといってよかった。

ところが、来てみれば、そのマルチネスが本国に帰ってしまっている。なんでも、本土にいる彼の妻が、夫の不在によって自分と子供たちとの生活が台なしになっていると政府に訴え出たらしい。

ケンドリックが船を進めていくと、ヌートカのスペイン砦から、警告のラッパ音が送られてきた。海峡には入るなというのである。

しかし、ケンドリックはそれにはかまわず、帆走を続けていった。彼には、マルチネスから許可を得ていたとの思いがあった。

このときのことは、「いまや二本マストの帆船に改造された『レイディ・ワシントン号』が、アメリカ国旗を掲げ、武器を持った船員を乗せて侵入した」とスペイン側の記録にある。ケンドリックにはスペイン軍の行動が読めていたらしい。あらかじめ、彼は部下に「ラッパによる彼らの警告など聞こえなかったことにして船を進めるのだ」と命じていたのだという。これは、彼の持つ臨機応変の妙と豪胆さを、最もよく浮かび上がらせている例だといえる。

スペイン軍もそのままケンドリックたちの「侵入」を易々と許すわけはなく、すぐに追っ手を送ってきた。しかし、そのときには船はもう砦から十二キロ以上も離れたケンドリック湾(いまのマルビナス湾)に入り込み、錨を下ろしていた。ここでケンドリック船長に追いついたスペイン側は、彼に二つのことを約束させる。

「毛皮の買入れを一切、行なわないこと」

「早急にここを去ること」

ケンドリックは、一応、その指示に従ったと見せて船を動かし、海に出た。スペイン砦を避けてタシーズ川という流れの支流を通り、さらに運河を伝ってエスペランツァ入江に入った。

このルートはスペイン軍に入っていたジョン・ケンドリック・ジュニアが、通訳のガブリエル・デル・カスティロと共に、二年前の十月に発見したといわれるところだ。

ホスキンズの記録するところによれば、このとき、この隘路を通り抜けたケンドリックは、その間にもラッコの毛皮と土地の確保の目星をつけたのだというから、その手際のよさには驚かざ得ない。その毛皮というのも、一級品のもので八百枚あった。

グレイ船長は？

ケンドリックの行動は、これで大体のところがわかったが、ここで改めて振り返っておかねばならないことがある。あの「コロンビア号」のロバート・グレイ船長のことだ。ケンドリックと一緒にボストンを出ながら、途中の北西海岸で互いに船を交換し、先に広東へ行った男だ。

広東での通商はうまくいったはずであった。それを終えたあと、ロバート・グレイたちは、マカオで彼らを待っていたケンドリックたちを避けるかのように、走り去っていった。「嵐を理由に」約束を放棄したのだった。彼にも多少の気残りと躊躇いはあったのだろう。船主への手紙で、「会おうとはしたのだが……」といった心境を述べていた。

彼らはそのあと、どうしたのか。まずは、南シナ海を南下した。インド洋を横断。そして喜望峰回りで、一七九〇年八月九日、無事ボストンに帰り、大歓迎を受けた。市民が大喜びしたのも無理はなかった。建国からまだ日の浅いアメリカとしては初めての世界一周を果たしたのだ。それはこの国の明るい未来を予告する最高の実例だった。

船長ロバート・グレイの名が盛んに叫ばれ、高い称賛の声が起こった。本来の隊長がケンドリックだったことも、グレイが先に広東へ行ったのもケンドリックの指示によるものだったことも、まったく語られなかった。業績はすべてロバート・グレイその人のものとされた。いま、どの歴史書でもいい、アメリカの広東貿易成功の最初のところを見てほしい。一切がグレイのお手柄とされているのを見るはずだ。功名心にはやるグレイ船長がケンドリックを裏切り、彼を出し抜いて帰途についたということを正確に記しているものなど見当たらないだろう。

どうであれ、世界一周は世界一周。快挙は快挙であった。ケンドリックが帰還していないだけに、余計にグレイ船長の栄光に光が増した。歓呼の声はボストン中に充満し、独立宣言の最初の署名者として著名なマサチューーセッツ州知事ジョン・ハンコックも、彼らの歓迎のために飛び出てきた。騒ぎの大きさは、一七九〇年八月十一日付の『コロンビアン・センチネル』紙の記事に読める。

「大きな喜びをもってお知らせする。

八月九日、月曜日、グレイ船長率いるコロンビア号が、大陸北西海岸への探検の航海から、ボストンに帰ってきた。この船はスループ型帆船レイディ・ワシントン号を伴って、一七八七年九月三十日に出帆。翌年、目的地であるアメリカ大陸北西海岸に到着。そして、そこで毛皮の荷を積み、帰路、中国に至ってその荷を売ってきたのだ。

この航海を計画したバレル、ブラウン、ブルフィンチ、ハッチ、ダービー、ピンタードの各氏に、この国は大いに負うところとなった。通商の分野において、このような実験はいまだかつてアメリカ人によって試みられたことがなかったからだ。（略）アメリカは、この航海を果たした勇敢な海の男たちに対しても、負うところ大である。彼らは高い文明と礼節をもって、訪問した国の原住民たちの友情をかちえてきたからだし、さらにはその誇りと果敢さをもって、ヨーロッパ領主からアメリカ国旗への敬意と擁護を集めたからである。他国の旗は、その北西の地で掲揚を許されてはいない。（略）」

城の真向いにさしかかったとき、コロンビア号はアメリカ国旗に対して十三発の礼砲を放った。そして、直ちに城からの返礼の砲声を受けた。さらに港内での係留に際して、連邦国家への礼砲を放ったところ、市民は大挙して波止場に押しかけ、万歳三唱と心からの歓声をもってこれを迎えた。オウハヒー島（現在のハワイ・オアフ島のこと）の原住民一人も、このコロンビア号に乗って到着していた。

再び送り出されたグレイ船長

この記事の続きには、「レイディ・ワシントン号」も一緒に帰国したことを伝えていて、「積載力わずかに九十トンの『ワシントン号』が、そんなに偉大なる航海をしたことなど、いかなる国も成し得なかったことだ」としているのは、大きな間違いだった。

市民から特に興味をもって迎えられたハワイの原住民というのは、アトオイ（又はアトゥー）といって、オアフ島のある族長の息子だった。彼はここで皆から「ハワイの皇太子」と呼ばれて人気を集めた。一行は上陸後、波止場から州政府庁舎までのステイト大通りをパレードしたが、そのときには、「ハワイの皇太子」も一緒に行進した。彼の頭上にあった、太陽を象徴した真紅の鳥の羽のマントやギリシャ戦士風の鉄兜(てつかぶと)が、観衆の度肝を抜いた。

ケンドリックの次男ソロモンも、父親とは別れて「コロンビア号」に乗っていたのだから、こうして一旦は無事に実家に帰ったのだ。一家はさぞかし喜んで彼を迎えたことだったろう。ソロモンは皆に旅の総てを語って喜ばせ、各地からのみやげ物を広げたに違いない。カリフォルニア州パロアルトのアル・ケンリック氏のお宅にあった広東の皿や「シーチェスト」(船員が身の回り品を入れる木箱)など……あれは、もしも兄のケンドリック・ジュニアが持ち帰ったものでなければ、このソロモンのものだったのだろうか。

彼、ソロモン・ケンドリックはこうして一旦はたしかにグレイ船長と共に帰国したのだ。しかし、彼はいつまでも陸に留まってはいなかった。彼はすぐにも父親のいる海に戻っていくのである。彼にも、折角帰郷したのだから、しばらくは陸上での生活を楽しみたいという希望があったのかもしれないが、そうは事情が許さなかった。父を海から呼び戻したいという一家の願いを、彼は無視できなかった。

彼は再び海に出た。彼が乗った船は、当然ながら今度もアメリカ北西海岸に向かうものだった。ただし、「コロンビア号」ではなかった。グレイ船長二度目の「コロンビア号」も再び北西海岸へととって返しているのだが、ソロモンはそれを避け、「ジェファソン号」(一五二トン)の船員となった。そしてヌートカの「友情入り江」に入っていたときに、折よくそこに来ていた父と再会する。その再会ときのことが多少は知られている。父ジョン・ケンドリックは自分の息子がその船に乗っているとは露知らず、たまたまアメリカ国旗を掲げる船を見つけたので挨拶でもしておこうと行ったのだという。そこで出てきたのが次男ソロモンだと知って、ケンドリックは驚いた。

父ジョン・ケンドリックは、日本へ行ったことなども、きっとソロモンに語り聞かせたことだろう。串本のことについても、一体、どのように伝えられていたものか。

ソロモンはソロモンで、故郷ウエアハムの町のこと、ケンドリック家の皆がどのようにして暮らしているかを父に伝えた。三男ジョセフはもう十七歳になっていて、やはり船乗りになっていること。長女のハルダーでももう十二歳で、すでにヤング・レイディとなっていることなどが語られただろう。四男ベンジャミンも海に出る運命にあって、いずれは彼もその藻屑と消えるのだが、この時期にはまだ陸での生活で無邪気に遊んでいた。

ゴンザレスの話

ソロモンは他の人たちからの手紙も多く携えていた。一年半ほど前に書かれたものといっても、ジョン・ケンドリックには里心を誘うものではあったはずだ。それでもなお、彼は海にこだわり、ボストンへの道をとろうとはしなかった。彼はあくまでも、ハワイ、広東への交易の意思を貫こうとしていた。ハワイでの白檀、真珠などに将来の希望をつないでいたということもある。北西海岸での先住民との交渉を更に深めて、さらに多くの拠点を作るという夢もあったろう。

次男ソロモンとの再会で、彼が聞いた話の中でも、最も大きく彼の心を動かしたのが、ファン・フェルナンデス島の総督、ブラス・ゴンザレスについてのことだった。

最初の大きな苦難を受けていたケンドリックたちを助けてくれたのが、あの恩人だ。

北西海岸への航海の前半の時期にあって、ジョン・ケンドリックは「コロンビア号」に乗っていた。ボストンを出てから数カ月。はじめてケープホーンを回って太平洋に乗り出して間もなくのことだった。

第四章でも示したとおり、彼らは嵐に逢い、グレイ船長の「レイディ・ワシントン号」とも離れ離れになった。マストに損傷を受けて、彼らはチリ沖のファン・フェルナンデス島に漂着した。出港前から、「その一帯はスペインが勢力を張っているところだから寄港はするな」といわれていたところだが、危険の前にはどうしようもなく、彼らはその島に避難した。どんな仕打ちを受けるものかと覚悟していたところ、何と、ケンドリックは総督ブラス・ゴンザレスとすっかり意気投合したのであった。お蔭で、彼らは旅を続けられたのだった。

そのゴンザレスについて、次男ソロモンは意外なことをいうのである。ケンドリックたちの船を受け入れ、救助したことを理由に、ゴンザレスは国に呼び戻され、職を解かれたというのだ。アメリカ船に限らず、外国船に対する警戒をしなければならないときに、何という失態かということらしい。

立ち去った「コロンビア号」を追って、そのあとすぐに島からスペインの軍艦が出されたことを見ても、彼らのあわて振りが見て取れる。

「コロンビア号」の再出航

この話を次男から聞いたケンドリックは、すぐに母国の国務大臣トマス・ジェファソンに手紙を書いた。自分たちが助かったのはゴンザレスの人道的判断によるものであって、そのために罰を受けたのはあまりにも気の毒だから、彼への制裁の解除を頼んでほしという依頼であった。彼自筆の手紙のを見ると、なかなかの達筆であったことがわかる。

四年ぶりに父に会った次男は、父がこの北西海岸で先住民と親しく付き合い、友好を深めていることに、改め感心したようだ。

先住民との付き合いは、決して楽なものでなく、常に緊張に裏打ちされたので、少しでも配慮を欠くと、どう状況が変わるかしれない。そんな苦労をしながらも、父が彼らの間に深く食い入っていることに敬意を新たにした。同時にまた、彼は父親がここに存在を続けることで、スペインやイギリスの独走に対する牽制となっていることを評価したのではなかったか。

一七九一年十一月二十八日、「コロンビア号」も二度目の航海に出た。ボストン帰港のあと、ケンドリックの次男ソロモンはもはや乗っていなかったが、そんなにも早く再出発したのは、なぜだったのか。そのわけは極めて明快だ。

一般の人々が「コロンビア号」の航海成功に酔っていた一方で、出資者たちは、むしろ落胆していたからだ。その航海による毛皮貿易の実益を、彼らはもっと大きく見込んでいたのであった。確かに荷は売れたが、利益は何ほどのものでもなかった。

グレイ船長のいい分では、中国における毛皮市場が、すでにイギリス商人たちが持ち込んだもので在庫過剰になっていたからとか。彼がアメリカに持ち帰った茶も、船主たちの期待ほどに高くは売れなかった。もともと上質の茶ではなかった上に、海水に浸されてしまっていて、商品価値がひどく低くなってしまっていたからだ。

グレイ船長が広東で売ったという毛皮の数を不審に思う者もいた。グレイの説明では、売ったのは完全な毛皮が七百枚と、切れ端が三百枚だったというのだが，広東のエージェントだったトマス・ランドールはそこでの荷揚げを千二百十五枚と記録している。友人アレクサンダー・ハミルトンへの書簡では、切れ端も入れてのことだろうが、全部で少なくとも千五百枚はあったと伝えている。

しかし、これについては特に問題視されることもなかった。広東の通商では中間業者などに随分とかすみ取られることがあるからだとされたらしい。全体として、この計画が予定通りいかなかったのは、ケンドリックの責任だとする意見がグレイ船長とハズウェルから出されている。

帰ってきた「コロンビア号」を、もう一度送り出そうという考えが、直ぐに船主たちのあいだで起きたのも当然だったというべきかもしれない。

前回は、最初の試みとして、いろいろ無駄が多かった。それを省けば、きっと飛躍的な利益の伸びが見込めるのではないかとされ、わずか七週間後に、「コロンビア号」は再び海に送り出されてくる。

日本では何が可能か

ここにおいて、船主は二派に分かれた。その計画から手を引く派と、継続派だ。手を引いたのはジョン・ダービーとピンタード。彼らに代わって、ロバート・グレイ船長みずからが、友人二人と共に株主に加わっているところは注目していい。中心となったのがジョセフ・バレルだったことは同じであった。

株主たちの名と株数を記すとこうである。

ジョセフ・バレル　五株
サミュエル・ブラウン　三株
チャールズ・ブルフィン　二株
クロウェル・ハッチ　二株
ロバート・グレイ、デイヴンポート、マックレーンの三人で二株ジョン・ダービーが今回はその計画から下りているのには、わけがあった。みずからの手による船を、独自に送り出していたからだ。彼はそれだけ高く東洋貿易成功の可能性を見ていたという証拠になるだろう。「マーガレット号」というのがその船で、これは、享和元年（一八〇一年）、日本に来て長崎に入港した。船長のサミュエル・ダービーは彼の一族の者であった。

今回も船長への指示書というのがジョセフ・バレルから出されたが、それは、前回ケンドリックに渡されたものと、その精神においてまったく同じだった。利益の追求を目指しながらも、新興国アメリカの代表として行くのだから、「相手の信頼と友情をかち得るように心掛けよ」といい、そして、是非「日本への渡航を試みるよう」希望を述べているのであった。私はそのコピーをボストンの歴史協会で頂いてきたのだが、その重要な部分を引用すれば、こうだ。

「私たちは次のことを特に重要と考え、貴殿にも同様に考えて頂きたいと思っています。すなわち、どの地にあっても、地元の人たちと交流する際には、最も友好的に行うこと。そして、通商においては、有利さを笠に着て不正な手段で相手に付け込むことのないようにし、名誉ある行動によって、アメリカ人への敬意を植え付けるよう努められますように。（略）

広東を去ったあとには、日本の海岸や北京でどういうことが可能か、試してみてほしいと思います。ただし、投錨は、安全を確かめてからにしてください。もしも通商ができそうであれば、是非やって頂くようお願いします」

改めていま、私はもう一度念を押しておきたいと思う。

日本行きは《ケンドリックのときと同様に》グレイにも伝えられていたのであって、グレイの場合が最初なのではなかった。最初はいうまでもなくジョン・ケンドリック船長にも要望されていた。それは第三章を見て頂ければわかるのだが、実は、ここに問題がある。繰り返していうが、そのケンドリックにも渡されていた船主からの要望書の日本に関する部分が、一九九〇年に出された大著*Voyages of the Columbia*から抜け落ちているのだ。その要望書を一部抜粋にしたのみで紹介したところからの不備であって、私たちにとっては痛恨のミスだ。そのために、その書を用いるすべての研究者に誤解が生じている。つまり、船主たちが彼らに日本行きを勧めたのは、まるでグレイ船長の二度目の出発に際してのみだったかのように受け取られているのだ。日本訪問を勧める意向は、ケンドリックのときにまずあって、のちにグレイのときにも繰り返されたというのが事実である。ケンドリックはその勧めるところに従って日本へ来たが、グレイ船長は来なかったということが、別の問題として残る。

船主たちが帰国間もない「コロンビア号」を、急いでもう一度海へ送り出したのも、無理はなかった。これまでにもう何隻ものアメリカ船が東洋を目指して出ていったし、計画しているものもいた。彼らには、ケンドリック船長が「レイディ・ワシントン号」で集めているはずの毛皮を、早く手にしたいとの意向もあった。

再出発

広東貿易を目指して多くの船が出ていく時代となった。

同じボストン港から「ハンコック号」、「ジェファソン号」、「マーガレット号」などが、次々に出帆した。もちろん、イギリスからも何隻かの船が東洋を目指しているはずであった。

しかし、「コロンビア号」には強みがあった。彼らには前回の経験から得た知識がある。ルートについての知識だけではない。通商に必要な物資が何であるかが、今ははっきりしているのだ。以前には何が役に立つかも十分にはわからず、ずいぶん無駄なこともしていたものだった。先住民たちがほしがるであろうと、ローソク立て、ネズミ捕り器、ジューズハープ(口にくわえて指でひく口琴)、ポケット鏡などを多数持ち込んでいたが、鏡を除いたほかは、何の役にも立たず無用とわかった。そうした反省から彼らが選んで積んだ二度目の荷は、このあとに続く他の東洋貿易船にとって、格好のお手本となるものとなった。

荷を納入した人の記録から数量の明確なものを示すと次の通りである。前に示すのが商品納入者である。

ハーマン・ブリマー　銅板百四十三枚、あら織りラシャ・布地
ソロモン・コットン　木工用ノミ四二六一丁
アサ・ハモンド　靴百五十足

ベンジャミン・グリーン　青ダッフル・ズボン、ピーコート、外套など
サミュエル・パークマン　木工錐六グロス(八六四本)、ボタン十二グロス(一七二八個)
パーカー&ブルワー　ダッフル毛布
サミュエル・フェイルズ　釘

これらに加えて、アメリカ政府そのものが、マスケット銃とラッパ銃あわせて百丁の提供に応じていることも書き落としてはならないだろう。

また、納品書には名が出ていないが、ボストンの実業界から多くの物品を受けたり、応援を受けていたようだ。株主になることはやめたが、あのジョン・ダービーは大砲四門、旋回砲八門を届けている。セーラムからの運送料を負担したのが、キャプテン・D・ホーソンといって、『緋文字』で有名なナサニエル・ホーソンの祖父だったというのも面白い。

積み荷の値段は、一五一九ポンド十シリング、全体の投資額は六二五四ポンドであった。まだドルで記されずに、ポンドで記されているところが時代を感じさせる。スペイン語の pesos の略号としての ps が記号となって、$と書かれるようになったのは一七七五年頃のことといわれるが、まだこの時期には一般的にはなっていなかったのだろう。

船員たち

乗組員のことも、大体のところは分かっている。主なところからあげていくとこうである。

ロバート・グレイ　船長
ロバート・ハズウェル　一等航海士
ジョシュア・キャスウェル　二等航海士
オウエン・スミス　三等航海士
エイブラハム・モンテス　四等航海士
ジョン・ボイト　五等航海士
ジョン・ホスキンズ　書記

あとはその職務で記す。ケビン・ポーイ二名、甲板長、大工、大工見習、鉄工、武具師、樽作り人、料理人、絵師、裁縫師、製帆師、下級船員八名、見習い四名。

ケビン・ボーイ(給仕)の一人として、あの「ハワイの皇太子」ジャック・アトイの名があるが、彼を客人としてでなく、一船員として鍛えてやってほしいという父親からの依頼に応えての対処だった。

これらの船員たちのうちには、再び母港を見ることのない者がいる。二等航海士のキャスウェル、それに下級船員のバーンズとフォルガーの三人は、のちに「虐殺入江」で先住民に殺される運命にあり、甲板長のハードンは一七九二年三月、クレイオクオートで死亡することになる。

それをいうなら、ケンドリックの次男ソロモンも同じで、同事件に巻き込まれたことも付記せねばならない。彼は今度は「コロンビア号」には乗らず、別の北西海岸行きの船「ジェファソン号」に乗っていき、確かに父とは再会を果たしはしたものの、最後、不運に倒れるのは、のちに見るとおりである。一旦は故郷の実家に帰りながら、グレイ船長のボストンでのもて囃されかたを見るにつけ、父の汚名を晴らすよう説得してほしいと願う家族全員の気持ちを受けての旅立ちだったことを思うと、運命に翻弄される彼の姿がいっそう痛ましい。

帰るに帰れぬケンドリック

グレイ船長の「コロンビア号」は一七九〇年十月二日にボストンを出た。そして翌九一年六月に再びバンクーバー島に到着。同地に一年以上とどまって先住民から毛皮を買い続けた。その間に、日本からそこに戻ったケンドリックとの再会を果している。しかし、二人はもはや元通りに船を乗り換えることはせず、、ケンドリックはあくまで「レイディ・ワシントン号」に乗り続けることになった。

彼がどこまでも「レイディ・ワシントン号」にこだわっているのは、彼が二隻の隊長という身分からみずから身を抜き、単に「レイディ・ワシントン号」の持ち主となって航海を続けるという考えに傾いていたことを証明する。グレイが「コロンビア号」の船長となっているいま、自分としてはそれしか生きる道がないと見たのか、あるいは、自分にはその船を自前のものと受け取る資格があると判断したのか。「コロンビア号」には、前回北西海岸において、ケンドリックが集めていた毛皮も乗せて広東へと送り出したのだから、グレイ船長たちの成功にはケンドリックの分も含まれていたと彼自身は考えていたのかもしれない。北西海岸で先住民と便宜を交換し得るほどの好関係を結ぶ成果を挙げている。彼は自分がそれくらいの報いを得てもおかしくはないとの考えに至っていても不思議ではない。この時点から、ケンドリックにはすぐに帰国する気持ちが消え始めたと見える。船自体が一つの商品なのであって、自分がそれを買った、あるいは得たとして、彼はその船で航海を続けることにしたようなのだ。

おめおめとボストンに帰れたものではない というのがケンドリックの正直な気持ちだったのではなかろうか。

広東では毛皮は売れず、ハワイでは白檀も確保できなかった。

日本での通商も時期が悪かったうえに、地元民に喜ばれる商品を持っていなかったこともあって成功しなかった。旧暦三月二十七日では、紀伊大嶋は春の盛りで、毛皮が売れるわけがなかった。マカオで船を二本マストにするのに手間取ったのも響いた。

その借金をダグラス船長からしている。これからはどうしたらいいものか。

北西海岸でグレイ船長と船を乗り換えてからの不運続きに、彼は悩みを深くしていただろう。

第十四章　北西海岸で土地を買う

先住民の奇襲

ケンドリックの見当外れの三つめは、凄惨な結果を生むものだった。それは一七九一年六月十三日、彼ら現在のヒューストン・スチュアート海峡で停泊したときのことだ。

二年前のことを思い出してほしい。一七八九年の初秋、ケンドリックたちがそこにいたとき、ハイダ族先住民に衣類などを盗まれたことがあった。盗賊を捕らえたケンドリックは、しかし、特に厳しい罰を与えることはなく、彼らへの懲らしめのために、そこの族長二人を捕え、大砲の砲身に片足を突っ込ませたことで済みとした。もっと厳しい罰を与えてもよかったのだが、ケンドリックはその程度で許してやることにして、罪は問わなかったのだ。もともと、彼は先住民たちを「大人が子供扱うように彼らを扱った」との評される態度であったというが、このときの彼の行為もその一つであって、そうしたおふざけで、すべてを彼は許した気持ちだった。罪を感じた先住民側が、その償いにと供出した毛皮にも、結局彼は正当に代金を払い、二人の族長を釈放して、それでことは平和裡に解決していたと彼は思っていたのだ。ところが、これが思い違いだった。当のハイダ族先住民たちはそのときの恨みを忘れてはいなかったのである。

毛皮の買入れのために入港してきたケンドリックたちに対し、先住民たちは最初は友好的な態度を示した。通商はきわめて和やかに何の支障もなく進んでいるように見えた。その途中で突然、族長のコーヤがそのキーをとって武器庫の上に立った。そしてケンドリックの足を指しながら、あざけるようにこう叫んだ。「今度は貴様の足を、大砲の中に入れてもらおう」。

このあとのことは前著で詳述したから、ここでは繰り返さない。結末のみ記せば、コーヤは短剣で彼を刺そうとしたが狙いは逸れて、ジャケットを突き刺したにとどまった。ケンドリックに危害は及ばず、逆に相手に彼の実力を思い知らせるところとなった。

この一件をストーリー仕立てにし、ケンドリック船長を讃えたバラードが残されている。題してずばり「ケンドリック船長のバラード・勇敢な北西の人」(*A Ballad of Captain Kendrick : The Bold Northwestman*)。一八三〇年代にボストンで、これは大人気を呼んだという。

次男ソロモンの死

しかし、歴史の流れを見てみると、これを白人側の大勝、先住民側大敗と簡単に見過ごしてしまうこともできない。というのは、彼らの恨みというのは深く、このあとにもここの種族の抵抗は続き、一七九四年だけとってみてでも、少なくとも三隻の船が同じ場所の同じ先住民から強い打撃を受けている。

その一つは英国船(船名不詳)で、壊血病の者が多くなったのと、嵐で受けたマストの被害がいよいよ酷くなったこともあって、そこの海峡に入っていったところ、たちまち捕まってしまって全員が殺された。

次にサイモン・メットカーフ船長率いるアメリカ毛皮貿易船が捕まり、マストの頂上に登った一人を除いて、全員が殺害された。命拾いをしたこの男が、のちにボストンから来た船に助けられ、事件の一部始終を話したのだというが、それが三年前のケンドリックたちの一件とそっくりの事件だった。三件目は前件の成功に刺激されて起こったもので、ボストンから来た「ジェファソン号」の僚船、九十トンの小さなスクーナー船(二、三本マストの縦帆式帆船)が襲われた。今度は船倉に隠れていた一人を除いて全員が命を奪われた。助かった一人は彼らの奴隷たちの奴隷としてこき使われたあと、一年後に救助されたという。

しかし、見逃していけないのは、ケンドリックの次男ソロモンもこのときそのスクーナー船にいて他の船員たちと共に殺されていることだ。彼はこのとき「レゾリューション号」に乗っていて、今はもう船長になっていた。ヌートカで四年振りに父と会って感激のときを過ごしたばかりだった。

ハイダ族にしてみれば、やっとケンドリックへの恨みを晴らしたというところだったか。

このケンドリックとハイダ族との一連の事件の発火点になったのは、先述のとおり、ケンドリックが相手の足を大砲に入れさせたのも、盗みを戒める罰としてであって、本気のものではなかった。刑罰としては、彼はもっと厳しいことさえできたのに、彼はそんな茶目っ気丸出しの方法をとったのだった。これが族長たちにはシャレとは取られず，逆にひどい侮辱と受け取られていたのかもしれない。

いずれにせよ、これは双方に不幸な事件だった。これが二〇一二年九月末になって急に意味をもってくるのだから、歴史は侮れない。

彼らは忘れていない

二〇一二年九月末といったのは、つまり「コロンビア号」と「レイディ・ワシントン号」がボストンを出てから二二五周年が来るということにあって、出航の十月一日を祝日として祝おうという動きがケンドリックの故郷マサチューセッツ州で起きた。名称を「ジョン・ケンドリックの日」とすることに決め、ボストンはもちろん彼縁のハウィッチやチャヤタムの町々、それに記念館のあるウエアハムの町で、さまざまな計画がなされた。

二十五年という刻み方は、時間を十年単位で計ることの多い日本ではあまり馴染みがないが、欧米では四半世紀という単位として普通である。

ところが、九月も下旬に入り、肝心の記念日が近づいたとき、これに対する反論が地元の町の新聞『ケープコッド・クロニクル』に出た。「ジョン・ケンドリックの日」という呼称はやめにして、

「コロンビア号の日」にしてはどうかというのである。ケンドリック船長の子孫の一人、アンドルー・バックリー氏からの意見であった。

クィーン・シャーロット島の辺りでは、ハイダ族の子孫たちの間ではいまも例の一件が恥辱の話とし語り伝えられていて、過去のこととはなりきっていないから、記念日にケンドリックの名が出ることは、新たな問題を引き起こしかねないというのであった。「ジョン・ケンドリックの日」という呼称を「コロンビア号の日」にした方がいいというその提案は、船長自身の末裔からのものであったから、新聞でもそれに対する異存はなさそうであった。ちょうどアメリカ大統領選挙選がたけなわの時期でもあって、これが大きな問題になることを皆が恐れていたという空気も重なっていた。

しかし、「ジョン・ケンドリックの日」がいけないからといって、それを「コロンビア号の日」にするというのもおかしな話であった。なぜなら、一七八七年十月一日、国運を担ってボストンを出たのは、「コロンビア号」だけではなかったからである。「レイディ・ワシントン号」も一緒だった。

私はすぐに自分の提案をその地元紙に送った。「コロンビア号の日」だけでは、ケンドリックが日本へ来た事実が消えてしまうことを恐れたからであった。

本当は「ジョン・ケンドリックの日」が一番いいのだけれど、それが駄目なら「コロンビア号とレイディ・ワシントン号の日」では――というわけだ。それが長いというのであれば、短縮して

「コロンビア号とワシントンの日」でいくしかないとも書いた。私の提案は同紙に掲載された。結果はそのように決まり、二〇一二年十月一日には、その名において行事が行われたと聞いた。他愛ないこらしめに端を発した一件が、百年以上もたって今日に影響を与えた話になったのだった。

土地を買う

このあとのことで特筆すべきは、アメリカ北西海岸において、ケンドリックが広大な土地を買っていることだ。そこで土地を獲得しておくことは、ボストンを出るときから株主たちの希望にあったことだし、ケンドリックの念頭に初めからあったものだった。

国家の将来を考えれば、ラッコの毛皮による利益確保などとは比べものにもならないほどの話だということは、彼にもわかっていただろう。

この一件は、のちのちまでも議論を残す重要な話だから、本書においても具体的に示したい。ただし、詳しいことはわかりにくく、これに関する論争はこのあと数十年も続くのだが、要点をいえば、たしかに彼は土地を買うというその難事には成功しているのだ。彼が買ったとされる土地は最初は五筆。一七九一年七月二十日の日付けのある証文には、次の内容が盛られている。

「私、ヌートカの族長マックィーナは、他の族長と共に、マサチューセッツ州ボストンのジョン・ケンドリックに土地を売却する。十丁のマスケット銃と交換するのは、『レイディ・ワシントン号』が停泊しているヌートカのチャタクトゥースと呼ばれるところの東西南北九マイル以内の土地のすべての川、入江、港、島(注▼いずれも複数形)をも含め、さらにはその海と土地から獲れるもののすべてを含む。ただし、マックィーナ大首長はこれまで通り、ここに住み漁を行なうことが許される。先住民の言葉でチャタクトゥースとなっている地名は『安全避難港』(Safe Retreat Harbor)とすることにし、ヌートカ湾に通じるすべての水路や道路の自由な通行権が、ケンドリック及び彼の相続人、彼の指定する遺言執行者にあるものとする」

この売買が成立した七月二十日には、マックィーナ自身が「レイディ・ワシントン号」のマストの先に登り、土地の所在を示して四方を指したとのことである。

次の文面の最初の六人の名が先住民族長の名。×のマークは、彼らのサイン代わりである。次に続くのが、立ち会った「レイディ・ワシントン号」乗組員たちの名である。通信文の中ではほとんど顔を見せない彼らだが、たまたまこの書類の作成に立ち会っていて名が残った。かっこ内の説明は、私がつけ加えたものである。

Macouinnah ×
Warclasman ×
Hannopy ×

Clophananish　×
Tartoochtheatticus　×
Clackoeener　×
John Stoddard（船長付きの船員）
John Redman（二等航海士）
Thomas Foster（大工）
Willianl Bowles（製帆者）
Florence（Florece?）McCathy（不明）
John Porter（大工手伝い）
James Crawford（砲手）
Robert Green（樽製造人）
John Barber（鉄工）

このほかに、彼らが「モンゴメリー港」と名づけたところでも、ケンドリックは土地を買い入れた。先の証文と同形式の書類が残されているが、そこで彼が手にしたのは、十八平方マイルの土地とその付属物。代価はマスケット銃二丁、船の帆一枚、それといくらかの火薬であった。火薬の量は明示されていない。同じく立ち会った者のサインが付されている。

三度目の土地の獲得はチェナキントウと呼ばれるところで、北緯四九度五〇分、西経一二七度八分（現在のサリバン湾）であった。前と同様に港を含む十八平方マイルの土地が、マスケット銃六丁、船の帆一枚、いくらかの火薬、それにアメリカ国旗一と引き換えられた。

この時期においてもまだ彼らは余分の銃を持っていたとは、何と多くの銃を持ち運んでいたものか驚かされる（日本へ来たときもこれらは船の中にあったのだろう）が、アメリカ国旗を先住民がほしがったというのにも興味がそそられる。ケンドリックの土地の確保は、これらにとどまらない。タシーズでは九平方マイルをマスケット銃二丁といくらかの火薬で交換。さらに八月十一日には北緯四九度一〇分、西経一二六度二分のオピシタを中心に十八平方マイル。与えたのは例によって、マスケット銃四丁、大きな帆一枚、いくらかの火薬であった。ケンドリック船長の子孫の一人、オリバー・ケンドリック氏の研究によれば、船長はこれら以外にもさらに広大な土地を購入したとのことだ。

ケンドリックは北西海岸に土地を確保しただけでなく、砦まで造っていた。名称を「ワシントン砦」としているところからしても、彼はそれを国家としてのアメリカの財産としようとしていたことは確かで、たとえ最初は小さくとも、国としての主張、権利の確保のためのものだったといえると思う。土地や砦に関しては、個人としての資産獲得の意図はケンドリックにはなかったと思うのだが、船については違う。彼はそのあと、「レイディ・ワシントン号」を自分のものとしたいとの意向を明確に船主に示すのだ。

レイディ・ワシントン号を買う

ケンドリック船長の考えの変容は、ボストンの船主に宛てた彼の手紙に読むことができる。「コロンビア号」にも、「グレイス号」にも、大きな事情の変化があった。船の艤装などにかかった借金の弁解のあと、彼はこのように書く。

「一七九二年三月二十八日、マカオから。

……事情がこのようなので、私が望むような報告を今は貴方がたにお送りすることはできません。しかしながら、あえて強く申し上げたいのですが、私はこれまで自分の力の限りを尽くしてまいりました。それはすべて関係者の皆様の利益に供するためでありました。

ところで、今ここに一つ、私は貴方がたにとっても満足ゆくであろう提案を申し述べたいと思います。それは今後も今まで通り、私が貴殿たちに雇用された形で仕事を続けるか、あるいはレイディ・ワシントン号を私の自前のものとするか、のいずれかにすることであります」

ケンドリックの出した条件というのは、次のようなものだった。

「私が『レイディ・ワシントン号』を譲り受ける場合、勘定は一七九〇年四月十六日から計算し、その日以来の損益のすべてを私のものとする。船の代金として私が貴方がたに一万四千ドルを支払うものとし、支払いが完了するまで一二パーセントの利息をつけることとする。万が一、私の航海が成功に終わらないときでも、私の預金残高は中国に多額にあるのですから、一七九三年に北西海岸から帰りしだい、その金を直接貴方がたにか、あるいは広東にいる貴方がたの代理人かに送られるようにいたしますので、安心して頂いていいわけであります」

船が譲り受けられない場合の条件として、ケンドリックは、船長としての賃金月額五百ルピーと、上乗人（積荷の管理人）として利益の五パーセントを受けることを主張した。ほかに臨時の成功報酬をもこれに加えているが、すべて最初の約束にあったことだと彼はいう。

彼は二隻の船の総指揮を任されていたし、その指示のもとで「コロンビア号」は操縦したからであった。もしも自分がその船に乗って先に広東で通商していたなら、グレイ船長があげた利益よりも、もっと大きなものをもたらしたであろうとも述べている。

ということは、株主たちはひとまず帰り着いた「コロンビア号」の業績をグレイ一人のものとしたことは、ケンドリックへの配慮を欠いたものであったといえる。彼の手紙は次の言葉で終わっている。

「どうか私の節操と誠実さを信じていてください。

二、三日のうちに次の手紙をお送りします。私は断固として最初の契約に固執します。そしてあくまでも航海を続けます。

これについての詳細は、ドール氏に照会されますよう。彼は今、私が書き終えるのを待っています。

では、バレル様、これにて失礼いたします。

ジョン・ケンドリック」


ケンドリックがこの二、三日後に出すと約束している手紙は現存していないし、この手紙に対する船主たちからの返事も残されてはいない。したがって、この前後の状況はあくまで想像によるしかないのだが、オーナーたちはさぞかし、このケンドリックの突然の申し出に驚いたことだろう。ケンドリックとしては、自分の立場に関して二つの選択肢を船主に与え、そのどちらかの選択を迫る形をとっている。だが、その文面全体の勢いからして、「レイディ・ワシントン号」を今後は自分のものとして操りたいという意向を伝えるものととる方が自然だろう。選択を彼らに問うているのでなくて、実はケンドリックがその船の持主となったことを一方的に申し渡してきたとオーナーたちは思ったのではあるまいか。

中国人三十人を助ける

一七九一年九月二十五日にクレイオクオートで「コロンビア号」と別れたあと、ジョン・ケンドリックはまたもや太平洋に乗り出していた。そしてハワイを経由して十二月七日にマカオ近くのラークスベイに入港する。来てみると、ここにアメリカ船が何隻も停泊していた。マカオにいるより費用の点で有利だったことが、アメリカ船には好都合だったのだ。イングラハムが船長になっていた「ホープ号」、クロウェル船長の「ハンコック号」、それに「フェアリー号」等々。

早くも時代は、アメリカ船がそんなにも多く東洋へ来るようになっていたのだ。

このあとケンドリックはマカオに九カ月いて、商品を売りさばいた。そして、ボストンではなく、再びアメリカ北西の地を目指して航海を始めた。

一七九二年九月、ケンドリックは自分の船と考える「レイディ・ワシントン号」のほかに、一隻の僚船を伴い、形式上は商隊としての面子を揃えて再び毛皮の仕入れにと海に向かった。だが、ここにおいてもまた思わぬ災難がふりかかる。出港後、わずか四日にして、大きな台風に遭遇するのである。船は転覆しそうになり、マストまでがへし折られてしまった。

「コロンビア号」に乗っていたジョン・ボイトの日記にある記載を見てみよう。再びマカオに入港していたケンドリックたちのことを、同じ港にあとから入ったボイトたちが耳にしたのだ。

「一七九二年十二月九日
グレイ船長、船に戻る。そしてケンドリック船長のことを知らせてくれた。彼らは去る九月にマカオで得た僚船を伴って北西部を目指したが、四日目にして台風に襲われたのだとか。レイディ・ワンントン号は甲板梁を下に横倒しになり、マストもとりはずしたのだとのこと。態勢を立て直し、風が静まるのを待ってマカオへ船を向けたということだ。

海上は中国の難破船でいっぱいで、船板などに多くの中国人漁夫たちがしがみついていたとの話だ。ケンドリック船長は哀れな中国人たちおよそ三十人をその船に救い上げた。しかし、それ以上は助けようもなく、多くを見送らざるをえなかったとのことである。

台風のあとの七日目に彼らはラークスベイに着いたのだとか」


自分たちの船もマストを一本失い大打撃を受けているというのに、ケンドリックがその大混乱の中で中国人三十人ほどを救出しているのは見上げたものだ。

こうしたあいだにもアメリカ大陸北西海でのスペインとイギリスの紛争には、一定の決着がなされていて、両国の面子がまるつぶれとはならないかたちでおさめられている。ミヤーズが確保していた土地はイギリスに返還され、彼らの国旗が掲げられた。

スペインの支配力がそれだけ弱まったからだろうか、アメリカの船が一帯に多く群がるようになった。トマス・ジェファソンによる奨励のせいでもあったといわれるが、まるでアメリカの独擅場の様相を呈している。一定の決着のあとは、スペインもイギリスもあまりそこには拘っていないように見えるのは不思議なほどだ。一種のエアポケットのような時期だったといえるのかもしれない。

第十五章　ハワイの統一戦に巻き込まれる

新しい三角貿易へ

一七九四年の春までをハワイで過ごしたあと、ケンドリックは今度もボストンには帰らず、またもやアメリカ北西部を目指して行った。

母港ボストンを出てから、もう七年もが経とうとしていた。あのグレイ船長の「コロンビア号」のように、ボストン帰って大歓迎を受けることなど、一切なかった。七年前にその埠頭を離れて以来、彼自身はただの一度も、故郷の土を踏んではいないのであった。嵐と闘い、病気を追い払い、先住民とわたり合い、スペイン軍と交渉し、広東商人の商法に悩み、日本での通商を試行し、船を建て替え、新交易品に思い当たりながらその確保に失敗した激動の七年間であった。ときには、イギリス軍を出し抜いたり、先住民との争いに勝ったり、土地を買い入れたり、ハワイでは歓迎されたりで痛快の思いをした日々もいくらかはあったにせよ、大半が何かとの闘いと刻苦の連続であった。仲間の離反という苦労をも、彼は何度か味わった。それでいて一度もその航海をやめようともしていないし、終わらせる計画を立ててもいない。ボストンに帰ることを、彼はあくまでも避けていたと結論づけようとすれば、決して理由がないわけではない。

では一体、ケンドリックを、それほどまでに長く船上にとどめおいたのは、何だったのか。それは「ハワイを一極とした三角貿易の実現」だったのではないかと私は考える。そうであったと考えれば、多くのことが、完全にとはいえないまでもある程度は、理解されるのである。

彼は最初、ボストンを出発点として大陸の北西部に至り、そこでの毛皮をもって中国に渡り、お茶や絹製品を積ませて再びボストンに戻るという三角貿易に大きな希望を持っていた。しかし、行ってみた広東で、そこの商習慣になじめず、彼は大きな不快感を味わった。

広東での通商で苦渋をなめたばかりか、出費逃れにと彼が考えた方法で逮捕される始末で、あげくの果てに追放の身となった。そこでの通商が目的であることに変わりはなくとも、直接広東に至っての商売は避けようというのが、ケンドリックの考えではなかったろうか。日本には関心はあるから、いずれは次の機会をつくるとするが、今すぐには大きな利益に連なりそうにない。

この上は、ハワイを拠点とし、ここに出入りする船を通じて中国製品を手に入れることを一つの妙案と考えていたのではなかったろうか。

つまり、ボストン・北西海岸・広東という三角貿易より一回り小さい、北西海岸・ハワイ・東洋という「新ルート」を、ケンドリックは確立しようとしていたと思うのだ。ハワイでの白檀への執着も、北西海岸での土地購入の件も、それに先住民との友好もスペインとの交渉も、すべてこの新方式の確立と定着のための努力だったのではなかったろうか。そう考えれば、このあと起こるハワイの王たちの争いに、ケンドリックが深くかかわっていく話も、理解しやすくなる。

ハワイの王たち

一七九四年八月、バンクーバー島のヌートカに戻っていたケンドリックは、滞在をわずか二ヵ月で切り上げ、もう一度ハワイを目指して出航する。このときのケンドリック、五十四歳。そして、これが最後の航海となる。白檀の木のことも、真珠のことも、彼はまだあきらめ切ってはいなかっただろう。自分が行って、今度は腰を落ちつけてこれらの集荷に当たれば、きっとうまくいくにちがいないとの考えが、彼には根強くあったのではないか。それでなくては、故郷に帰る考えを捨ててまで、何度もここを訪れることはなかった。

こうして、またもややって来たサンドイッチ諸島だが、そのときのその島はどのような状況にあったのだろうか。文明国からの船が、広東貿易の途中に立ち寄り、新鮮な食料や水や薪をもらい受ける場所として、ハワイの島々の存在が重要性を増していく時期は、ちょうど、あの有名なカメハメハ一世(一七三七〜一八一九年)が勢力を伸ばしていった時期と一致する。西洋の船乗りたちの訪問は、ハワイ王国初代の統一の王カメハメハの誕生に深くかかわることになる。

カメハメハに限らず、互いに勢力争いを続けている族長たちにとって、文明人が持ち運んでくる武器が何より重要であった。それを相手よりも早く、あるいは多量に手に入れた方が戦いに勝つのである。文明の利器であるピストルやマスケット銃などの飛び道具を得るためなら、何をも惜しまない気持ちが、権力闘争を繰り返している各部族の首長たちにあった。

一方、太平洋を渡っていく船乗りたちにとって、ハワイはまさに砂漠の中のオアシスと同じ。その権力者を喜ばすためなら、火器だろうが何だろうが、分け与えるという船が多かったのも当然だ。ハワイ島の支配者カメハメハは、一七九〇年代に入っていよいよハワイ全体の上に君臨する夢にとりつかれていた。ハワイ諸島には大きな島だけをとりあげても、そのハワイ島のほかに、マウイ島、モロカイ島、オアフ島、カウアイ島、ニイハウ島などがある。

オアフ島を長く支配していたのはカヒキリ王で、彼はほかに近くの他の島々をもその手中にしていた。カメハメハはこのカヒキリ王と長く激しい戦闘を続けていたのは先に述べたとおりである。一説によれば、このカヒキリ王はカメハメハの父であったともいわれる。土着民からの信任も厚く、カメハメハも容易に攻め込めないでいたのだったが、権力闘争の真っ只中で、このカヒキリ王が老齢で死亡したあと、その後釜をねらったのは、その息子のカラニクプレと、前王の弟カエオクラニが戦うことになった。一応の解決策として、息子のカラニクプレがオアフ島をとった。叔父のカエオクラニ(略してカエオと呼ばれることが多い)はマウイ島とカウアイ島を支配することになった。が、このことは彼らの間の紛争をさらに激烈なものにする。

地図を見てもらえばお分かりの通り、カエオが君臨するその二島は、前王の息子が権力を持つオアフ島を間にはさむ形で存在する。これでは両者の間でつねに激闘が起こるのは当然であって、カメハメハがハワイ島にあって高見の見物をきめ込んでいる間にも、その反対陣営の中ではこの骨肉の争いが火を吹いていたのであった。大きな会戦だけでも、オアフ島の上で二度も行なわれている。前王の息子カラニクプレは、この地元での緒戦で手痛い敗北を喫してしまった。

彼がその危急存亡の瀬戸際にあるとき、オアフ島のフェアへイヴン港(ホノルル)に入ってきたのが、二隻のイギリス船であった。「バターワース号」と「ジャッカル号」である。これら二船のどちらにウィリアム・ブラウン船長が乗っていたのかは資料によって異なる。

絶望の淵に追いつめられていたカラニクプレが、このブラウンたちの入港をどんなに喜んで迎えたかは、想像するにあまりある。このときの彼には、その船隊が天の恵みとさえ映っていたのであろう。

彼らの持っている武器を譲り受けさえすれば、戦いの優位は一瞬にして自分のものとなるのである。このことは、ブラウンの側にしても、とっくに承知のことであっただろう。なぜならこの船長は、先代の王カヒキリが統治した時代から、ハワイ島へもオアフ島へも立ち寄り、それぞれの王たちとつねに接触を持ち続けてきたからである。真偽のほどは分からないが、ワイキキの浜を欧米人として初めて見つけたのがこのブラウンであったという話がある。さまざまな島をめぐり、そこの族長たちと交渉しては物資の調達を彼らはきわめて容易に行なっていたのであった。

ハワイの土着民に火器を売った毛皮商船たちの中でも、このブラウン船長はきわだって派手な動きを示している。彼は敵対する軍勢の双方に、武器を売るということも行なっているのだった。カメハメハ王とカヒキリ王とのあいだに敵対をかき立てて、激しい戦闘に向かわせたのも、ほかでもないこのブラウンだった。彼は自分の運び入れる武器の価値を高めるために、戦争そのものをも売り込んでいたことになる。

文明人の非情

両軍に武器を売るだけでなかった。彼は不良品をも、それを知ってか知らずかは別として、売りつけている。カメハメハの方では、この不良品を買ってしまって困っている情景が、別の船長メンジーズの話の中に出てくる。

「カメハメハの家のずっと奥に、二ダースものマスケット銃が積みあげられているのが見えた。王の話によると、それらはロンドンからきたブラウン船長から買ったのだとのことだったが、ひどい不良品で、そのうちの何丁かは最初の発砲のときに爆発する始末で、危なくてとても使えたものではないのだとか」

このようなひどい商売を以前からとっくに心配していた人がいる。イギリスの探検家ジョージ・バンクーバーがその人で、彼は生々しい実例をあげて武器商人たちの悪行を非難する文を残している。同じイギリス人のブラウンのことは棚に上げて、アメリカ人のみが悪行を続けていると主張するのだ。

「ここを訪れる《文明人》たちは、最高の品質の新鮮な飲食物を得たあと、十分のお礼を約束しておきながら、多くの場合、何一つその返礼をしないでいる。ときには、島民たちにとって何の役にも立たない無価値なものを与えることで返礼としている。

その品物に欠陥があっても、島民がそれを使ってみるまでは気づかれないのだ。これは、彼らがもっとも得たいと思っているもの、すなわち武器や火薬について、特にいえることだ。交易されたマスケット銃やピストルが、たとえ正しく装填されていたとしても、発砲させたとたんに爆発してしまったりする。売物とする火薬をふやすために、火薬に、それ以上の分量ではないにしても、同等量の石炭や木炭が混ぜられていたのである。

開発途上の人々の手に火器を渡すことは、どう考えてみてもよい政策とはいえない。おまけに、高価な品物との交換に、不完全で不十分なものが与えられているのは、単に恥ずべき詐欺行為であるだけでなく、野蛮、且つ、非人間的なことだ」

バンクーバーはブラウンによってけしかけられた恰好の争いを本当に危険だと感じ、カメハメハ王との戦いをやめるようカヒキリ王にも伝えているのだが、それは成功していない。

以上がこのときまでのハワイの様子である。

ブラウン船長は、自分に泣きついてきたカラニクプレに対し支援を約束する。もちろん、それ相当の条件をつけて。カラニクプレの軍勢へのブラウンたちの応援は、確かにその任務に忠実であったということになるだろう。彼は自分の部下をボートに乗せ、岸の守りにつかせたりしている。隊列の左翼を彼らで固め、カエオ車に対して発砲もしているのであった。この戦闘の真っ只中の折も折、この港に入って来たのが、小さい船ながらも、アメリカの国旗を掲げていた「レイディ・ワシントン号」だった。

支持する王の勝利

いつもなら、カウアイ島など西の島に立ち寄るケンドリックが、このときどうしてオアフ島のホノルルに入港したものか。ブラウンの支援のもとにカラニクプレ王が起死回生の戦いをカエオ王に対して行なっているところである。ボイトの記録では、それは十二月三日のことであった。

このときのブラウン船長の様子を、私たちは注意して見なければならない。彼はケンドリックとここで出会って大いに喜び、彼を親しく迎え入れたという。このことをよく頭に入れて置かねば、このあとのことが理解できなくなる。彼らは以前アメリカ北西部で出会ったことがあったからだともいわれるが、話はそんなに簡単ではない。

ケンドリックがこのオアフ島での王権の争いに、どの程度まで介入したかは語る人により話は大いに違っている。Sheldon Dible は *The History of Sandwich Islands* で「ブラウン船長はその戦闘に加わったが、ケンドリック船長は参加しなかった」といい、ボイトは、「戦闘はケンドリック船長の加勢によってオアフ島の王の勝ちとなった」と述べている。

ケンドリックらがこの戦いに加わっている姿を具体的に述べたものとして私が読んだ唯一の記述は、『ハワイ王国』(*The Hawaiian Kingdom:Ralph S.Kuykendall*) の中の次の一節だ。

「アメリカ人たちは岸からと海からとの両方で攻めた。ケンドリック船長の指揮のもとに、武装したボートでやってきて、岸から離れたところにそれを止め、陸の軍勢を支援した。星条旗が真珠湾に翻ったのはこのときが最初である」

ケンドリックとこの王たちの争いとの関連については、話がまちまちなのだが、このときの状況から見て、彼が何もしないでそこに停泊し続けることはできなかっただろうと考えるのが自然だ。右の話にもあるように、もっとも激しい戦いが、その三日後にオアフ島の真珠湾の東海岸で行なわれたからである。戦闘に勝ったのは、前王の息子で、ここを地元とする若きカラニクプレだった。これによりカメハメハ王が勢力をふるっているハワイ島の西、マウイ、モロカイ、オアフ三島の覇権を彼が手にしたことになる。

これを応援したブラウン船長も、そして多分加勢していたであろうケンドリック船長も、共にその王の勝利を喜んだ。ケンドリックは戦闘のあと、すぐさま自分の船に戻ったようである。ブラウンも同じくそうした。話がこれで終われば、ケンドリックの身の上には特に何ごとも起こりはしなかったはずだ。しかし、事実は、意外な展開を彼らに与える。

このすぐあとに、ジョン・ケンドリックの死が待っていたからだ。

ケンドリックの死の謎

ジョン・ケンドリックにまつわる謎の中でも、最大といえそうなのが彼の死についてではないか。伝えられる話には何種類かの異説があり、ややこしいのだが、これまでのところで最も多く語られてきた筋に従って要約して書くと、次のようになる。

カラニクプレ王の逆転勝利を喜んだケンドリックはブラウンに対し、互いに祝砲を撃ち合ってこれを祝おうと提案した。ブラウンはそれを了承し、時間が決められた。翌日、すなわち一七九四年十二月七日、朝十時、互いに六発の砲声をこの海山に響かせ、王への祝賀としようというのである。

「こちらが先にアメリカ国旗を掲げ、それから祝砲を撃ちますから、そちらからも応えて下さい」

と、ケンドリックはわざわざ国旗にこだわっている。

日本へ着いたときも星条旗を掲げていたが、新興国家アメリカの代表としての意識は、やはりこのときにも、強くこの船長にはあったようだ。ケンドリックは自分が約束した通り、彼が誇りにするその旗をマストに掲げたのであろう。そして、これも約束通り、六発の砲声を放ったのであろう。

そこまでは、すべては予定通り進んでいたのであった。

ブラウンの番となった。

「ジャッカル号」から祝砲が撃たれ始めた。二発目、三発目、四発目、五発目と轟音が響き、六発目となって、はたと沈黙があった。これが鳴らない。

あわてた砲手は、すぐに隣の大砲の被覆を剥いだ。そしてこれを撃ったところ、何と、これには実弾が込められていた。その弾というのが、一発の中に九個の小鉄球が込められているブドウ弾と呼ばれるものであった。これが「レイディ・ワシントン号」の船腹にまともに命中、ケンドリック船長と船員数名(二名説も三名説もあり)がそのために生命を落としてしまった。

ブラウン船長は、前もって礼砲のために大砲から弾丸を抜いておくよう指示を与えていたのだが、最後の大砲には弾が残っていた。うかつな砲手のミスのため、ケンドリックはみずから提案した祝砲に当たって落命した——。

話はそうなっている。

事件の起こった日付や場所の名は文献によって非常に多く異なる。ブラウンをスペイン人と勘違いしたひどいのもあれば、その船が「ジャッカル号」でなく、「バターワース号」の方だったとする説もある。大砲も二発の空砲のあとの三発目に実弾が入っていてケンドリックに当たったとする話もありで、細部の不一致は各所に見られる。だが、大筋においてケンドリックの死の様子については、ほとんど不一致を見ない。

そのうちのいくつかの例をあげてみるとしよう。

偶発は事実か

『ワシントン州の歴史』(*History of Washington : Clinton A. Snowden,1909*)では、こう書かれている。

「ケンドリックが母港に帰り着くことは、ついになかった。彼は一七九四年、ハワイ・カラカウア湾において、彼に答礼を送っていたイギリス船からのブドウ弾を偶然に受けるところとなって、死亡した」

『アメリカ伝記辞典』(*Dictionary of American Biogra phy,1933*)では、

「一七九四年の後半、中国への途中で彼(ケンドリック)はまたもやハワイ諸島を訪れた。そして島と島との間の争いに加わる。彼の側が勝利を収め、仲間であったブラウン船長に祝砲を撃つように依頼した。何かの手違いにより、大砲の一つからは、弾が抜かれてはいなかった。それは『レイディ・ワシントン号』の船腹を貫通し、食卓についていたケンドリックを死亡させた」

とする。
日本で出版された『ヤンキーとさむらい』(フォスター・リーア・ダレス箸、桜田方子訳、一九六五年)にも、その死についての記述があり、こうなっている。

「彼(ケンドリック)は北西部に戻って三年後、ホノルル訪問中に事故で死んだ。入港中の別のアメリカ船(注、イギリス船の間違い)で、タマを抜いたはずの祝砲が火を吹いて、『レイディ・ワンントン号』に命中、船室にすわっていたケンドリック船長に当たったのである」

右の例では彼はそのとき船室にいたことになっているし、その前の例では食事中だったとまで記されている。ほかにも、彼はそのとき甲板に立っていたとの説もあり、船は満艦飾だったと書いたものもある。礼砲時であったのだから、なるほど、そうであったとしても不思議もない。そのあたりの話のばらつきは、実はさして重要ではない。

私がもっとも不審に思ったのは、彼の死のいきさつである。彼は実際、偶然に、弾に当たって死んだのであろうか。そんなことが、あるだろうか。

最初、この話を読んだときは、私も実はこれを本当と思いそうになった。いや、ある時期まではそう思っていたのだ。そして、むしろケンドリックのために悲しむどころか、うらやましくさえ思っていたのである。これは前にも書いたことと同じだ。重ねて記しておきたい。

応援した軍勢は勝った。将来の展望もさらに開けた。国旗を掲げての祝砲である。満艦飾だったとする話は多分本当だろう。彼は上機嫌であったはずだ。その大満足、大痛快の中での死である。自分が提唱した砲弾で吹っ飛んだという皮肉より先に、ここにあるドラマ性がこのうえない爽快さを運んでしまうのだ。

しかし、結局のところ、そのような彼の死に対する私の羨望も、そう長く続きはしなかった。あまりの偶然さに加えて、そのときの状況のすべてが、彼の死から自然さを奪っているように思えてきたのだ。

大体、祝砲が鳴らずに、あわてて次に並んでいたものを撃つと、そこから実弾が飛び出したというようなことが、あったものかどうか。そんなことが、まったくあり得なくはないにしても、離れたところにいる別の船の船長に命中するという確率は、どんなものだろう。

ケンドリックはブラウンに撃たれたのではないか。彼は偶然に弾に当たって死んだのではなく、狙って撃たれ、その弾で殺されたのではないか。そう考える方が、はるかに筋が通るのではないか。

私がそのことに確信めいたものを感じるのは、アメリカ大陸北西海岸におけるスペインとイギリスとの悶着を思うからである。マルチネスに睨まれ、思うように活動できなかったイギリス人たちが、スペイン軍に協力するケンドリックをどれほど恨んだことだったろう。まさにケンドリックは、彼らの「目の上のたんこぶ」であって、その恨みを晴らす機会を彼らはずっと待ち続けていたのではなかったろうか。

乗組員マサイアスの手紙

ケンドリックの死の一件について、補足的に語ってくれるのが「レイディ・ワシントン号」の乗組員だったマサイアスという男の手紙だ。私はこれまでこの男のことは知らなかった。また、彼がこんな証言を残していたことにも無知であった。ちょうど本書の出版に間に合って入手できたことを喜びたい。彼はボストンからケンドリックに付いて行った男ではなくて、途中マカオから乗り込んだ人だったようだ。職種などは不明。

一九一五年に初めて公開されたという彼の手紙は、自宅へ送られていたものだ。極めて平易な表現ながら、全体の流れをよくつかんでいるし、貴重な内容を多く含んでいる。殊に、ケンドリックの死が事故《アクシデント》ではなく、故意によるものだと船員たちが感じたことを記録している点が注目される。

航海の様子からハワイでの戦いのことにまでとなると、相当長くなるのだが、いずれ部分も省いてしまうにはあまりにも惜しいものだ。部分的にピックアップするにしても、少々長くなるのは避けられない。何物にもとらわれない自然な描写がそこにはある。書かれた日付は不明だが、ケンドリック家と縁の深い John Redfern,Jr. 氏の *Decendants of Edward Kendrick* から、ご本人の許可のもとに引用させて頂く。

「私たちがマカオを出たのは、一七九三年十二月初旬のことだった。ケンドリック船長は北西海岸への航海を急がなかった。どうせ春になるまでは毛皮交易は始まらないのだし、マカオに居続けるのも面倒になっただけのことだ。気楽な旅のあと、サンドウィッチ島のケアラケクア湾に到着。ここはあのキャプテン・クックが地元民に殺されたところだと聞いた。（略）のんびり滞在した後、私たちは再び北西海岸に向かった。

ケンドリック船長は無用な急ぎ旅を決してしない人だ。バンクーバー島のヌートカに、三月に到着。毛皮の取引を始める。ここで見聞したことで話したいことが山とあるのですが、帰ってからのお楽しみにとっておきます。

ラッコの毛皮を、思い存分とはいえないまでも、かなりの程度は確保したので、九四年十月、出航。最初は南下し、それから再びサンドウィッチ島へ着いた。

まずはオウィーヒー島（Owyhee）に停泊。ここは前年の十二月に来たところだが、雰囲気は険悪になっていた。『フェア・アメリカン号』の乗組員が地元民に殺されたという話を聞いた。

ここに二週間いて、オワフ島（Owahoo）へ移った。島の南側の小さな湾に到着。そこには二隻のイギリス船が停泊していた。ウィリアム・ブラウン船長の『ジャッカル号』と、ゴードン船長の『ラ・ブー号』だった。彼らは王の一人を応援していた。王は従兄弟にあたる別の王と、戦闘状態にあった」

戦闘を指揮したケンドリック

「レイディ・ワシントン号」の到着は、ここで大きな興奮を引き起こした。というのは、イギリス船長たちが支援しているとはいっても、そこの地元民には武器が不足していて、思うように戦を進めることが出来ないでいたからだ。

ケンドリック船長は二人のイギリス人船長たちに、暖かく迎えられた。そして三人は共闘態勢をとることになった。三人の約束ごとについては、土地の分配の話があったようだ。


「私たちが到着して一週間経ったとき、戦闘が始まった。相手の王は、港の近くのこちらの本陣を攻撃してきた。三隻の船は直ちに錨を揚げ、敵軍に立ち向かうために湾の先まで突進した。レイディ・ワシントン号のロングボートにも、他の二隻のボートと同様に、旋回砲が搭載された。乗組員はそれぞれがマスケット銃と短剣で武装した。

私は、争いごとに栄光を認めない者だ。虐殺と死があるのみだからだ。相手にも多少の武器はあったとはいうものの、英米の連合軍の前にはあっては、ものの数じゃない。未開の者を倒したところで、私には何の栄光とも見えなかった。

ケンドリックはレイディ・ワシントン号の甲板から、攻撃のほとんどすべてを指揮した。プライバティア(私掠船)船長だったという経歴がモノをいった瞬間だった。彼のやる気、その勇気は、まさに見物だった。彼があんなに目を輝かせ、決然として身軽に闘うのを私は見たことがなかった。

しかし、大きな被害を受けながらも、敵軍は容易には降参もせず、逃げもしなかった。やがて船からの砲撃とロングボートからの攻撃で、相手はついに逃走開始。本当の虐殺が始まったのはそれからだった。キリスト教徒なら慈悲を見せるべきところなのに、同盟軍は向かってくる者をことごとく、打ちのめした。（略）

ケンドリック船長はその勝利を喜んだ。彼は乗組員のために気前よくラム酒の樽をあけた。彼自身はというと、もはや酒など必要なかった。勝利の喜びにすでに酔っていたからだ。上乗り人のハウエル氏に向かって彼が、『長い間の苦労が、やっと実ったよ』というのを私は聞いた」

事故ではなかった

さて、その翌日が問題の日だ。日付が十二月七日（日本時間では十二月八日）で、それも場所がハワイの真珠湾となると、日米の歴史にとってはのちに大きな意味を持つこともものだが、それよりはるか前のケンドリックの身の上においても、この日はただの一日というわけにはいかないことになる。彼は、多くの歳月のあと、やっとボストンへ帰ることに決めたという意志を伝えるために、妻への長い手紙を書いていたというのが、何とも皮肉だ。祝砲のことは航海士の一人、ローワン氏に対して、それを行うよう指示を出した。

「何もかも、すべてがうまく行っていたのだ。レイディ・ワシントン号の乗組員は全員が責任を全うしつつ、空砲を撃ち、敬礼のために国旗を下げた。ジャッカル号からも熱の入った答礼があった。順調に行っていた小刻みなリズムがやがて乱れ、小休止があった。ジャッカル号の砲手に対する無遠慮な物笑いが、こちらの甲板では起こった。

その次の記憶は、あまりはっきりしていない。ジャッカル号から砲音があったことは覚えている。次の瞬間には、私は甲板に伏せていて、船員仲間の苦痛の叫びを耳にした。ジャッカル号からの大砲に撃たれたのは明らかだった。仲間たちは砲弾によって飛び散った砕片で負傷していた。しかし、どうか心配しないで下さい。幸運にも、私は難を逃れたのですから。

船長の書記が、よろめくように甲板に現れた。顔は蒼白、シャツやズボンは血で真っ赤だった。彼は重症を負ったのだなと思った。しかし、どもりながらも彼が声を振り絞っていったのは、血は船長のものだということだった。私たちは下の船長室へと突進した。私が敬愛する船長はそこで死んでいた。机のところで即死の状態だった。私たちは皆、この惨劇に言葉を失った。いま私がこうして書いていても、その時の気持ちをいい表す言葉が見つからない。

翌日、私たちはケンドリック船長を埋葬した。ブラウン船長もゴードン船長も出席していた。私たち船員仲間の間では、あれはアクシデント(事故)だったのではなく、イギリス人船長たちがそれを自分たちが利用し得る絶好の機会ととらえたからだという意見が多く語られた。その日、二重の殺戮劇が起きなかったのは、それを防ごうとするローワン氏の精一杯の努力によるものだった」

祝賀を隠れ蓑にして

ケンドリックがイギリス人たちによって巧妙に「消された」とされる理由には、スペイン軍とのあまりの密着のほかに、アメリカ北西海岸の地元先住民との関係の深さもあったものと思われる。スペイン以外のどの国の人よりも、ケンドリックが先行していたからだ。

順番からいうなら、アメリカはもっとも後からの参入であった。それでいて、実に効率よく彼らはそのまま勢力を伸ばしてきた。「このままでは、すべてがアメリカの意のままにされてしまうのではないか」――。イギリスが最も警戒したのは、そのことだったに違いない。この心配に、一歩でも早く応急の手を打とうとして行ったのが、この祝砲に事寄せての惨殺だったといえるのでは……。

Flood Tide of Empire –Spain and the Pacific Northwest,1543～1819 という本には、そのあたりの事情を説明しているところがある。

「ラッコの毛皮貿易に武力の介入が見られるようになった時代には、先住民の友好関係を強めておくことが何よりも重要となった。スペインはアメリカ北西海岸から異国船を追放してきたが、それもできなくなってきて、一七九二年にもなると、毛皮獲得競争に加わった船の数は、一挙にふくれ上がっていた。プリンス・ウイリアム海峡西方で操業していたロシア船は別にしても、イギリス船が九隻、アメリカ船が四隻、ポルトガル船（船主は主としてイギリス人だっただろうが)と登禄された船が四隻、フランス船一隻、スウェーデン国旗の下に操業していたのが一隻であった。交易船が過剰なまでに多くなり、加えて先住民たちが次第に賢明になっていくにつれ、両者の策略から起こる事件が増えていった。その責任はあの老練のケンドリックにあったとする人がいる。ケンドリックは他の毛皮商人たちにはできない方法で、先住民から友情と信頼をかちとるのに成功したのだった。すなわち、先住民に贈物を与えたり、花火遊びをしたりなどして一緒に楽しみ、彼らの言語を話し、彼らの着物を身につけ、そして一方で武器の使い方を教え、多量の銃と火薬を彼らに売った。彼の気前のよさは伝説的だが、それは他の商人たちが毛皮に対して支払う代価を膨張させるもととなった」

この記述の下に小さく書かれている脚注も重要だ。補足として、*Noticias* から引用されている説明にこうある。

「蛮人たちに火器の使い方を教えるという、人類すべてにとって害となることを、アメリカ人たちがする気になったのは、彼らの私利私欲によるものか、あるいはイギリスへの対抗上のことであったかは分からない。ただ、彼(ケンドリック)はマックィーナ族長に旋回銃を売り、ウィッカニニッシュに二百丁以上もの銃と二樽の火薬、それにかなりの量の弾丸を与えているのである。これらの武器はブラウン船長やベイカーたちに向けて、ちょうど使い果たされたところだった」

これが事実なら、ブラウンたちはケンドリックが先住民たちに売った武器で、ひどい目にあっていたわけで、彼に対する怨念も増幅されていたはずだった。そこに折よく復讐の機会がハワイで訪れたのだ。共に同じ王を支援するかたちにおいて攻撃の疑いを消しておいて、祝砲による突発的事故の形式を借りて、見事ブラウンは完全犯罪で怨念を晴らしたということではないか。

そう思ってみれば、ケンドリックの船が同じホノルルの港に入ってきたとき、ブラウンは喜んで彼を迎え入れたという話が、いよいよ意味ありげに思い出されてくる。もともと、ブラウンは好戦的であって、なかなかの策士であった。

七日に負傷、十二日に死亡か

イギリスが、ハワイ諸島を自国のものにしようとしていたことには、いまさら詳述の必要はないだろう。最初の手がかりは、もちろんキャプテン・クックがつけたものだが、そのあとジョージ・バンクーバーも本国政府支援のもとに、積極的にこの島々を自国の支配の下におくことを計った。

ケンドリックの死の年、つまり一七九四年にも、一月九日にバンクーバーはアメリカ西海岸からハワイ島のヒロに戻り、カメハメハ王と接触していた。ちょうど新年の祝賀に皆が浮かれているときだったが、バンクーバーは国賓として迎えられ、最高級のもてなしを受けている。

彼はそのお礼として、多くの牛と羊を王に与えているが、意図するところは、いうまでもなく、他のどの国よりももっと強い絆をイギリスがこの王との間に持つことであった。カメハメハに対して、外国人との付き合い方を教えているのもそのためであった。ほかにも王国の監理運営の方法から軍隊の訓練まで、実はこのバンクーバーが指導していたのであった。

ハワイ島には古くからいくつかのタブー（禁忌）があった。しかし、バンクーバーはそれらを無視し、自分たちには邪魔なものはすべて捨てさせようとした。島民を自分たちの宗教へと改宗させようとしたり、イギリス軍への協力を無理強いしたりしているあたり、単なる訪問者である以上の作業といわねばならない。

同年二月二十一日、彼の「ディスカバリー号」の船上にハワイ島の族長たちが集められ、その島々が大英帝国の保護下に入ったとする決定が発表された。内政の権利は現地の人たちのものとしながらも、彼らを支配するのはあくまでイギリスだとされ、英国国旗が空に翻った。

ブラウンたちの行動が、このバンクーバーの動向に連動したものであったかどうかはわからない。しかし、イギリス人たちが次々にやって来ては、島々の為政者に近づき、他国の者の排除にやっきとなった時期であったことは確かだ。

思えば、ケンドリックはもっともまずいときに来て、もっともまずい人と出会ったことになる。勘ぐってみれば、このときにここに彼が入港したこともまた、初めからブラウン（もしくは他のイギリス人の誰か、例えばハウエル）の誘いによるものであったと見ることもできる。

ケンドリックの死亡の日付だが、事件のあった十二月七日とするものもあれば十二日だとするものもある。数が多いから正しいということにはなるまいが、十二月十二日とするのが一般的なので、私もこれに倣うことにする。七日に負傷し、十二日に死亡というのが事実だったのではないかと思えるのだ。

ブラウン船長の考え

それともう一つ、フレデリック・ホーウエイの書いたものを読んでいて、見逃しにはできないことを知った。ホーウエイといえば、ケンドリックたちの航海に関してもっとも深く研究をしている人であるが、彼が書いた *The Fur Trade in Northwestern Development* という論文の中に、こんな一節があった。

「ウィリアム・ブラウン船長は、一七九二年と一七九三年に毛皮通商に係わる三隻の船を指揮したが、彼はアメリカ大陸北西海岸に二つと、クィーン・シャーロット島に一つ、合計三つの居住地を作る指令をも受けていた。しかし、この命令に、彼はなぜか従ってはいない。それについて彼がどう説明しようとも、少なくともこの三件については、彼は何一つ実質的なことをしていない。粗末な小屋が建てられたことがあったとはいっても、それはある特定の目的のために一時的に作られていたに過ぎない」

つまり、ブラウンはイギリス人の居住地となるものをクィーン・シャーロット島で三つ、本土で三つ作るのを任務としてそこに赴いていたのに、実は何も実質的には果していなかったというのだ。その理由については、ホーウエイはただ、「unaccountably」(奇妙に、不思議に、なぜか)とするばかりで、何も書いていない。まったく「奇妙で、不思議な」話だ。

ブラウン船長というのは、責任感のない男だったのだろうか。いや、彼はむしろ、ありすぎるくらいの責任感を持った男だったというべきなのかもしれない。実体的にはその面での任務を果していなかったからこそ、それを埋め合わせる手段として、ケンドリックを消し去る挙に出たのではないか。何かにつけてイギリスの邪魔となるアメリカの船長を、ここで葬ることで、彼の責任を果たしたことに代えようとしたのではないか。ホーウエイはそこまではいっていないが、私にはそう見るのが自然と思える。

それともう一つ「レイディ・ワシントン号」に書記として乗っていたイギリス人船員ハウエルと手を組んで、ケンドリックを亡きものにするくらいのことは、ブラウンは考えていたのではなかったか。このあとのハウエルにも、それを思わせるところがある。マサイアスの手紙のケンドリックに関する部分の終わりには、追記のようにこう記されている。

「それ(ケンドリックの埋葬)から二十六日経ったあと、私たちはまたもや中国へやって来た。ハウエル氏は、自分がケンドリック船長に代わって、この船の所有者になったのだといい続けている。賃金については約束してくれているのだが、私を含めた数人の船員たちは、ハウエル氏との航海に不安を感じている。私はもう彼とは雇用契約を結ばないつもりだ」

土地の権利書

ハウエルが「ケンドリック船長に代わって、自分がこの船の所有者になった」といい続けているというのは、どういうことか。

ハワイでの不意の事件のあと、壊れたままの「レイディ・ワシントン号」は、あまり日をおかずしてその港を出たことは間違いない。船体の被害の程度は分からない。航海ができたのだから、大した害を受けていなかったともとれるが、船長と数名の仲間が死亡しているのである。決して小さな打撃ではなかったはずである。船長の埋葬のあとは、早々にそこを去った「レイディ・ワシントン号」は、一七九五年二月、マカオに着いていた。ケンドリックの持ち物であった荷物のすべてがここで売却されたが、その売主もジョン・ハウエルとなっている。

ジョン・ハウエルがここで船主たちに宛てて出した貴重な手紙が今も残されている。自分がその船を買ったのだと宣言しているものだ。日付は一七九五年五月十一日、彼はケンドリックの残した借金が積荷の売却金だけでは埋め合わせられないので、船そのものを売ったと述べ、それを買ったのがハウエル自身だというのであった。

「毛皮千六十三枚と尾六百四十本を、私はここで一万六七五六ドルで売却(現金)しました。さらに、『レイディ・ワシントン号』を一万三千ドルで売却。買ったのは私です。これからあと、アメリカ大陸北西海岸へと航海しますが、これは私の勘定で行なうものです。何人かの中国人商人と手を組んでのことであります。今度の十二月には戻りますが、その折、書面にて詳しくご説明し、すべての勘定に始末をつけるつもりにしています。

北西海岸でケンドリック船長が買い入れた土地の権利証書は、私が保管しています。ボストンに向かうシーズン最初の船にそれを託すつもりでいます」

ここにある「勘定の始末」がどのようについたかは不明のままである。土地の権利書というのもボストンへは届けられていない。ただ、「レイディ・ワシントン号」はそれからあともハワイやバンクーバー島に出没した記録があり、本来の主を失ったあとも、太平洋を幾度か渡っていることがわかる。一七九六年五月、ヌートカ湾で水漏れの修理をしている証拠もある。最後の記録は、一七九八年五月二十八日にマニラに停泊していたというもの。しかし、この直後、中国大陸沿岸かマラッカの近くで難破したと伝えられる。

ジョン・ハウエル

それにつけても不思議なのは、このジョン・ハウエルという男だ。一体、彼は何者だったのか。もともと、彼はケンドリックがマカオの南のダーティ・バター・ベイで船を修理していた時期に、書記として採用された男であった。国籍は前述のとおりイギリス。大学教育を受け、高い教養を持っていて、イギリスの探検家バンクーバーとも付き合っていたといわれる。自らの無学と粗野さを知っていたケンドリックとしては、自分に欠けている部分を彼に補ってもらう意味で、頼る気持ちにもなったのかもしれない。

ハウエルはイギリスにおいて国教の牧師を務めたこともあった。しかし、牧師としての生活には満足できず、貿易への興味を持つに及んで、外国語の修得に情熱を燃やし、特にスペイン語をよくするまでになった。そして、牧師をやめたあとは、ロンドンからアメリカへと移り、ボストンに住んで新聞社二社を渡り歩いた。ただし、そのいずれにも落ちつくことができず、「マーガレット号」(この船も一八〇一年に長崎に来ることになる)が出航するときに、急いで参加したのだった。航海の様子を書いて本にしたいという考えからだった。

しかし、マカオで彼がケンドリックと知り合ったときには、本のことなどはそっちのけで、ハワイで大成功することばかりを夢見ていたようだ。ハワイへの渡航が目的で、ケンドリックの許に身を寄せたというのが事実と見ていい。白檀や真珠の将来性について、ケンドリックから学んだということもあったか。彼は実業に目覚めて、「早く大成功する」(a large and very rapid fortune)という夢にとりつかれた。

そんな彼だからこそ、ケンドリック亡きあとの「レイディ・ワシントン号」の乗っ取り方が、私には余計に鮮やかに思える。主を失って呆然自失の母国からの乗組員を尻目に、早々とケンドリックの荷をマカオで売り捌いた手腕もさることながら、その後ただちにボストンの船主ジョセフ・バレルに手紙を書き送って、「レイディ・ワシントン号」を自分が一万三千ドルで買い取ったと宣言するしたたかさは並のものではない。それも「レイディ・ワシントン号」を「買い取りたい」という意思表示なのではなく、あくまでも過去形を用いて「買い取った」としているのだ。

実務的なことを担当していた船員が船長と共に撃たれていたという事情もあったが、それにしても鮮やかすぎる乗っ取りである。

値段に関していえば、ケンドリックがこの二年前に「レイディ・ワシントン号」に付けた値の一万四千ドルより、一千ドルも安いものであった。ハウエルが売り捌いた積み荷というのも、ハワイでケンドリックが積んでいたはずの白檀や竜涎香(マッコウクジラから取られる香料)などについては、なぜか記されてはいない。ハワイからの物で記されているのは、ただ真珠のことだけである。

一七九五年五月十一日付の船主への手紙では、彼はケンドリックの死を語りつつ、アメリカ人批判を展開する。

「アメリカ北西海岸交易のために貴殿たちが雇った人たちは、全員が馬鹿か悪党です。そうでない人は一人もいません。そして船長たちも、その特徴で結ばれています。こうしたアメリカ人の悪しき特質をぬぐい去る手段の取られることこそが、いま何より必要です。そうした悪行があるからこそ、中国人たちが気分を損ね、本来ならうまく行くはずの交渉にも成功できないということになっているからです」

抜け目のないハウエル

そこまでいうとは，彼はよほどアメリカ人たちを嫌っていたということだろうか。それではなおさら、ケンドリックがハワイで消された一件の陰に、このハウエルの存在が大きな仕事をしていたのではなかったかと疑いたくなってくるではないか。

彼の商魂の逞しさもまた恐ろしいほどで、自分はこれからは中国人商人たちと組んで北西・広東貿易に乗り出すつもりだと宣言。今はその旅の準備をしているところだと告げる。そして、その旅から帰ったら、ケンドリックの残した書類や「レイディ・ワシントン号」の勘定書きを送るが、その前にすると約束しているのが、先に示した土地の権利書を送るというものだった。

このことは決して見落とされてはならない。「北西海岸でケンドリックが買った土地の権利書は、いま私の手の中にあります」と伝え、「それらを、シーズン最初のボストン行きの船で貴方がたの許へとお送り致します」と約束し、もしも貴方がたが、北西海岸に関して私と同等の知識をお持ちなら、これらの土地の将来についてはご安心頂けるものと存じます」といい気分にさせておいて、ハウエルはその後は何もしていないのである。

ケンドリックが買った土地の権利書を、イギリス人書記のハウエルが持ち続けていたという一点だけでも、彼への疑義を深めるものだ。

ここに重要な話がある。これより三年前の一七九二年三月、ケンドリックは船主のバレルに対して手紙を書き送り、その権利書はマカオのアメリカ領事館で登記されたことを伝えている。その登記の仕事を任されたのがハウエルだった。彼は果してケンドリックの指図のとおり正しく登記し、ボストンへ届ける任務を果したのだろうか。

一七九五年五月の時点で、まだ、この書類がハウエルの手元にあったということは、彼はそれを船主に送っていなかったことを意味する。いや、問題はそれだけではない。そもそも、彼はこの書類をアメリカ領事館まで持っていっていたのか。そうせずに、ずっと自分で保持し続けていたのではないか。

作家スコット・リドレー氏もいうように、「レイディ・ワシントン号」に関してハウエルが果している役割は「極めて奇々怪々」だ。彼はそのあとも「レイディ・ワシントン号」を走らせ、一七九六年にはハワイから北西海岸へとやって来たが、そのときにもケンドリックが前金を払って確保していたラッコの毛皮を、彼の代理というかたちでそのまま受け取っている。そしてボストンの船主ジョセフ・バレルたちからの呼びかけにも応じずに、彼らを生涯にわたって避け続けている。

ケンドリックがイギリス人たちの恨みを受けて、無念の死を被ったことはもはや疑いはないが、ブラウンたちを陰で動かしていたのがこのハウウェルだった可能性も否定はできないのではないかと私は思っている。残された史料からして、どうしてもそうなるのだ。支援していた王の勝利を祝っての祝砲、それを隠れ蓑にしてのイギリス人たちの報復といっても、ブラウン船長一人の策略では、そうもうまくは運べなかっただろう。そこにハウエルの手引き、協力があったのではないかと思うのだ。

そういえば、ケンドリックの死去に関しての献辞を読んでも、ハウエルの言葉は他の人たちのように手放しの称賛とはなっていない。私は、その裏にある感情の動きには初めは気がつかないで、これを好意ある賛辞として他書で取り上げたこともある。しかし、今彼の背景を知った上で読み返してみると、そうではないことがわかる。死者については、あくまで冒涜のないように、一応の評価を与えて讃える形を取りながらも、どこかにトゲのある表現になっているのだ。

「ケンドリック船長には宿願が二つあった。一つは大西洋に吹き荒れているヨーロッパ諸国優勢の風に変化を与えること。あと一つは、メキシコに運河を切り開き、メキシコ湾と太平洋をつなぐこと。彼にも愚行がいろいろあったが、それでも彼は確かにすばらしい男だった。時はどんどんと過ぎ去り、彼も過去へと追いやられていくのは止められないが、その功績は時を超えて記憶されるべきだ。彼は『コロンビア号』の任務についたばかりにその身を亡ぼしたのだ。いかなる帝国も、いかなる栄華も、彼の目には決して難攻不落のものとは見えなかった。

その商隊の任務であったわずか二ペニーほどの小さな目的など、彼のガリバーのような考えの中では、どこかへ飛んでしまったのだ」(一七九六年)

ケンドリックの埋葬

ケンドリック船長の埋葬は、ハワイにおけるキリスト教式埋葬の最初であった。その場所がどこであったかについては正確な記録はないのだが、いろいろ調べてみて、私としては、オワフ島のキング通りとピイコイ通りが接する辺りだったのではないかと思っている。ハワイ大学にある外国人墓地の記録を信じてのことだ。

シェリダン・パーク

何か特別に彼を記念するものが、そこにあるわけではない。何もない、ただの広場だ。外国人墓地だったところというが、今は公園となって、「シェリダン・パーク」の名がついている。

そこが外国人墓地とされるようになったきっかけというのが、ケンドリックが最初に埋められたことだったとの話があるのだ。その後は多くの外国人たちがそこに埋葬されるようになり、収容しきれなくなって、墓地は他所へと移されたから、空き地となったものらしい。元が墓地というのでは民家も建たず、市所有の子供公園として、ひっそりと大通りに居すわっている。横に枝を伸ばした大樹のある辺りをケンドリック名残りの地と見立てて、私はハワイへ行ったときには必ず立ち寄ることにしている。

場所の話は別にしても、はっきりしているのは、ケンドリックの無念さである。

あの砲弾が単なるアクシデントによるものであったとすれば、なんとも無念。故意であったとするならなお無念、というべきだろう。その思いは長男のジョン・ケンドリック・ジュニアにも当然あった。

彼はまだスペイン軍にいて、フィリピンとハワイとの間を行き来していたらしい。彼はすぐにやって来て、カラニクプレ王に向け、「私の父の墓をきちんと守ってほしい。もしも墓が荒らされるようなことがあれば、ただでは済まないことになる」と申し渡したというが、そんな要望をわざわざいわなければならなかったというのが悲しい。

墓はその夜のうちに何者かに掘り起こされてしまったのだという。その目的というのが、ケンドリックの体を包んでいた布だった。島民がそれを欲しがったのだ。文明社会の物資がそこではそんなにも人々に求められていたのだという証拠にもなるが、それにしても、痛ましい話ではないか。

ブラウンの最後

一方、あのイギリス船長、ブラウンはその後についても、少しは述べなければならない。

カラニクプレ王の信任のもとに、オアフ島を中心とした権勢をさらに広めたと想像できる。同じ王を応援したアメリカ人船長がいなくなった今となっては、王のすべての信頼はこの人にのみ集中していたであろうからだ。きっと彼はこの世の春を謳歌したであろう、と。

ところが、ここがまた歴史の面白さだが、ほかでもないその王の一味によって、彼はその後ほどなくして、殺されているのであった。

その事情をかいつまんでいうとこうである。ブラウンは王の勝利に貢献したことを笠に着て、過大な報酬を求め始めた。最初の約束では、豚四百匹と決められていたのに、ブラウンはそれ以上を要求。王は最初の約束のみを払うまでとして、それを突っぱねた。それをもとに、二人の間で大いにもめることになった。

一説ではブラウンはオアフ島そのものを要求したともいわれる。王には耐えられない要求をブラウンがしたことは確かで、ついにブラウンは地元の島民によって殺されるのである。

その最期のことは前出の *Soft Gold* という本にある。この本はケンドリックの死をアクシデントだったとして、ブラウンが故意に彼を撃ったとはいっていないのだが、地元民が「砲弾を持つイギリス人が多すぎるのだ」と文句をいったことを記したあと、追記のように、こう記す。

「その後間もなく、ブラウンはハワイ人たちに殺された。ブラウンはそれまでずっと地元民に対し、無慈悲な扱いをしていて恨みを買っていた。ハワイ人たちは『ジャッカル号』に乗り込み、鉄の短剣でブラウンを刺し殺した」

ブラウン船長を殺されたイギリス船員たちは怒った。彼らはカラニクプレに提供していた武器を奪い返し、それらをすべてカメハメハに集中して与えた。そして残りの勢力のすべてをハワイ島のカメハメハ王の応援に向けたのだ。これにより、カメハメハ軍の戦闘力は一気に上がった。

カメハメハはこれらの武器をもって、マウイ島、モロカイ島と攻め、続いてオアフ島に入ってヌアヌ・パリ(ヌアヌ峠)での戦闘でついにカラニクプレ軍を全滅させたのだった。ブラウンが殺されてから五カ月も経っていないときであった。

いま、ハワイのホノルルを訪れる人は多い。そのときの激戦場、一万二千フィートの断崖ヌアヌ・パリは景観のよさをもって観光の名所となっている。観光客の足のとだえることがないのは、いつものことだ。下からは、いつも強風が吹き上げている。その風の音は、壮大な夢を描きつつここで命を落としたケンドリックの無念、ブラウンの慨嘆を伝える声と聞くのは、私だけではないだろう。

自ら運命を曲げたブラウン

ウィリアム・ブラウンという人についての評は、さまざまなところで散見されるが、多くはその非情さを語るものだ。いちいち挙げていたらキリはないが、例えば一七九二年六月十三日、アメリカ大陸北西海岸での先住民ウィッカニニッシュ族長との交渉で、自分が贈った品物のへの返礼としての毛皮が、期待より少なかったことに怒った彼は、ウィッカニニッシュの弟一人と他の族長二人を含む数人を殺害した。個人的な話の中で、イングラハムが述べているところでは、「冒険家にはよくあることだが、ブラウンたちも地元の先住民をだましたり、彼らの物を盗んだりした」とある（*Soft Gold*）。彼には人をだましたり、盗んだりは日常的だったとでもいいたそうな口ぶりだ。

彼との比較において、私はことさらにケンドリックを賛美しようとしているのではないが、ケンドリックが船主のバレルから、行く先々の通商相手に対し、「その無知に付け込むな」「公正で正直にせよ」との要望を出発前に受けていたことや、その指示を守って、彼が部下のグレイ船長に「先住民との取引においても、つねに公正でなければならない」とわざわざ指示していたことを思い出してしまう。独立間もない新生国家アメリカの純粋で瑞々しい精神がそこには確かにあったことを、ブラウンのやり方からも対照的に痛感してしまうのは仕方がない。

なぜイギリスのウィリアム・ブラウン船長が、あれほどまでに大きな態度を貫いていたのか。これにも興味が当然出てくる。

Warren Cook という人の *Flood Tide of Empire* を読めば、イギリスの「ジャッカル号」「バターワース号」「プリンス・レ・ブー号」という三隻の船は、ロンドンの船主たちから特別の許可を得ていた船だったことがわかる。アメリカ西海岸に彼らの貿易の拠点をおくものとし、その定住を始めてよしとする許可だ。

ブラウン船長は初めは「バターワース号」に乗っていたのが、のちに「ジャッカル号」に移ったらしいのだが、彼には具体的な目標として、クィーンシャーロット島で三つ、本土で二つの居留地を作るよう具体的な指示が出されていたのは先述のとおり。それが彼には大きな圧迫感となっていたと見ていい。

ブラウンは、実際一七九二年には北西海岸に一軒、一七九三年にはクイーンシャーロット島に一軒の建物を作っていたが、この時点でまだその数は不足していた。

ブラウンがイギリスの野心を背負っていたように、ケンドリックもアメリカの意志を背負った男だった。彼が考えるハワイを基点とした新しい三角貿易のことも、いつしかブラウンは気づかれていたのではなかったろうか。「このままケンドリックを野放しにしていては、ハワイまで乗っ取られてしまう」——。そんなせっぱつまった考えも、ブラウン側にあったところでおかしくはなかったと私は思う。

まして今、一人の王の勢力拡大にケンドリックも一役買ったとなれば、その手柄を認めて、王は彼にまた新たな権限を与えることだってあり得た。ブラウン自身もまたその協力によって、ここでの立場をよくしたのだけれど、結局はそれによって自らの運命を狂わせてしまった。

ケンドリックは最初は彼に歓迎され、その武力を利用されたうえで、そのどさくさの中で葬り去られたのだ。ケンドリックに落ち度があったとすれば、それはアメリカの若さ、外交経験の浅さ、そしてあまりの人の良さ、純粋さだったといえるかもしれない。

第十六章　航跡に見るアメリカの意志

ジョン・ケンドリック・ジュニア

ジョン・ケンドリックの息子たちについては、これまでも本筋の中で多少は出ていたから、大体のところはお分かりかとは思うが、まとめて整理しておきたい。

長男のジョン・ケンドリック・ジュニア（スペイン式にはファン・ケンドリック）が、父親と共に航海していられた期間は、そう長くはなかった。というのは、先にも記したとおり、一七八九年、彼らが北西海岸にいたとき、父親の命を受けてスペイン軍に入ったからだ。

父ジョン・ケンドリックは、そこでの先住民との取引や、土地の確保などを強く願っていた。そのためにはそこで勢力を張るスペイン軍と仲良くなっておくことがどうしても必要と考え、彼をその地でのスペイン軍司令官のマルチネスに預けたと考えるのが妥当だろう。どうぞ自由に使ってやってくださいというわけだ。

ジョン・ケンドリック、ジュニアは、新興国アメリカの将来のために、人身御供になったといってもよかった。それでも彼は、その運命に逆らうことなく、極めて従順に、そして真面目に、スペイン軍に入って働いた。マルチネス自身が、「とてもいい人に来てもらった」といっているのだから、本当にスペイン軍のために尽くしたのだろう。もともと、とても宗教心にあつい人だったといわれていた。

ジョン・ケンドリック・ジュニアのその後の細かいことは、あまり知られていない。早々にアメリカの船からは去ったのだから、話題とされることがなく、記録から落ちているのは格別に不思議というわけではない。スペイン軍人として、最初は北西海岸にあっては北からのロシアの進出に目を光らせ、さらに西からのイギリス軍の接近に対処していたのだろう。得意のスペイン語を活用してニュー・スペイン（メキシコ）との間で物資の輸送に携わったときもあったようだ。のちには、「アランザズ一号」というスペイン軍のフリゲート艦（木造の快速帆船で、いまの巡洋艦にあたる）の船長になっている記録があり、今のメキシコやフィリピンへも、出て行っている。

それでなくても、スペインは、進出した各地に修道院を建て、それぞれが熱心に先住民たちへの布教に努めていたのに彼は協力していたとの話もあるから、こうしたところへの物品の補給に、宗教心のあつい彼は特に熱心に取り組んだのではなかったろうか。

彼が最初にフィリピンのマニラへ乗って行った船というのが、スペイン軍がイギリス軍から奪い取った「プリンセス・ロイヤル号」だった。そこからの帰り、ケンドリック・ジュニアがハワイへ立ち寄ったときに、たまたまイギリス船「アーゴノート号」のコルネット船長と出会った。コルネット船長は北西海岸でマルチネスとケンドリックとの共同作戦に引っ掛かって逮捕されたあと、メキシコのサン・ブラスへと送られていたが、釈放されて、今偶然そこに来ていたのだった。

コルネット船長はジョン・ケンドリックの息子のジュニアに対して、「その船を返せ」と迫った。いかにも執念深いコルネットらしい。「返さなかったら、一発、ぶっ飛ばすぞ」とも。

コルネット船長は、あのジョン・ケンドリックの息子がかつての自分の船に乗っているのが許せなかったのだと思う。

これに対し、ジョン・ケンドリック・ジュニアはひるまずに応じた。そして、敢えて相手の「アーゴノート号」にまで乗り込んで行って交渉した。どういうことで決着をしたのかは不明だが、結局のところは、船の引き渡しが起きていないのだから、彼はイギリスのいい分を一蹴したかたちになっている。

父の死、弟の死

このあと彼のことが記録上に浮かび上がるのは、父親が死んでからのことだ。

彼が父埋葬の地に行って、墓をきちんと管理してほしいことを王に伝えたあとは、もうスペインへの義理は果たしたと見たか、スペイン軍から籍を抜き、ただの独り身の船乗りに戻っている。父親の大きな夢が消えてしまったとあっては、もはや自分がスペインの軍にいる意味もなくなったと判断したのだろう。彼は父が持っていたアメリカ進展の夢のためにこそ、スペイン軍に身を置いていたのだといえた。彼はそのあと一旦、故郷へ帰ったらしい。時期ははっきりしないのだが、しばらくはそこで、じっと来し方行く末を考えていたのではなかったろうか。実際、あまりにも多くのことがあった。彼には未処理だと思えることも多かったはずだ。

一七九八年八月になって、ジョン・ケンドリック・ジュニアは突然再び立ち上がる。そして、「イライザ号」出航の呼び掛けに応じて、上乗り人として再び北西海岸に向かうのだ。

「イライザ号」とは、Elizaと書く。私はこれまで日本での慣習に従って、これを「エリザ号」と書いてきたが、発音としては「イライザ」の方が正しいので、これからはそう表記することをお許し頂きたい。なお、この「イライザ号」という名の船は一七九七年を初めとして何度か日本へも来ているし、その後も船名を変えてまでして訪問を繰り返しているのだが、ジョン・ケンドリック・ジュニアが乗っていたのかどうかまではわからない。

一七九八年に来日したときの「イライザ号」には「レイディ・ワシントン号」の航海士だったジェイムズ・ロウワンもいたし、弟ソロモンと一緒に殺されたバーリング船員の弟サムュエルも乗船していた。

一七九八年に「イライザ号」に乗り込んだときのジョン・ケンドリック・ジュニアの気持ちは、前回の出航のときのものとは、まったく違っていたはずだった。それはそのあとの彼の行動を見れば、断言できる。以前は、ただ交易船としての成功が、彼の乗船の動機だった。今は違った。それは同じ一件で兄を奪われたサミュエル・バーリングにしても同じだったろう。

疑わしきを追う

彼は父の死、及び弟ソロモンの死について、深い疑念を抱いていた。その真相を知りたいというのがまずあった。そして、それがわかれば、殺した相手に相応の仕返しをしたいと思っていたようだ。

彼はまず北西海岸を走り回って、弟ソロモンたち「レゾリューション号」(もしくは「レゾリュート号」)の乗組員を殺戮した犯人たちを探し続けた。

その後はハワイに渡って、今度は父ケンドリックが、白檀の木を切っておくように命じた男(フランコ・マーリン)を探した。彼なら、父の死に関して、事情を詳しく知っているだろうと思ったからだ。直接マーリンからではなくても、ジョン・ケンドリック・ジュニアはハワイで、父の死に至るまでの話を詳しく聞くことができた。

ほかにも、ジョン・ケンドリック・ジュニアが探し求めている人がいた。あのイギリス人の書記、ジョン・ハウエルだ。

ハウエルといえば、ケンドリックの死後に「レイディ・ワシントン号」を買い取ったと宣言して手に入れた男だ。そして、その荷を全部売り払った男だ。ケンドリックが持っていた権利書など書類のすべてを保管しているという男。これをケンドリック・ジュニアは執拗に追った。

カルフォルニア州パロアルト在住の子孫、アルフレッド・ケンリック氏宅に残るシー・チェスト

ということは、ケンドリック・ジュニアもはこのハウエルこそが父の死にもっとも深く関係した男だと見ていたことを意味しないだろうか。ケンドリック船長が砲弾を浴びたのは、イギリス船「ジャッカル号」の船長、ウィリアム・ブラウンからだと見るのが正当とはいえ、彼を近くに引き入れたり、具体的な指示を送ったりする任務を、同じイギリス人の彼が果たしていたと、この息子は見ていたのではないか私は思う。

ジョン・ハウエルはまだ「レイディ・ワシントン号」に乗っているものとジュニアは思っていたかもしれない。その船には、父の魂が依然として漂っているとさえジュニアは見ていただろう。彼はその船影を追ってマカオまで行った。しかし、そこでも彼は船もハウエルも見つけられなかった。たしかに、そこにはハウエルが通商を行っていた証拠はあったものの、本人の姿はなかった。一七九六年には北西海岸へ戻ったり、翌一七九七年には広東からフィリピンへと渡航した形跡を見たが、要はそこまで。ついに会うことはなかったものと思われる。

一八〇二年の記録に、彼ケンドリック・ジュニアが「ジュノー号」という船に乗って、アメリカ北西海岸いたことが示されている。その翌年、「ボストン号」がそこの先住民と悶着を起こして戦闘状態となったとき、同じアメリカ船の「メアリー号」と組んでその救助に駆けつけている。救助はうまくは運ばなかったようだが、その帰りの航海では彼は船の指揮を任されるまでになっている。そして、再び帰郷したあと、もう一度「ジュノー号」でまたもや北西海岸を目指して交易に働き、一八〇五年に船をロシア人に売ってしまうまで海にとどまっている。結局は父と弟とを失った恨みを晴らせぬまま、彼のみが家に帰ったのではなかったろうか。

ジョン・ケンドリックの子孫の一人、カリフォルニアのパロアルトに住むアルフレッド・ケンリック氏のお宅には、古いシーチェストや中国土産の皿などが残されていたが、あれらはこのジョン・ケンドリック・ジュニアの残したものだった可能性がもっとも高い。

「権利書を送る」

ハウエルを懸命に追っていたのは、ジョン・ケンドリック・ジュニアだけではなかった。船主のジョセフ・バレルも当然ながら彼の所在を探し続けていた。ケンドリックが買い入れたはずの広大な土地の所有権に関することがある。

一七九七年、ハウエルと連絡が取れたときがあって、本人に土地の権利書が求められた。そのときハウエルは「権利書の写しを三通作りました。原簿をすぐに送ります」といって逃れている。

このあと、マニラにいることが突き止められたハウエルは、ジョセフ・バレルから再度手紙で問いつめられた。彼は今度はそれに応えて簡単な説明でお茶を濁そうとする。

「私はいまマニラにいますが、書類はすべて広東に置いてきました。それをこちらに転送するように私は伝えておりまして、毎日それを待っているのですが、まだ着きません。その中には貴殿のいわれるアメリカ北西海岸の土地の権利書も入っています。私の手元に戻ったら、直ちに貴殿の許へとお送り致します」

しかし、それがバレルの許に送られることがなかったのは、一年前の場合と同じであった。

この土地の件については、連絡の書類も数多くあるのだが、途中のものが欠けていたりして、事情がわかりにくい。どれだけ読んでも、私にはその内容をここに書ける程度にまで理解することができないでいる。それをわかりにくくしている理由の一つは、もともと先住民たちには土地の売買とはいかなるものかという基本的な理念がなかったことだった。

彼らにしてみれば、ケンドリックに土地を売ったとはいっても、アメリカ人たちがそこに住みつくわけではない。自分たちは引き続きそこで仕事ができたのだから何の不都合もないのであった。いきおい、他の船長にも平気で同じ土地を二重売りしたりもしている。いってみれば、土地は空気や川の水と同じで、誰のものとも特定できないものとの観念があったのだ。

それともう一つ、ケンドリック自身の腹の内が読めにくいのである。当時の国務長官、のちに第三代大統領となるトマス・ジェファソンに宛てた手紙の中で、ケンドリックはそれらの土地を彼個人のものとする権利確保の方法をたずねている。と同時に、その権利をジェファソン本人に委ねてもいいとも述べているのだ。

消えた権利書

ケンドリック家の者がこれに関して何らかの特権にありついているのでもない。ジョン・ケンドリック・ジュニアはのちに政府に対し、この件で申し立てを行なっているが、格別の利益には連なりはしなかった。のちにオレゴン歴史協会でタイプアウトされた一八二九年九月十七日の彼の請願書を、私はその協会で直接に頂いてきた。現在、ケンドリック船長直系の一族が、カリフォルニア州パロアルトに住んでおられるが、その当主アルフレッド・ケンリック氏にこの話を持ち出してたずねてみたが、その地の土地で先祖から譲り受けたものなど、一切ないとのことである。

しかし、少なくとも間違いないのは、ケンドリックが北西海岸の族長たちからかなりの土地を取得していたことである。これには多くの証言がある。

「ホープ号」のエベネツアー・ドール船長によれば、

「私は特にケンドリック船長と仲がよかった。ダーティ・バター・ベイにいたとき、よく互いの船を訪問し合ったものだったが、その折りに、彼が北西海岸の先住民から得ていた土地の権利書をよく見たものだった。それを入手するのに、彼はマスカット銃、衣類、銅、その他の物品を与えたといっていたことを思い出す」

同じ「ホープ号」のジョン・クラフト一等航海士の話は、このドール船長の話をさらに裏付ける。

「ドール船長が何度か目にしたといわれるその証書を、私も数回手にしたことがあります。何人かの先住民族長の名前のあとに、サイン代わりに彼らが書いた×印があったことも覚えています」

この権利書は、一体、どこへ行ったのか。

手紙の中で、ハウエルが送り届けると約束した船主ジョセフ・バレルの許にも、それは届いていない。当然だが、バレルたちにはそれが不満でならない。ケンドリックの死後二十二年も経った一八一六年に書かれた彼の手紙には、船主としての悔しさが滲み出ている。これは他の船主仲間に回し読みにされるべきものとして書かれたものであった。

「一七八七年、私たちは歴史上初めて、アメリカ大陸の北西海岸に船を送り出した。コロンビア号とレイディ・ワシントン号だった。その利益は私たちの期待に十分見合うものではなかった。ケンドリック船長は広東へ二、三度渡航したが、最後はサンドイッチ島で死亡してしまった。

彼は北西海岸で、土地の先住民族長から何個所かの土地を、私たち株主のために買っていた。それは貴重な物品を与えた代価として、得られたものだった。族長がサインしてあったこれらの証書は、ジョン・ハウエルの手に委ねられた。

ハウエルとはケンドリック船長の書記をしていた男で、船長の死後、その書類や動産の管理をしていた男である。私たちはこのハウエルから一七九六年と九七年の二度、マカオ発の手紙を受け取った。公証人によって登記が済まされたこと、そしてその写しが作成されたことがそこには書かれてあった。

しかし、マカオにも広東にもこの登記は見られない。彼はその後、原本を送ると約束する手紙を送ってきたが、それも果たさなかった。一七九八年になり、書類一切を送るとマニラから伝えてきたきり、彼の消息は絶えた。（中略）

私たちはこの証文を見つけなければならない。ハウエル本人を探し出すか、この証文を見つけることが、私たちにとっては何よりも大切だと思う」

バレル家の人たちは、一八三〇年代になってもまだその書類を追跡した。ハウエルが死んだとされるインドのベンガルにまで彼らは足を伸ばしたが、ついに無為に終わった。

結局、この土地に関しては、その後長い時間をかけて、裁判が行われることになる。

次男ソロモン・ケンドリック

次男ソロモンのことを次に記す。出港のときには、彼は十六歳。ただの水夫だった。この彼も、父と一緒の時期は短かった。

すでに述べたとおり、一七八九年七月末、グレイ船長が先に「コロンビア号」でアメリカ大陸北西海岸から広東に向かうことになったとき、ソロモン・ケンドリックもこれに乗っていたのはご存じのとおり。イギリス船「ノースウエスト・アメリカン号」から捕虜として乗せられていた者たちの中でも、特に航海の経験ある者たちは、船員として使われていた。彼らと共に、ソロモン・ケンドリックもハワイ、マカオ、広東と渡って、そのあとグレイ船長の下でボストンまで帰り着いた。

しかし、父を海から呼び戻したいという一家の願いを受けて、彼は「ジェファソン号」(一五二トン)の船員となって北西海岸へ行き、ヌートカの「友情入り江」に入っていたときに、折よくそこに来ていた父ジョン・ケンドリックと再会を果たすのだ。彼の乗った船のジョシュア・ロバーツ船長というのが、グレイ船長のやり方を何かにつけて真似る人であって、先住民とのいさかいも多かったから、ソロモンは「ジェファソン号」から、その僚船だった「レゾリューション号」のほうに乗り移っていた。

ソロモンも、父が先住民と交わした土地の契約書を読んでいたことが確認されている。クレイオクォートとヌートカやアーセットの間のどの湾にも自由に入れる権利、毛皮の交易のみならず、捕鯨や漁業、及び、埋蔵されている金属を発掘する権利などを与えるもので、それには族長の書いた

×印サインがあった。万一のときの保証人として、ケンドリックは息子たちの名を挙げていたから、そのことを教えるためにも、彼はそのときにこれを見せたのであろう。次男が父親への尊敬を深めたわけである。

ケンドリック親子は、こうして束の間の邂逅を楽しみ、そのあとはそれぞれの船で毛皮の獲得に奔走する。その息子の身の上に、何もなければよかったが、万事がうまく行くとは限らないのが世の常だ。ソロモンが乗っていた船と一緒に航海していた「ジェファソン号」で事件が発生した。

ウエアハムのケンドリックの家（現在は記念館）

バークレー海峡付近で猟をしていたとき、乗組員の一人が先住民に殺されるという一件が起きたのだ。何がきっかけだったのかはわからない。ともかくも、いさかいが起き、「ジェファソン号」から備品が盗まれた。「ジェファソン号」のジョシュア・ロバーツ船長といえば、グレイ船長を師と仰いでいる人。攻撃型のグレイ船長に倣って、報復のために先住民の村を襲った。

銃で民家を襲い、住民たちを森の中へと追いやった。船員たちは彼らの武器を奪ったほか、持っていた魚の干物も取り上げ、家々を壊し、船を乗っ取った。こうして満足すべき報復を済ませたあとで、彼らは海峡を出たというのだ。これはその船の一等航海士バーナード・マギーが記しているのだから間違いない。すべては「ジェファソン号」の仕業であって、ソロモンが乗っていた「レゾリューション号」の話ではなかったから、父ジョン・ケンドリックも少しは安心していた。しかし、その後、クレイオクォート湾へ行った「レゾリューション号」の姿が見えなくなったという話を聞いて彼は愕然とする。族長のコーヤとその弟が率いる一団がやって来て、乗組員一人を残してあとは全員を殺したというのだ。

父ケンドリックには、すぐに思いつくことがあった。

コーヤたちは、その船団にジョン・ケンドリックの息子が乗っていることを知って襲ったのだ。相手のコーヤには「ジェファソン号」も「レゾリューション号」も同じに見えていたのだろう。ソロモンは仲間の多くと共に、ここであえなく命を落とした。コーヤたちのケンドリックへの恨みは、それほどまでに深かったのだ。

この話には続きがある。

ジョン・ケンドリックの子孫の一人、バージニア州ウィリアムズバーグに住むオリバー・ケンドリック氏の研究を参考にさせて頂くと、こういうことらしい。

ジョン・ケンドリックは次男が引き込まれた一件を聞いて、すぐに現場に急いだ。しかし、すでに船は焼かれてしまっていて、人の姿はない。父ジョン・ケンドリックは直ちに村に乗り込んでいって、族長に会った。そして犯人を引き渡せと主張した。しかし、族長は言を左右して何一つ認めない。事件のことなど、一切、知らないといい張る。そうしている間にも捜索を続けていたケンドリックの部下たちが、ソロモンの頭部を発見。薄茶色のカールした頭髪からみて、彼に間違いなかった。族長はついに犯行を認めざるを得なくなって、下手人をケンドリックに引き渡した。ケンドリック船長はすぐにもその場で当の下手人を撃ち殺そうという衝動に駆られたようだ。

緊張の一瞬のあとに、しばし空白の時があった。彼は撃つのをやめた。

「将来の白人たちのためを思って」ということで、彼はその行為をあきらめたというのだ。多くの先住民が取り巻いて見守る中で、ケンドリックは族長に犯人の身柄を返し、「処分はそちらで適当に済ませるように」といったという。

それにしても痛ましくも残念な話ではないか。そんなケンドリック自身イギリス人にが撃たれたのが、彼が母港ボストンへ帰ることをやっと決心し、その旨を妻に告げる手紙を書いていたときだったという話があった。それが本当なら何という皮肉、何という不条理。次男ソロモンからの頼みをついに彼も聞き入れる決断をしていたことになるからだ。

ケンドリックの夢を継いだ者

ハワイを拠点とした三角貿易に賭ける気持ちのあったケンドリックだが、その夢はものの見事に頓挫した。息子たちのどちらも、彼の意志を継ぐことはなかった。

しかし、そのあと彼の夢を引き受けた者はいた。同郷の後輩であったジョナサン・ウインシップとその弟であった。ケンドリックの夢の大半が，この兄弟によって果たされることになる。

ケンドリックたちの船出に協力を惜しまなかった彼らに、ケンドリックはラッコの毛皮についてだけでなく、白檀や鯨についても情報を伝えることで報いていたようだ。

当時、連絡はすべて手紙によってなされた。停泊した港で出会った船同士の間で、手紙を託し合うのである。アメリカに行く船に出会ったときに、家族への手紙などとともに、ウインシップたちに太平洋の情報を伝えていたものと思われる。そうでなければ、その後のウインシップの効率のよい商業上の成功が理解出来ないのである。ケンドリック自身が手掛けながら、成功しなかったことに、彼はことごとく成功を収めているのであった。

ジョナサン・ウインシップの業績を、年代的に略記すればこうなる。

一八〇三年　「オケイン号」でハワイ、中国へ渡る。
一八〇四年　アメリカ大陸北西海岸で、ロシア人行政官と組み毛皮一一〇〇枚を集める。さらにスペイン人の役人や宣教師たちから七〇〇枚を得る。
一八〇五年　地元の毛皮ハンターを百人雇い、二人乗りカヌーで収穫させる。これにて広東で六万ドルを稼いだ。
一八〇六年　弟と共に再びハワイへ行く。
一八一〇年　「アルバトロス号」でハワイへ行く。
一八一一年　ハワイへ渡り、王に収穫の四分の一を提供することを条件に、多くの白檀を集める。
一八一二年　カウアイ島以外の島の白檀を、以後十年間、独占して伐採する権利を得る。

一八一三年　ハワイを巡ってのアメリカとイギリスとの間の紛争激化。王はウインシップに与えていた白檀伐採の特権をキャンセルする。

一八一六年　ジョナサン・ウインシップ兄弟は白檀貿易から引退する。

ジョナサン・ウインシップは太平洋でのアメリカ捕鯨でも大きな足跡を残した。石油が発見されるまで、鯨油がエネルギー源として最も重宝された。それほどの大きな産業の中で、彼は「捕鯨の父」と称されることになる。日本近海に鯨が豊富にあることを最初に伝えたのが彼だったからである。その話というのも実はケンドリックがもたらしたもので、その後アメリカの捕鯨船がどっと太平洋に押し寄せるもとになっていた。

例えば、一八一九年十月二十六日、日本近海にやってきて、鯨をとったジョセフ・アレン船長のマロ号（三二五トン）もその一つであった。彼は親友のウインシップ船長からもらった日本近海でのマッコウ鯨の情報によって、出てきたことを明言している。マロ号は一八二二年の三月十日に、二、四二五バレルの収穫を積んでナンタケットに帰港した（『中浜万次郎集成』小学館）。一八二一年の記録で見ると、日本の近海に三十隻のアメリカ捕鯨船が現れていることがわかる。

かのペリー提督が日本に開国を迫った背景にも、アメリカの捕鯨があったことはいうをまたない。日本近海に彼らの捕鯨船が寄港できるところなしには、その産業も成り立たず、国自体が立ち行かなくなるのは自明だった。「鯨が日本を開国させた」というのが正しければ、そのもとにあったのは、ペリー提督であるより、むしろジョン・ケンドリックであり、ジョナサン・ウインシップだった。ウインシップはジョン・ケンドリックの息子ではなかったが、二人の息子たちが成し得なかったことを代わって達成している点で、「ケンドリックの跡継ぎ」と呼んでもいいだろう。

グレイ船長のその後

グレイ船長の最期についても記しておこう。

彼の二度目の航海に際しても、バレルは指示書を送って、日本への渡航を期待しているのだが、グレイ船長は実行していない。「コロンビア号」を任された彼は、二度目も広東までは来ながら、結局は日本に立ち寄らなかった。

しかし、グレイ船長はアメリカの歴史上のとても大きな功績とされることをした。それは一七九二年五月十一日、西海岸で大河の入り口を発見したことだ。彼はこの川を「コロンビア号」に因んで「コロンビア川」と命名した。これがのちに、アメリカがオレゴン領地の所有権を主張する重要な根拠となった。このことはアメリカのどの歴史書にも書かれていることである。

彼は二度目もアメリカ北西海岸から広東へと渡って、毛皮貿易を行い、今度もまた彼は無事にボストンに帰った。一七九三年七月二五日の午後のことであった。日本へ寄ったケンドリックと、彼は途中北西海岸で出会ったこともあったが、もはや二人は船を交換して元通りになることはしなかった。ケンドリックは「コロンビア号」に乗り移ることを諦めていて、すっかり達観して「レイデイ・ワシントン号」に深く身を預けていた。

グレイ船長の二度目のボストン帰還は、三年前のときほどは大きな興奮を引き起しはしなかった。アメリカの船が東洋を目指して次々に出ていく時代となっていたからでもあるが、グレイ指揮の航海というのが、経済的に見て莫大な利益をもたらすものではなかったからだ。

一回目の航海での船主たちの失望も大きかったが、二度目についても、やはり、それは同じだった。いや、むしろ、こちらの方が大きかったかもしれない。今度こそはロスも少なく、大きな利益をもたらすものと船主たちは思い込んだいたからである。

第二回目の航海での利益というのは、おおまかに見て、投資額の約二倍がやっとの五千ドルに過ぎない。前回の試みから残っていた欠損を埋めるに決して十分なものではなかった。ここ三年ほどの間に広東へ行った他の船の中には、およそ投資額の四倍の利益を運んでいたものもあることからして、「コロンビア号」の場合はおかしいとの評も出た。

私はグレイ船長の業績を、殊更に悪くいおうとしているのでは決してない。現実に彼への批判の声が残されているのだ。第一、グレイが集めた毛皮というのが、少なすぎるという意見がある。

そういえば、第一回のときもそうだった。初めて広東で彼が売ったとされる毛皮というのも、大半がケンドリックの集めたものだった。「コロンビア号」から「レイディ・ワシントン号」へと乗り換えたケンドリックは、そのあと二カ月ほどは北西海岸にとどまっていた僅かの間に、ラッコの毛皮をおよそ五〇〇枚を集めていた。紀州串本へ来たときに持っていたのがその一部だった。ついでにいえば、このときケンドリックと一緒に来ていた「グレイス号」のあのしたたかなイギリス人船長ウィリアム・ダグラス船長は、「イフィゲネイア号」に乗っていたときに、一カ月に七〇〇枚を集めた記録がある。

船主ジョセフ・バレルたちが、「コロンビア号」が売ったとされる商品の目録を検討して、リストアップされたものの数が、実際の半分ほどのものではないかと見たというのも無理はない。それ以上にあったはずの利益は、どこかで、誰かの懐に入っていたはず。もしも彼が忠実に船主のためを思って仕事をしていたら、利益はまったく違ったものになっていたはずだというのだ。

その最期

故郷に帰って数カ月。ロバート・グレイは結婚した。時に三十八歳であった。相手は十六歳下の二十二歳。ボストンでも最も裕福な家の一つだといわれるアトキンズ家の長女マーサだった。グレイはボストンのバック通りの煉瓦造りの家を買った。ケンドリックが命を落とした一七九四年には、彼らは長男ロバート・ジュニアを授かっていた。

彼は貿易船の船長を続けた。しかし、ジョセフ・バレルやその他「コロンビア号」「レイディ・ワシントン号」への投資家たちは、もはや彼とは縁を切っていて二度と彼に航海を頼むことはなかった。

グレイはイギリス向けの船に乗ってはフランスの私掠船に捕まったりもしたが解放されて戻り、

あとはアイルランドや南米への航海に出たりしている。晩年のことはよくはわからないが、一八四六年一月にはすでに死んでいたことはたしかである。なんでもアフリカへ行き来していた船に乗っていたとかで、最期はサウス・カロライナ州チャールストンで、黄熱病で死んだ。黄熱病ということになると、最後には奴隷売買にかかわっていたものと思われる。

ケンドリックの人生は、このグレイ船長との絡みで予定外の方向へと展開することになった。私はこの二人の人生が、北西海岸ヌートカでの船の交換から、鮮やかな双曲線が描くものとなっていることに、最初は大きなドラマ性を感じていたものであった。二つの人生の軌跡は、グレイの成功とケンドリックの不運という対照で括れるかと思ってもいたのだ。しかし、最後まで通して見た場合、それは必ずしも当たってはいないという気がする。グレイ船長の人生との衝突で、ケンドリックの業績が歪められたと見るのは、いいさか安易な結論だろう。

それをいうなら、彼の頭を一番に悩ましたのは、けっしてグレイ個人のことなどではなかったと思われるからだ。それは一にかかって、アメリカを取り巻く外国圧力への対抗、他民族との協調についてだったに違いない。イギリスとの対立をどうするか。スペイン軍との関係をいかに保つか。そしてアメリカ先住民、ハワイの地元民たちと、どのようにして友好を保持するか。これらの悩みを前にしては、グレイ船長の裏切りなど、すっかり許してしまっていたことだろうと思う。彼が怨念とやらを、長く持つことの出来ない男だったことは、いくつかの場合にも見られるからだ。

ペリーが来るまでに

ここで、最も大切なことを私は書かねばならない。アメリカの意志が、ケンドリックの憤死でついえてしまったのかどうかだ。イギリス、スペイン、フランス、ロシアなど、日本寄港を目指す大国の圧迫を受けて、彼らはケンドリック以後、何も出来なかったのか。一八五三年(嘉永六年)のペリー提督の来航まで、日本への触手を引っ込めていたのかどうかだ。

とんでもない。彼らは前より余計に熱心に、そしてはるかに巧妙に、日本接触を試みる。ペリー提督の黒船があまりに大きく取り上げられ、有名になったために、それまでのことが霞んでしまっているだけのことなのだ。

ケンドリックとペリーとの間には、六十二年の時間があった。その間に日本へやって来たアメリカ船はどれほどあったか。

古く一九三九年にハワイ大学のサカマキ・シュンゾウ教授によって明らかにされているところによると、その数は〝少なくとも〟「回数にして二五回。船の数にして二七隻」とか。商船十五隻のほか、捕鯨船九隻、軍艦三隻とある。(*Japan and The United States, 1790-1853*, Asiatic Society of Japan)

それをリストにして略記することにしよう。

寛政九年(一七九七)　イライザ号(船長ウィリアム・スチュアート)

寛政十年(一七九八)　イライザ号(船長ウィリアム・スチュアート)

寛政十一年（七九九年）　イライザ号（船長ウィリアム・スチュアート）
寛政十一年（一七九九年）フランクリン号（船長J・デヴァリュー）
寛政十二年（一八〇〇年）エンペラー・オブ・ジャパン号（船長ウィリアム・スチュアート）
寛政十二年（一八〇〇年）マサチューセッツ号（船長W・V・ハッチングス）
享和元年（一八〇一年）マーガレット号（船長サミュエル・ダービー）
享和二年（一八〇二年）サミュエル・スミス号（船長G・スタイルズ）
享和三年（一八〇三年）レベッカ号（船長ジェイムズ・ディール）
享和三年（一八〇三年）ナガサキ丸〔ネップチューン号〕（船長ウィリアム・スチュアート）
文化三年（一八〇六年）アメリカ号（船長ヘンリー・レーラー、又はG．ハークロッツ）
文化四年（一八〇七年）エクリプス号（船長ジョセフ・オケイン）
文化四年（一八〇七年）マウント・バーノン号（船長J・デイビッドソン）
文化十年（一八一三年）シャーロット号（船長ピーター・ブラウン）
文化十年（一八一三年）マリア号（船長ウィリアム・ウッド）
文政二年～四年（一八一九～二一）マロ号（船長ジョセフ・アレン）
文政六年（一八二三年）レイディ・アダムズ号（船長名不明）
天保八年（一八三七年）モリソン号（船長D・インガソル）
弘化二年（一八四五年）マンハッタン号（船長エドワード・ベルチャー）

弘化四年（一八四七年）　フロリダ号（船長名不明）
弘化四年（一八四七年）　イネス号（船長名W．L．ジャクソン）
嘉永元年（一八四八年）　プレブル号（船長名グリン）
嘉永元年（一八四八年）　スリー・トライデント号（船長名不明）

この後に一八五三年のペリー提督の黒船が続くのだ。これらの中には、アメリカ船ではなかったはずの「グレイス号」も含まれているので、その数が正確かどうかは見方によるだろう。しかし、二十隻以上が来ているのは間違いない。

こうしたリストはほかにもあって、例えば *Aliens in the East*（Harry E. Wiles）も、ほぼ同数の列記がある。アメリカ船であったかどうかの認証の仕方で多少の数の違いが起きるのは当然だろう。オランダがアメリカ船を傭船として使った例が多くあるからだ。十八世紀末、イギリスと戦争状態にあったフランスは、オランダを占領し、これを同盟国にした。それによってイギリスはオランダを敵国と見て対立。海上のオランダ商船をも徹底的に攻撃することになった。オランダとしては、イギリス軍からの攻撃を避けるためには、中立国アメリカの船を傭うのが賢明な方法だった。それまではほぼ二世紀にわたって、長崎へ年に一隻を送り込むことができる独占権を持っていたオランダ東インド会社である。これがイギリスから攻撃されるとあってはたまらない。それを避けるためには、航海中は中立国のアメリカ国旗を掲げ、長崎入港に際してはオランダの旗を掲げるという方式が生まれた。

積荷もオランダのものだけではなくアメリカのものもあった。オランダがアメリカを利用していたともいえるし、逆にアメリカがオランダに便乗したというべきこともあった。今私が一番いいたいのは、ペリー艦隊来航の以前に、こんなにも多くのアメリカ船が日本に来ていたということだけではない。それはもうあまりにも明らかだ。本当にいいたいのは、初期においては、日米の接触というのが、ペリー提督の場合とは相当に様相が違っていたという事実だ。合計五回も来日しているウィリアム・スチュアートの場合は、もう長崎のお役人たちとすっかり仲良くなっていた。一七九八年の二度目のときには、彼の船は沈没したが、村井喜右衛門の頭脳的手段で引き上げてもらっている。個々の来航の例について言及するのは次の機会に譲るが、多くの場合において、交流は平和的で和やかなものであった。

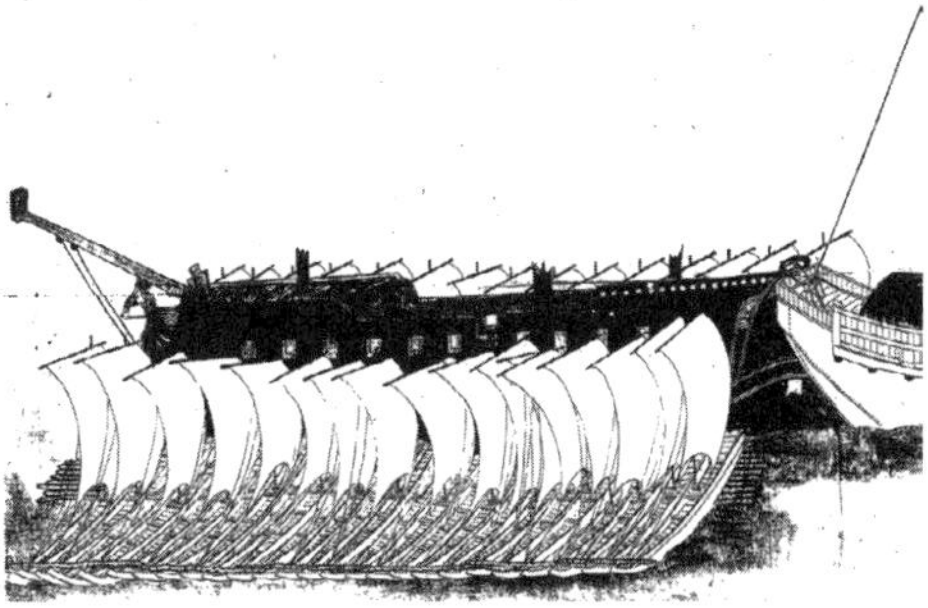
救助されるイライザ号
（「肥前長崎於木鉢ヶ浦紅毛沈船浮方」）

歴史は偶然ではなく意志

ケンドリックからペリーまでの六二年の間に日本に来ていたアメリカ人たち。彼らはいずれもが日本との通商を望むアメリカの意志を伝えていた。

船の数にして、ゆうに二十隻を超える彼らのそうした実績にのっかかって、ペリー提督は来航していたのであった。六十年にわたる実態が、その主張を支えていたといってもいい。それまでの歴史において示されていた「アメリカの意志」を無視することはできないと私は思う。偶然の産物などでは決してなかったからだ。

このことを最も端的にいっているのが、ジョンズ・ホプキンズ大学教授ウイリアム・ニューマンの言葉である。それを最後に示して終わりとしたい。これは前著でも紹介したが、重要なものは何度でも紹介する必要があるだろう。『アメリカと日本との出会い』(*America Encounters Japan*)という本の序文にあるものだ。

「歴史とは、運や偶然や天命から生まれるものなのではない。理解できる歴史上の出来事は、すべて人間による意志決定の結果なのだ。アメリカとアジアとの歴史上の関係を説明するのに、運や偶然という不可避なことを指す言葉をもってするのは知的作業を放棄するものだ。人間のすることの中には、たしかに偶然はある。日本とアメリカとの交流の中にも、それが影響を及ぼしたことがあった。しかし、基本的には、その関係は日本とアメリカの指導者と国民の意図から生まれ出たものであった」

ジョン・ケンドリックの来日が決して漂着などではなかったことをわかっていただければ、本書の目的は十分に果たされたことになる。ここまでお読みいただいたご辛抱に深謝したい。

あとがきに代えて

キャロライン・ケネディ様

ご多忙のところ、最後までお読みいただき、誠にありがとうございました。日本交流の始まりという大きな歴史を語るにしては、これは実に粗末なものですが、いまの私には、これが解明できたほぼすべてです。心残りは数々あります。

その一つが、船長の長男ジョン・ケンドリック・ジュニアのことです。父と弟の死について、彼なりに一定の納得を得たいとして当事者たちを追っていた彼――。その最後がよくはわかりません。

一つの話によれば、最後にはウエアハムの実家に帰ったことになっているのですが、それは本当なのか。その確証がいまの私にあるわけではありません。半信半疑であります。

ケンドリックと一緒に串本に来ていたウィリアム・ダグラスのことも気になっています。彼が乗っていた「グレイス号」をアメリカ船と見るのは間違いであることには疑いを持ちませんが、このときの彼の意図がいまだにはっきりしません。

もしも私が小説家なら、ある時点で彼を明確に変身させ、ケンドリックの命を狙うイギリスの意志を受けたる者にしてしまい、ドラマを盛り上げることでしょう。本書では、ヒントとしてその可能性をほのめかすにとどめていますが、事実はそれに限りなく近いものだったのでは……という感触を私は持っています。ダグラス船長の「グレイス号」を、ケンドリックとの友情をもとに、ただの僚船として日本まで来ていたと見るのは、あまりにも単純な考えだと思います。ましてや、それもまたアメリカ船だったと見るのは、明らかに間違っています。

思えば、ケンドリックは実に多くの敵対者に遭遇しました。

最大の協力者であるべき副官のロバート・グレイの造反もありました。スペイン軍とは、一触即発の危機もありました。イギリス軍との激しいやり取りもありました。自然界の風波のほかに、世界を取り巻く時代の荒波に、その小さな船は飲み込まれそうになりました。

壊血病の悩みにも襲われたし、海賊の恐怖もありました。アメリカ先住民との戦い、ハワイ島民とのかけ引き。中国での想像外の苦難、親友面したブラウンやダグラスの陰謀……。それらを潜ってなお、彼は大成功へは導かれませんでしたし、今もそれは続いていそうです。

今も彼が戦っているのは、いってみれば、日本における誤った認識、あるいは彼への誤解だと思います。

最初の記録で「漂着」とされたばかりに、いまもその固定観念から抜け出し得ない人が日本には多くいる中で、彼が正当な評価を得ているとはとうてい思えません。少しは知られているところがあったとしても、彼のことはいまだに、漂流して紀州に流れ着いた船長に過ぎないとされているのではないでしょうか。その不運は、彼一人の責任ではありません。あえていえば、大半は後世の私たちの責任ということになるでしょう。

間違いを間違いと認め、それを改めるに時を失ってはならず、私としては力不足を承知のうえで、この一書を世に送り出した次第です。お読みいただいた方々におかれましては、それぞれのお立場で、正当と思われる反応をもってご判断を示されることを祈ってやみません。

ジョン・ケンドリックが日本へ来てから、もう二百二十五年にもなります。もうそろそろ、彼には、当然収まるべき位置に収まりいただいて、ゆっくりと日米のこれからの交流をご覧いただくのがいいのではないかでしょうか。

余計なことを申すのはこれで終わりにします。キャロライン・ケネディ様、もしも紀州へお越しになる気になられましたら、うれしい限りです。

最初にいったことを繰り返します。

二百二十五年前と変わらぬ平和な海と、温かくおおらかな人心が、今もここにはあります。

是非一度、お越しください。お待ち申しております。

草々、

佐山和夫

主要参考文献

"African Americans in the Maritime Trades" Mary Malloy, The Kendall Museum,1990
"Aliens in the East" Harry Wildes, University of Pennsylvania Press ,1937
"America Encounters Japan-From Perry to MacArthur" William Neumann, Johns Hopkins Press, 1963
"America in the Pacific" Foster R.Dulles, Da Capo Press,1969
"American Diplomacy in the Orient" John W. Foster, Houghton,Mifflin & Co.1903
"American Relations in the Pacific and the Far East" James Callahan, PraegarPublishers,1969
"Americans in Eastern Asia" Tyler Dennett, The Macmillan Co., 1922
"Asia" Shunzo Sakamaki, Webster Publishing Co.,1953
"Blood and Thunder" Hampton Sides, Doubleday, 2006
"Boston Men' on the Northwest Coast" Mary Malloy, The Limestone Press, 1998
"Bulletin" Vol. XIX The America-Japan Society,Tokyo, No.4 1971
"Captain Gray in the Pacific Northwest" Francis Cross & Charles Parkin, Jr. 1987
"Collecting History" Massachusetts Historical Society, MHS 2009
"Columbia's River" J. Richard Nokes, Washington State Historical Society,1991
"First Aproaches to the Northwest Coast" Derek Pethick, University of Washingt on Press, 1976
"Hawaiian Historical Society Reprints"(No.3),1918
"History of Washington" Clinton A. Snowden, Century History Co,1909
"Japan's Foreign Relations" Roy H. Akagi, Hokuseido Press,1936
"John Kendrick and the Maritilne FurTrade" John Polich, U.S.C,1964
"John Ledyard-an American Marco Polo" Kenneth Munford, Binfords & Mort,1939
"John Ledyard's Journal of Captain Cook's Last Voyage" James K, Munford, Oregon State University Press,1963
"KAUAI-The Separate kingdom" Edward Joesting, University of Hawaii Press,1984

“Morning of Fire” Scott Ridley, HarperCollins, 2010
“Narrative of Voyages and Travels” Amasa Delano,Gregg Press,1970
“NI`IHAU-The Last Hawaiian Island” Ruth M.Tabrah, Press Pacifica,1987
“Otter Skins, Boston Ships, and China Goods” James R. Gibson, Uniersity of Washington Press, 1992
“Pacific Destiny” Dale L. Walker, Tom Doherty Associates, 2000
“Pioneer American Merchants in Japan” Howard F.Van Zandt, Lotus Press,1981
“Soft Gold” Thomas Vaughan & Bill Holm, Oregon Historical Society, 1990
“Souvenirs of the Fur Trade” Mary Malloy, Peabody Museum Press, 2000
“The Fur Trader and the Indian” Lewis O. Saum, University Washington,1965
“The Life of John Ledyard, The American Traveler” Jared Sparks, Cosimo,2007
“The Hawaiian Kingdom” R.S.Kuykendall, University of Hawaii Press, 1965
“The Clipper Ship Era” Arthur H. Clark, 7C's Press,1970
“The Fur Trade in Northwestern Development” F.W. Howay, Henry Morse Stephens Collection, Unknown
“The Indians of Western Oregon” Stephen Dow Beckham, Arago Books,1977
“The Maritime History of Massachusetts” Samuel E.Morrison, Northeastern Univer sity,1921
“The Oregon Historical Quarterly” Vol. XXVIII 1927
“The Oregon Historical Quarterly” Vol. XXX 1929
“The Oxford Companion to Ships and the Sea” Peter Kemp,Oxford 1988
“The Oxford History of the American West” Clyde A. O'Conner, Oxford University Press, 1994
“The Quarterly of Oregon Historical Society” Vol. III 1902
“The Quarterly of Oregon Historical Society” Vol. XII 1911
“The Quarterly of Oregon Historical Society” Vol. XVIII 1917
“The Quarterly of Oregon Historical Society” Vol. XXII 1921
“The Quarterly of Oregon Historical Society” Vol. XXIV 1923
“The Quarterly of Oregon Historical Society” Vol. XXIX 1928

"Trade, Tactics & Territory" Margaret Steven, Melbourne University Press,1983
"Undaunted Courage" Stephen E. Ammbrose, Simon & Schuster,1996
"Voyages ofthe Columbia" Frederick Howay, Massachusetts Historical Society 1990
"Voyage to the Northwest Coast of N.America" Joseph Ingraham, Imprint Society 1971
"Witness to America's Past" Massachusetts Historical Society, 1991
"Yankees and Samurai" Foster R. Dulles, Harper & Row,1965
『英米史辞典』松村赳・富田虎男、研究社、二〇〇〇年
『海の熊野』谷川健一・三石学編、森話社、二〇一一年
『紀伊大嶋』浜健吾、浜口出版社、一九九〇年
『キャプテン・クックの航海』アステリア・マクリーン、早川書房、一九八二年
『近代日本外国関係史』田保橋潔、原書房、一九七六年
『クック艦長は何を見たか』石川栄吉、力富書房、一九八六年
『さむらいとヤンキー』フォスター・ダレス、読売新聞社、一九八一年
『太平洋学会誌』九月号、太平洋学会、一九八九年
『南紀徳川史』第十六巻
『藩史大事典』第五巻「近畿編」雄山閣
『帆船航海記』デーナー、海文堂出版、一九七七年
『帆船の時代』田中航、毎日新聞社、一九七六年
『ペリーは、なぜ日本に来たか』曽村保信、新潮社、一九八七年
『歴史への招待』第二十巻、日本放送出版協会、一九八九年

また、本書は次の方々からのご指導、情報提供、ご支援なしにはあり得ませんでした。お名前をここに掲げて深謝を捧げます。ありがとうございました。

Les Bolton (Grays Harbor Historical Seaport Authority)
Scott Daniels (Oregon Historical Society)
Mark J. Davidson (Embassy of the United States of America)
Peter Drummy (Massachusetts Historical Society)
Benjamin S. Dunham (Marion, Massachusetts)
Kathy Griffin (Massachusetts Historical Society)
Kathy Hinman (Wareham, Massachusetts)
Gregory W. Kay (U.S.Consulate General Osaka-Kobe)
Oliver M. Kendrick (Williamsburg, Virginia)
Ken Lazarus (Grays Harbor Historical Seaport Authority)
Jim Mockford (Advisory Council of Grays Harbor Historical Seaport Authority)
Desiree Morbed (Harwich Historical Society)
Scott Ridley (East Harwich, Massachusetts)

編集の労をとって頂いた彩流社の河野和憲様にも深甚なる感謝を捧げます。

著者識

【著者】
佐山和夫
…さやま・かずお…
1936年和歌山県生まれ。ノンフィクション作家。慶應義塾大学文学部英米文学科卒業。日本ペンクラブ、三田文学会、アメリカ野球学会（SABR）、スポーツ文学会（SLA）に所属。第３回潮ノンフィクション賞、和歌山県文化奨励賞、第４回ミズノスポーツライター賞、ジョセフ・アストマン賞、アメリカ野球学会のトウィード・ウエッブ賞等を受賞。著書訳書多数。

Sairyusha

ペリーより62年《ねん》も前《まえ》に
［詳説］ケンドリックはなぜ日本に来たのか

二〇一五年三月十五日　初版第一刷

著者――佐山和夫
発行者――竹内淳夫
発行所――株式会社 彩流社
〒102-0071
東京都千代田区富士見2-2-2
電話：03-3234-5931
ファックス：03-3234-5932
E-mail：sairyusha@sairyusha.co.jp
印刷――明和印刷（株）
製本――（株）村上製本所
装丁――中山銀士

ISBN978-4-7791-2062-6 C0021
http://www.sairyusha.co.jp